私がインバーホーンスクールの最終学年の時にマギーの『ポパー』を貸してくれたマレンソン氏、そして、悲しいことに一度も聞くことはできなかったのだが、この原稿に対して機知に富んだ深いコメントをしてくれるはずだったヨンクに本書を捧げる。

UNDERSTANDING PSYCHOLOGY AS A SCIENCE
An Introduction to Scientific and Statistical Inference
by Zoltán Dienes

First published in English under the title Understanding Psychology as a Science:
An Introduction to Scientific and Statistical Inference by Zoltán Dienes, edition: 1
Copyright © Zoltán Dienes, 2008, All rights reserved.
*This edition has been translated and published under license from Macmillan Education Limited, part of Springer Nature. Macmillan Education Limited, part of Springer Nature takes no responsibility and shall not be made liable for the accuracy of the translation.

Japanese translation published by arrangement with Springer Nature
Customer Service Center GmbH through The English Agency (Japan) Ltd.

まえがき

　本書の目的は、統計的推測の概念的基礎を含む科学哲学の問題のうち、心理学的研究の実践に直接関係するものを取り上げることである。本書は、批判的思考、研究法、あるいは英国心理学会の新しいコア領域である「概念的・歴史的問題」を教える教員が、心理学を学ぶ学部生なら誰でも知っているべきなのに知らない内容をカバーできるようにするものである。本書はまた、修士課程の学生や博士課程の学生、経験豊富な研究者にとっても貴重な一冊となるはずである。

　本書は、心理学の研究を行っている誰しもにとって、頭の中でその戒めや促しが聞こえてくるような影響力のある思想家を中心に構成されている。ポパー、クーン、ラカトシュ、フィッシャー、ネイマンとピアソン、そしてベイズにまつわる中核的な議論は、今なお生きていて、熱く、重要で、おそらくは心理学を学ぶ学部生なら誰でも理解できる範囲にある。さらに、ネイマン–ピアソンアプローチの重要なポイントに関しては、ベテランの研究者ですら根深く誤解しており、そのため、研究の意思決定に悪影響を与えることがありうる。このような誤解を解くのに最適な場所はまさに学部なのだが、この目的に適した書籍は今のところ他には見当たらない。さらに、心理学者がネイマン–ピアソンという正統派に従うべきかどうかについても活発な議論が展開されている。（研究がどのように行われ、評価されるかに重要な影響を及ぼす）この問題に意見をもつ心理学者はほとんどいない。なぜなら、彼らはこの問題に向き合ってこなかった（そしてほとんどの場合、問題があることに気づいていない）からである。正統派の統計学の混乱と誤用、そしてそれに代わるものは何かについては、多くの文献があり、またその数は増えてきている。しかし、その解説は基礎教育レベルにまでは浸透していない。その理由は、文献の大部分が専門的なものであり、熱狂的な愛好家だけが読むものだからである。まさにそれを知る必要のある人たちが読んでいないのである。これまで欠けていたのは、さまざまなアプローチの特徴が第一原理からどのように生じているのかを概念的に示す、シンプルな（しかし単純化しすぎてはいない）入門書である。我々の教育には、あまりにも長い間、ギャップが存在していたのである。フィル・ジョンソン・レアードの有名な言葉を用いて言い換えるなら、本書が、このまったく不必要なギャップを埋める手助けになることを願う

（大いに**必要なギャップ**を埋める本を書くという課題は、別の機会に譲る）。いずれにせよ、もし私の役割が学部生を若いうちから堕落させることであるなら、その秘密はばれてしまうだろう。私は、推測の基礎となる概念的な問題を、研究法の学部教育の一部としてできるだけ早く取り入れたほうが良いと考えている。

　最初の２つの章では、古典的な科学哲学（ポパー、クーン、ラカトシュ）を、通常の教科書にあるように戯画化して描くことは避けつつ、心理学者にわかりやすく解説している。その目的は、彼らの深さを理解し、彼らの考えが研究について考えるための真のツールとなるようにすることである。心理学から例を引いて、実践的なアドバイスを示している。

　次の３つの章では、統計的思考の背後にある推論への関心を促している。第３章ではネイマン－ピアソンアプローチ、つまり、心理学を学ぶ学生向けの教科書であれば必ず載っている統計学の根底にある考え方を扱う。学部生、博士課程の学生、教員の中で、（フィッシャー的なひねりの有無にかかわらず）仮説検定の考え方を実際に理解している人がほとんどいないというのは、悲しい事実であり、実際、恥ずべきことでもある。ネイマン－ピアソンの考え方は、別の考え方も提示されないと完全には理解されないだろう。多くの人は、ネイマン－ピアソン統計学に対するベイジアンや尤度の答えが得られつつあると直感的に思っているようである。有意性検定の誤用が蔓延している根底には、この基本的な混乱があるのではないだろうか。そこで第４章では、ネイマン－ピアソンとはかなり対照的なベイズ推測の考え方を示す。本書のウェブサイト（http://www.lifesci.sussex.ac.uk/home/Zoltan_Dienes/inference/）には、ベイジアンの方法でデータを分析するためのプログラムが紹介されている。最後に、第５章では、統計的推測の第三の主要な流派である尤度推測の考え方を示し、それへの関心を促している。第５章では、尤度推測の実際の使い方と、いかにして他の流派とは異なる研究上の決定に至るのかが示されている。また、本書のウェブサイトには、尤度分析を行うためのプログラムも掲載されている。

　統計学に関する章はどれも、平均的な心理学の学部の統計学の科目で必要とされる程度の数学しか想定していない。各章は、基礎的な概念を提供し、それを実践的な研究の決定に結びつけることだけを目的としている。各流派の主張が概念的に示されているため、統計の一般的なユーザーが、初めて、十分な知識に基づいて判断できるようになり、合理的な根拠に基づいて、正統派を採択するか、棄却するかを決定できるようになる。

　心理学を学ぶ学部生の読者に警告しておきたいのは、本書で扱っている内容は新しい考え方を必要とするため、最初は難しく感じられるかもしれないというこ

とである。しかし、粘り強く取り組めば、必ず報われる。自らの知的反応を侮ってはいけない。哲学の面白いところは、あるテーマについてあなたがどんな考えをもっていようと、似た考えをもつ非常に優れた哲学者が必ずいるということである。多くの場合、私があらかじめ決められた答えを与えることはない。自信をもって自分の主張を考え抜いてほしい。しかし、見解の多様性は、哲学において何も達成されていないことを意味するわけでも、あらゆる見解が受け入れられることを意味するわけでもない。それどころか、本書で議論している問題を理解すれば、これまでできなかったような方法で研究を評価し、実践することができるようになるだろう。未解決の問題に対してどのような決断を下すにしても、本書の問題について考えたことで、あなたははるかに優れた研究者かつ研究の評価者となることだろう。

　もし、本書を読んでいて混乱することがあるとしたら、それはとても良い兆候である。混乱は、あなたがより深い理解に到達する道を見出したことを意味している。その感じ方を大切にしてほしい。混乱はもちろん最終目的ではなく、何を考えるべきかの道標であり、あなたの心が熟している今だからこそ考え抜くための原動力なのである。私はあなたに混乱してほしいと思っているが、その後理解するために必要なものを提供したいとも思っている。私の誤りや見落としによる混乱はよくないので、新しい版では訂正するよう努めている。もしそれらを見つけたらこの連絡先 dienes+inference@sussex.ac.uk まで知らせてほしい。

　図1.4と図1.5の著作権を有し、複製を許可してくれた Cognitive Science Society に感謝している。また、ロバート・クロウズ氏、ブルース・ディエネス氏、アラン・ガーナム氏、ノミ・オルストホルン氏、ライアン・スコット氏、ダン・ライト氏、そして4名の匿名査読者の方々には、本書の前の版について貴重なご意見をいただいた。ここに感謝する。この2年間、私がこの教材を教えた学生たちにも感謝したい。本当に、彼らなしでは本書はできなかっただろう。また、何黎明氏と張暁龍氏には、素晴らしい挿絵を描いていただいたことに感謝したい。最後に、この1年間、妻のミナと息子のハリーが辛抱してくれたことに心より感謝している。

ゾルタン・ディエネス
英国ブライトンにて、2007年

目　次

装幀＝新曜社デザイン室

1 カール・ポパーと境界設定

　人々によれば、哲学は元来何ら意味ある結果をもたらすことができず、また科学にも政治にも影響を与えることができない。しかし、私が思うに、思想とは危険で力のあるものであり、哲学者でさえも時には思想を生み出してきた。

ポパー（1963, p. 6）

Box 1.1　質問

科学とは何か？

科学と疑似科学との違いは何か？

良い科学と悪い科学の違いは何か？

科学的なジャーナルに投稿された論文はどのような根拠でリジェクトまたはアクセプトされるべきか？

キリスト教科学、創造科学、サイエントロジー、占星術、伝統的な中国医学、カイロプラクティック科学といったものは科学か？　なぜそれらは科学と言える、または、言えないのか？　なぜそれが問題なのか？

心理学は科学か？　良い科学か、それとも悪い科学か？

知識はどのようにして増大していくのか？

　我々は、何を信じるべきかについての選択、実用的にも個人的にも極めて重要

な選択に常に直面している（Box 1.1）。精神的に沈み込んでしまったときには、抗うつ薬を飲めば楽になるだろうか？　花粉症に対してハーブを選んだほうがいいだろうか、それとも薬を飲んだほうがいいだろうか？　ある政党によるインフレ抑制の経済政策は他のものよりも効果的だろうか？　体重を減らす、筋肉をつける、スポーツで他の人よりも優れた成績を収めるといった目的のためには、ある運動の仕方が別のそれよりも有効だろうか？　不安を乗り越えるには、どんな方法がその助けになるだろうか？　第二外国語を学ぶには、どんな方法が最良なのか？　異なった集団の人々がより協調的に一緒に生活していくにはどうしたらいいだろうか？　また、ある集団がより円滑に機能していくには、そして関係がずっとうまくいくには、どうしたらいいだろうか？

　何を信じるべきかについての選択は、単なる実用的な問題ではない。世界を理解したいという願望は、ホモ・サピエンスに本来備わっているもののようである。私は、10代の頃に、特殊相対性理論による空間と時間の根本的な性質についての議論を追っていくには高校の代数で十分であることを知って、そのことに魅了されたものである。これほどに明解かつ反直観的な法則が厳しいテストの結果生き残ってきたというまぎれもない事実は、人が成しえてきた偉業のうちの1つとして、私にとっては意義あるものであった（今でも依然としてそうである）。さらに、進化、遺伝、脳、そして心の仕組みについて詳細を知ることは、我々が自分たちや万物についての理解を得るために、言うまでもなく価値のあることである。書店で一般科学のセクションが急成長していることにも、「理解したい」、「最良の解釈を知りたい」といった人々の単純な欲望が表れている。しかし、この世界における現象に対し満足な解釈を与えるには、何が重要なのだろうか？　どういったときに、ある解釈が別の解釈よりも優れていると言えるのか？　これは、哲学的な問題である。そして我々の目的が実用的なものかどうか、または理解することそのものにあるかどうかにかかわらず、この問題は中身のない表層的なものではなく、本質にかかわるものである。

　オーストリア人のカール・ポパー（Karl Popper: 1902-1994）は、何によって科学と非科学（疑似科学も含む）は区別されるのかについての問題を定式化した。彼は、これを境界設定の問題と呼んだ。彼の興味は、何かを科学か否かに単純に区分しラベル付けすることにあったのではなく、我々がこの世界についての知識をどうやったら最適に追求することができるかという重大な問題にあった。彼の研究によって、さまざまなノーベル賞受賞者を含む多くの科学者が刺激を受けた。その中には、公の場で、彼らが科学者として存在する上でポパーの哲学がいかに有益であったかを主張した者もいる。ポパーは、その研究経歴の長い期間、ロン

ドン・スクール・オブ・エコノミクスに所属し、論理学と科学的な方法に関する分野の教授であった。また彼は、非常に影響力のある政治・社会哲学者だった。彼は、92歳で亡くなるまで、精力的な研究活動を続けた。その業績をたたえ、1965年にはナイトに叙された。

背景：論理実証主義

ポパーは、1902年にウィーンで生まれた。ウィーンは、当時西洋における知と文化の拠点の1つであった。ポパーの時代にウィーンで生じた卓越した哲学的な運動は、ウィーン学団と呼ばれ、そこでは定期的に科学者たちと哲学者たちが集まり、その時代に起きた科学における主要な改革、特にアインシュタインの研究に端を発したものがどういった示唆を与えるのかについて議論していた（読みやすい伝記的な記述として、Edmonds & Eidinow, 2001がある）。そのような議論は、モーリッツ・シュリック（Moritz Schlick: 1882-1936）を中心に行われ、その議論に参加するには彼の個人的な招待を必要とした[1]。そのメンバーには、数学者の（ゲーデルの不完全性定理で有名な）クルト・ゲーデル、哲学者のルドルフ・カルナップやカール・ヘンペル、経済学者のオットー・ノイラートがいた。彼らは、**論理実証主義**と呼ばれる哲学的なアプローチを定式化した。論理実証主義について少し知っておくのは、ポパーが部分的に何に異議を唱えたかを理解するためにも価値がある。

論理実証主義そのものは、当時ドイツで広く受け入れられていた、尊大で難解そして曖昧な文章を強調した哲学の様式に対する反動であった。実際、ウィーン学団のメンバーたちは、そのような文章が実際のところ何かを言っていることになるのか疑問視した。意味のない主張と意味のある主張を区別するため、論理実証主義者たちは、意味のある主張とは、定理ゆえに必然的に真であるもの（たとえば、三角形は3辺をもつ）、または**検証可能**な経験的な主張（世界についての主張）であると主張した。経験的な主張は、それが**検証可能性の基準**を満たす、つまりその主張が真であるかどうか検証していく道筋を特定できる場合に限って意味がある。たとえば、「私の机の高さは3フィートである」という主張は、その

---

[1] シュリックは、復讐心に燃え、精神的に不安定だったある学生のせいで、若くして亡くなった。シュリックはかつてその学生を不合格にし、また後に彼の妻と寝たとされている。その学生は大学の階段でシュリックの胸を銃撃した。シュリックはユダヤ人でなかったものの、大衆紙においてその学生はユダヤ人殺害者として結果的に賞賛されるようになった。

高さを物差しで測ることで検証されうるため、意味がある。しかし「精神の本質は自由にあるのか？」「世界は実際のところ存在しておらず、ただの思いつきなのでは？」「世界は本当に存在しているのか？」「自由意思は幻想か？」「神は存在するのか？」「神とは慈愛なのか？」といった主張をどうやったら検証できるだろうか。論理実証主義者たちにとって、そのような検証可能でない主張は、まさに形而上学的で意味がなかった。伝統的な哲学のほとんどが疑似問題に取り組んでいるとして払拭されうるだろう！　人は、数学や論理学（必然的に真である主張を扱う学問）や自然科学を発展させる現実の仕事に取り組んでいくことができる。科学は、直接的に検証されうる観察可能なものだけを扱う経験的な主張や、

Box 1.2　操作的定義

　論理実証主義に触発され、今日の心理学においても広範囲に使用されているものとして、**操作的定義**という考えがある。これは、ノーベル物理学賞を受賞したパーシー・ブリッジマンが1927年に導入したものである。操作的定義は、ある概念の存在や量を決めるのに使われる詳細な手続きという観点から、その概念の意味を定義する。たとえば、知能の操作的定義は、ある IQ テストでの得点とされる。無意識的な知識の操作的定義は、当人が「当てずっぽうである」と述べているときに、その知識に関するテストの成績がベースラインよりも良いこととされる。女性におけるペニス羨望の操作的定義は、試験後に返却される鉛筆の数とされる。実験心理学者は、習慣的に操作的定義を作り出している。操作的定義は非常に重要ではあるが、しばしば、その「定義」は実際には定義ではなく、むしろ我々が調べたいことを多かれ少なかれ不完全に測定する方法のことなのである。多かれ少なかれ不完全に測定する方法は、定義ではない。たとえ、測定の結果が決して不完全なものではないとしてもそうである。「首尾よく麻酔をかけられた」ことを「基準量の麻酔を投与された」こととして定義するとしたら、麻酔がまったく効かなかった不幸な人々をひどい目に遭わせることになりかねない。自らが主張しているものを測定できていないという議論の中で、窮地に陥った心理学者は、たとえば「でも私が情動知能という用語で意味していたのはこのテストの得点のことです」と言いたくなることがある（この作戦のもとでは、「意味する」といった語がたいてい強調される）。心理学において通常この衝動は抑えるべきものである。ある概念が**意味する**内容が、その概念を測定する方法によって言い尽くされることは稀である。操作的定義は、測定の妥当性について批判的に考えるのを止めてしまう言い訳であるべきではない。

理論上の用語（たとえば、「電子」）と観察を結びつける定義として機能する理論的な主張のセットとして構成されうる。もしあなたがドイツの古いテキストを数多く読んだことがあるならば（実際今日の英語で書かれた多くのものであっても——たとえばSokal & Bricmont, 1998を参照）、「ちんぷんかんぷん」という名前のゴミ箱に多くを投げ捨てたくなる衝動に共感を覚えるかもしれない（Box 1.2）。

　論理実証主義者たちは、ある文が検証可能かどうかを決める上で、2つの問題を抱えた。1つは、特定の個別事例とその観察可能な性質についての主張をどうやって検証するのかの問題であり、たとえば「エマというハクチョウは白い」というものである。もう1つは、「すべてのハクチョウは白い」といったような一般化を検証する問題である。最初の問題は、直接的な観察によって、そして2番目の問題は、**帰納**と呼ばれる推定の論理過程によって、それぞれ解決されるはずである。帰納は、**演繹**と対比される。演繹は、前提が真であればその結論が真であることが保証されるように推論する過程である。以下はその例である。

すべてのハクチョウは白い
サムはハクチョウである

―――――――――――――

結論：サムは白い

　帰納は、与えられた特定の観察対象のみを踏まえて普遍的な法則を推測する過程である。

サムというハクチョウは白い
ジョージナというハクチョウは白い
フレッドというハクチョウは白い
・・・
エマというハクチョウは白い

―――――――――――――

結論：すべてのハクチョウは白い（？）

　ここでの結論は、その推論が演繹的なものでないゆえ、真であることは保証されない。しかし直感的には、特定の観察対象の繰り返しによって、その結論のもっともらしさは増すように思われる。我々は、太陽が明日昇ることを極めて確かなことであると感じているが、それというのもこれまで繰り返しそうだったから

にほかならない。我々は万有引力の理論によって、太陽が昇り続けることを予測しているのだと言う人もいるかもしれない。しかし、過去に何度も観察されたという事実以外の理由で、我々はその理論を確信することはないだろう。論理実証主義者を含む帰納論者たちが信じているのは、帰納によって科学が進んでいくということである。科学は、単なる憶測ではなく実際の観察に基づいているから、客観的であり、個別の観察から論理的に —— 帰納的に —— 一般的な法則へと至るものである。

　第二次世界大戦、そしてヒトラーによるドイツおよび近隣諸国における大学制度の解体により、多くのユダヤ人有識者たちは、ウィーン学団のメンバーも含め、米国に逃げ込んだ。実際、論理実証主義は、大戦前はヨーロッパの哲学において少数派であったが、1960年までには米国の哲学において支配的な勢力をもつようになった（Giere, 1999, 第11章参照）。それ以来、多くの人々は、自らの科学哲学をその伝統に基づくか、ないしはそれに反対するものとして定義してきている。しかし、ポパーは、論理実証主義を終わらせたのは自分だと自負している（Box 1.3）。

Box 1.3

　以下の理論を考えてみよう：人において海馬は空間認知のために必要である。あなたは、サムという名前の、異常なウィルス性の病気に最近かかり、海馬のすべてが破壊されてしまった人のことを知った。その他の脳の構造には問題がないが、彼の空間認知は極めて悪い状態である。

　あなたは、このことで、この理論が真であると確証しただろうか？

　自動車事故によって海馬のすべてが破壊された（その他の脳の構造には問題がない）8人の10代のドライバーのことを知ったとしたらどうだろうか。彼らの空間認知は極めて悪い状態である。

　あなたはこの理論を確証しただろうか？

　あなたは、海馬のすべてが破壊された別の10代のドライバーのことを知った。この9番目の人物の空間認知は優れた状態である。

　あなたは、この理論についてどんな結論を得るだろうか？

帰納の問題

　ポパーはこれまで述べてきた論理実証主義のあらゆる側面を否定した。論理実証主義者は、形而上学を意味のないものとして拒絶したが、ポパーは、形而上学は有意味で重要なものと主張した。論理実証主義者にとっての願望とは、ある知識に近づく方法として科学を理解することであり、知識は観察と帰納の固い基盤に基づくものと考えられていた。しかし、ポパーは、観察によっても帰納によっても確かな知識に近づくことはできないとして、その考えを否定した。さらに、確からしさが科学の目的であるということさえも否定した。ポパーの哲学の中核は、可謬主義によって特徴づけられる。我々は、自らが信じているあらゆることに誤る可能性がある。この原理がどのようにして実用的な科学哲学となり、知識の進展を可能にしていくかをこれから見ていくことにする！

　帰納は、スコットランドの哲学者であるデイヴィッド・ヒューム（David Hume: 1711-1776）から、致命的ではないものの、深刻な攻撃を受けてきた。ヒュームは、これまで繰り返し経験してきた事例（たとえば、複数のハクチョウが白かったこと）から、未だ経験したことのない事例（我々が未だ観察していない色のついた他のハクチョウのこと）に対する推論は決して正当化されないことを論じた。つまり、帰納は決して正当化されないのである。どんなに頻繁に白いハクチョウを見ていようとも、すべてのハクチョウが白いことは言うまでもなく、我々が見る次のハクチョウが白いこともそのことによっては導かれない（というのも、有名な例で、イギリス人がオーストラリアに行って、そこでついに黒いハクチョウを見つけたからである！）。一般的な反応としては、そのことは受け入れられる、すなわち、特定の観察からの一般化は確実なものではないと考えられるものの、一般化の**可能性**はそれを支持する観察によって確かに増していくと考えるというものである。我々が白いハクチョウを見るごとに、すべてのハクチョウが白い可能性は高くなっていかないのか？　ヒュームは、毎回そう観察したとしても、一般化はできないと指摘している。つまり現時点でのどんな観察が一般化を支持していようとも、**現在**以後の事例がその一般化を支持しない場合があるのである。たとえいかに頻繁にあなたの車が朝早くから始動できていたとしても、ある日そうならなくなり、そして別のある日には車がまったく動かなくなることもあるのである。実際、車の年齢を考えたら、車が始動できる日が多くなればなるほど、次の日に始動する可能性が**低くなる**と感じるかもしれない！　カーネルの農場のニワトリは、たとえそれまで毎日朝食を提供してくれる人に出迎えられていたとしても、

ある朝、そうしてくれない人に出迎えられることもあるのだ。しかし確かに、過去の帰納を使って一般化を推測するとうまくいくことが多いので、帰納とは経験的に確かめられたものだと答える人もいるかもしれない。ヒュームが指摘するに、この議論は、帰納を擁護するために帰納が真であると仮定している。しかし過去にどんなに帰納がうまくいったとしても、それが再びうまくいくと考える理由はない。あなたが帰納を前提としていないのであれば、そうなのである。

ポパー（たとえば Popper, 1934, 1963, 1972）は、これらの議論をすべて受け入れた。説明的な普遍的な理論は、どんなに多くの観察による主張が真であると仮定しても決して正当化されないという議論である。ポパーの思想形成期の間に起こった驚くべき知的な出来事の1つとして、相対性理論と量子物理学によってニュートン力学が置き換えられた。ニュートン力学以上の「帰納的な支持」を得るような理論は——700年以上——出てこなかった。しかし、数年の間で、真実であると広く認められてきた理論は、文字通り誤ったものとして認識されるようになったのだった。ポパーにとってその教訓は明らかだった。我々は、実際のところ、決して理論が真であると確証することはできない。我々や他の人たちがどれぐらい強くその理論を信じていようとも、その理論は推測であり、たとえ我々にとって最良の推測であっても、そうあり続ける。帰納は存在しないのである。

帰納を前提として説明しようとすることは、何が問題なのだろうか？　ポパーが指摘しているように、典型的には、解釈にあたって対立するさまざまな理論があり、その中から選択しなければならない状況がそれにあたる。論理実証主義の祖先でもあるバートランド・ラッセルの考えによれば、帰納がどうしたら妥当となるかを理解しない限り、我々には、良い科学的な理論と「狂人による単なる妄想」の間で決定を行うことができない。ポパーは、理論選択の問題を解くために帰納は必要ないと主張した。そして、ある特定の観察や調査の主張が真だからといって、そのことはある普遍的な理論が**真**であることを決して正当化しないのに対し、その普遍的な理論が**偽**であると正当化される場合が時々あることを指摘した。たとえば、「サムというハクチョウは黒い」を受け入れることによって、「すべてのハクチョウは白い」という普遍的な主張が誤りであると結論づけることができる。我々はたとえ自らの理論を**確証する**ことはできなくても、首尾よくそれらを批判することはできるかもしれない。我々が特異な観察を受け入れることを踏まえれば、我々がある理論を反証する能力と確証する能力の間には真の非対称が存在している。ポパーは、彼の科学哲学を発展させる上で、この非対称を最大限に活用した。合理性とは、理論や議論の弱さを見つけていくような批判的な議論の中に存在する。そして、その弱さは、たとえば観察によって示される場合も

あるので、観察は理論を批判するために使われうるのである。

批判的議論の役割

　知識はどのようにして増大していくのか？　ポパーによれば、その唯一の実用的な方法が批判的議論である。知識は、偏見のない純粋な観察から始まるのではない。そのようなものは存在せず、すべての観察とは何らかの理論や偏見を伴っているものである。誰かに「観察して！」と言うだけの課題があったとして、その課題がいかに馬鹿げているかを考えてほしい。いったい何を観察するのか？どんな目的で？　科学は、ありのままの観察から成り立っているのではない。理論や推測から始め、それに反論する。もしその理論が反論に対抗することができたとしたら、新しい批判が試される。首尾よく反駁できたとしたら、その新しい問題状況に対処するために新しい推測がなされる。

　人間の歴史におけるほとんどの社会、そして世界中で、学派には、批判的議論ではなく、むしろ絶対的な信条を授けて、それを純粋にまた変化せずに持続させる機能があると、ポパーは指摘している。信条を変えていく試みは異端であり、おそらく学派から除名されることになるだろう。そのような伝統においては、成功した革新者たちは、師匠の元々の考えが失われたり曲解されたりする前に、その本来のあり方を示しているだけだと主張する！　これに対して、批判の伝統は、推測を示し、それから学生に尋ね、その推測について理解したのちにその弱さを見出すことでより良くしていくといった明示的に確立された方法によって作られる。批判の伝統において、その目的は信条を守ることではなく、それを改良していくことにある。ポパー（1994）は、人間の歴史においてこの方法が生み出されたのは、意外なことに1度だけであると指摘している。ポパーの歴史的な推測が真かどうかは彼の主要な主張と関係ないが、それそのものは興味深い。ポパーによれば、古代ギリシャにおいて自由な思考の新しい伝統を確立したのはタレス（紀元前636年頃−紀元前546年頃）である。タレスの学徒は、彼を大っぴらに批判し、その批判を克服するような大胆な考えを発表した（詳細については、Popper, 1963の第5章を参照）。数年の間に、知識は驚異的に増大した。クセノパネス（紀元前570年−紀元前480年）は、以下の詩の中で我々のあらゆる知識とは推測することであるという考え方を示し、批判の伝統を広めた（ポパーによる翻訳。たとえば、Popper, 1963年に含まれている）。

　しかし確かな真実について、これまで誰もそれを知らなかった

そして、今後知ることもないし、神を以ってしてもそうである
私が話すあらゆることについて知ることもない
そしてたとえたまたま声に出したとしても
その完璧な真実をその人自身は知らないだろう
すべては織り込まれた推測の網にすぎない

　真実があったとしてもそれを知ることは決してできないものの、我々が持っているものを常に改良していこうとすることはできる。ポパーによると、この批判の伝統は不寛容なキリスト教に抑圧された際に西洋では消滅した。批判の伝統は、中東や東洋で静かに燃え続け、そこから最終的にはルネサンスや現代科学へと移行し火をつけた。そして再度、知識の爆発が生じた。科学の伝統とは、まさにこの批判の伝統である[2]。

　ポパーの歴史的な推測、つまり批判の伝統が生じたのは一度だけということから、この伝統が当たり前のものではないことが改めてわかる。批判主義が重要であるという主張を決まり文句のように捉えるのはたやすいが、ある人の学生や同僚という立場でその人を批判するといった伝統に参加することは、心理的に簡単なことではない。さらに、その本質的な難しさは別にしても、宗教、政党政治、そして企業における権威主義を始めとして、あらゆるところに外的な攻撃や崩壊が見られる。極端な例を挙げれば、1957年に毛沢東が「百花斉放百家争鳴」と述べた。この言葉は、人民たちに意見を述べさせることで最良のアイデアが残っていくことを意味していた。しかし、彼に対して批判的な考えを主張した人々は弾圧された。

科学とは何か？

　ポパーは、無意味な主張と意味ある主張を区別しようとする論理実証主義者の試みを棄却し、代わりに非科学や形而上学と科学を区別しようとした。しかし、だからといって、ポパーが、科学的な方法を、知識を発達させていくために従うべき明記可能な公式と見なしていたわけではない。「原則として、私は、科学的方法に関する講義の始めに、科学的方法は存在しないことを学生に話す。そして、

---

[2]　あなた自身の批判を上達させたいのであれば、ドナルド・ブロードベントの助言「あなたの先人たちの顔を踏みつけるのではなく、その肩の上に立ちなさい」を心に留めておくといい。

イギリス連邦において少なくとも一時期、この存在しない分野の唯一無二の教授であったからわかるのだということも付け加える」(1983, p. 5)。ポパーは、とにかく知識を分野に分けて考えることを軽蔑した。本当に重要なのは、まさに興味深い問題とそれを解こうとする試みである。たとえば、なぜ催眠術にかけられた人々は催眠にかかったようにふるまうのかを説明するという問題がある（私はこの問題に興味がある）。この問題を解くには、哲学、認知心理学、社会心理学、神経科学といった分野に典型的な方法で考える必要があるかもしれない。しかし、（大学を組織する上で有用な管理区分であること以外に）**これらの「分野」に独自の現実があるわけではない**。私は、催眠術について推測する際に、それらの「分野」のさまざまな考えを融合させるだろう。興味深い問題に対しては関連するすべての知識が注がれるべきである。それにもかかわらず、「科学的方法は、他の存在しない分野よりもさらに非実在的であるというやや特殊な立場にある」(p. 6)。

ポパーによれば、科学的な理論を見つける方法もなければ、「純粋な」観察から理論を推測する方法もない。科学は、自由に、そして創造的に作り出された理論から成り立っている。つまり科学は人々によって作られるのである。ポパーによれば、——帰納と同じように——理論が真であるかどうかを判断する方法もなければ、検証する方法もない。また、理論がおそらく真であるかどうかを判断する方法すらない。これは、ヒュームが行った帰納に対する批判に追随するものである。多くの哲学者はこの結論を受け入れなかった（たとえば、Salmon, 2005がある。ポパー派の論文を擁護するものとしては、Miller, 1994, 第2章がある。また帰納についての議論に関するわかりやすい導入として、Chalmers, 1999, 第4章がある）。本書の後のほうでは、ベイジアンアプローチといった、まさに、ある仮説が正しい確率を求めることを目的とするアプローチがあることを紹介する。しかし、ベイジアンアプローチは実際のところ、ヒュームの批判それ自体に答えるものではない。その代わりに、それは、**世界がある特定のタイプのモデルに従っていることを仮定して**（つまり、ある種の一般化が成立しており、今後も成立し続けることを**仮定して**）、**そのモデルのさまざまなバージョンの確率が計算されうる**という議論なのである。ポパーは、このような考え方を受け入れなかった。それは、彼がヒュームの批判を受け入れたのに加えて、ベイジアンの主観的確率の妥当性を認めなかったからである。この問題は、現在極めて活発に議論されており、本書の第4章でさらに説明する。

ポパーは、人々がどのように理論を作り出すかは科学の論理とは関連がないと考えた。新しい考えを着想する過程（Popper, 1934では知識の心理学と呼ばれている）と論理的にそれを検討する過程（知識の論理）の区別は、より一般的には、

発見の文脈と**正当化の文脈**の区別として知られている。この後者の用語は、1938年にハンス・ライヘンバッハ（Hans Reichenbach: 1891-1953）によって紹介されたものである。ライヘンバッハは「ベルリン学派」を創設し、ある種の論理実証

Box 1.4 発見の文脈と正当化の文脈の区別はあるのか？

　発見の文脈と正当化の文脈の区別の表面的妥当性は高い。たとえば、ケクレは、ヘビが自分のしっぽをかむ夢を見て、ベンゼンの構造が炭素原子の環からなるという考えを思いついたと言われている。この夢の部分は、発見の文脈もしくは知識の心理学の一部分であり、彼の仮説の評価とは関連がない。その仮説そのもの、つまり原子の環とそれに関連した実験室で見出された証拠こそが、知識の論理や正当化の文脈に属すものである。とはいえ、発見の文脈と正当化の文脈の区別の有用性については、論議を呼んでいる。たとえば、トーマス・クーン（Kuhn, 1969）は、この区別を棄却した。彼は、科学的知識という特別な論理があり、それが正当化という独特な文脈を作り出しているとは考えなかった。クーンは、ある領域におけるある特定の研究者が新しい知識を発見するようになるが、それにかかわる過程こそがその研究者の実践を科学的なものにする上で不可欠であると考えた。クーンの立場の詳細については次章で見ていくことにする。ポパーの考え方においてさえ、この区別は時々曖昧なものになる。これから見ていくように、ポパーの科学に関する主張の中心は、科学者が「反証主義者的態度」を導入することにあった。そのような態度は、確かに知識の論理であるのと同様に、知識の心理学の大部分にも関連する。どんな要因が科学的発見を促すかについての心理学的な問題は、理論的に興味深く、また教育的にも重要な問題である。それについての進展は、たとえば、ダイアグラムの役割に関するピーター・チェンによる研究（Cheng & Simon, 1995）や思考実験に関するロジャー・シェパードの研究（Shepard, 2001）において見られる。ダイアグラムやイメージは、科学的な問題の基底にある**論理**を具現化し、**心理学的な**助けとなる。発見の文脈と正当化の文脈とが絡み合っている一方、サルモン（Salmon, 2005, 第5章）は、たとえ科学者自身にとってでなくても、その区別が依然として「科学哲学にとって可能であり、意義深く、根本的なもの」であると信じている（p. 85）。科学者として、我々は、理論または証拠の発見にかかわる偶発的で無関係なものを取り除いた上での、その理論と証拠の間の論理的な関係に関心がある。それらの論理的な関係に何が関係し、また何が関係していないかは、本書のすべての章にかかわってくる問題である。

主義を主唱した。彼は、ナチスによる人種法のせいで、1933年にベルリン大学を解雇され、結果的に米国において名声を得た。ライヘンバッハは、発見の文脈と正当化の文脈の区別を示すのに、アインシュタインに関する心理的そして歴史的な事実と、彼の一般相対性理論と関連する証拠との論理的な関係の区別を用いた（Giere, 1999を参照）。ギアが示唆するに、ライヘンバッハは、たとえば「ユダヤ人である」といったような人の特徴がその人の主張する仮説の科学的妥当性に関係があることを否定したいという、当時の文化的風潮によって動機づけられていた。仮説は、誰がどのようにその仮説を生み出したのかとは独立に、それ自体の論理的な価値に基づいて有効であったり破綻したりするのである（Box 1.4参照）。

　理論を生成するための決まった方法はないし、ある理論が真であることを示す方法は存在しない。ポパーによれば、理論の検証は、帰納的ではなく、演繹的である。というのも、ある観察結果を受け入れることによって、ある理論の誤りを示すことができるからである（ある黒いハクチョウによって、すべてのハクチョウが白ではないことが示される）。このようにして、観察と理論が接点をもち、それにより、我々の知識に経験的な特徴が加わっていくのである。科学は、そもそも理論が反証可能でなければ、このように機能しない。つまり、その理論によると、ある物事は生じえないというときにしか機能しないのである。一方、非科学や形而上学は、反証可能なものではない。これが、科学と形而上学を区別する論理的な性質である。この区別によって形而上学が無意味なものになるわけではない。単にそれは科学ではないというだけである。それでも形而上学的な知識は批判的議論によって増大しうるが、批判的議論の一環として実際の観察によるフィードバックが提供されることにより、科学的な知識もまた増大しうる。まとめると、反証可能性とは、ポパーにとって、科学と形而上学とを分ける境界設定基準である。

　ポパーにとって科学とは、反証可能な理論を主張し、それを厳密に反証していこうと試みる過程である。理論が反証されるときのみ、我々は自然から反応を得て、その知識を改良する機会が得られる。しかし、以下のことは明白である。ある理論が厳密な反証の結果生き残ったとしても、その理論が証明されたり確立されたりしたわけではない。ポパーによると、そのような理論は「裏づけされた」、つまり生き残ったゆえにいわば見込みのあることを示すが、しかしその理論が真であることは示していないのである。その理論はただ一時的に保持されたにすぎない。そしてそれゆえに、正真正銘の科学的伝統において、研究者たちは「反証主義者的態度」をもつことになるだろう。つまりポパーの見方によれば、理論が単に反証可能であるだけでは、経験的知識が増大していくのに不十分である。そ

れに加えて、コミュニティ全体が提唱された理論をさまざまな方法によって積極的に反証しようとしていかなければならないのである。このようにしてコミュニティは、批判的な伝統の一部分となるのである。

Box 1.5 なぜ人々はたいてい、自分が食べて育ってきた食べ物を好むのか？また、それが常にそうであるわけではないのはなぜか？

好意度に関する以下の2要因の理論を考えなさい。

要因1：我々は慣れ親しんだもの（たとえば、食べ物、人々、動物、道具など）を好むようにプログラムされている。その理由は、我々の知識や技能が慣れ親しんだものに適用されやすいからである。慣れ親しんだものは危険ではなく、我々はそれを扱うことができる。よって我々がよく出会うようなものを自動的に好むようになるような機序がある。

要因2：しかし我々は慣れ親しんだものに対して飽きてしまうようにもなる。その理由は、そのようなものから学ぶことが少ないからで、我々には学ぶことへの意欲がある。

これらの2つの要因は、互いに反対方向に働く。

そのため、新しいものへの接触頻度が増すと、

1. なじみがあることは安全であることを意味しているため、人々の好意度は増大する（第1の要因の働き）。
2. 飽きてしまうため、人々の好意度は減少する（第2の要因の働き）。
3. 飽きが強く出る前に第1の要因がまず働くため、最初は好意度が増すがその後減少する。
4. 第1の要因が強く働く前にまず飽きてしまうため、最初は好意度が減少するがその後増大する。

この理論は、それらの結果をすべて説明するため、良い理論である。

議論してみよう。

精神分析学、マルクス主義、相対性理論

ポパーは、1919年に2つの相反する種類の経験の影響を受けた。1つがマルクス主義と精神分析学に関するものであり、もう1つがアインシュタインに関する

ものである。ポパーは以下のように述べている。

> マルクスやフロイト、アドラー（フロイトの学生）の崇拝者たちは、その理論
> が彼らの領域内で生じたあらゆることを説明できることに影響を受けた。彼ら
> はあらゆるところに確証する例を見た。つまり何が起ころうともそれは常に理
> 論を確証したのである。その真実は明白であるように見えた。真実を見なかっ
> た人たちは、階級ゆえの関心があったり、治療の間泣きだすことを抑圧してい
> たりしたため、それを見ることを拒んだのだった。マルクス主義者であれば、
> 新聞を開いたときに、そのどのページにも彼の歴史の解釈に対する確証的な証
> 拠が存在していることを常に確認したことだろう（Popper, 1963, p. 45）。

　確証を探し出す方法は信用できないものである。実際、ポパーには、疑似科学
の典型的な方法のように見えた。「すべてのハクチョウが白い」は「すべての白
くないものはハクチョウではない」と同等である。それゆえ、あなたがハクチョ
ウでないものを見るたびに、あなたはその両方の主張を**確証**する。もしあなたが
単に古い確証に関心があるなら、確証は安く済む。一方、知識は、批判の方法、
そして理論を改良するための反証例を探す方法によって急速に進展する。
　ポパーは短期間、アルフレッド・アドラーのもとで働いた。そして関連した逸
話を記している。

> 1919年に一度、特にアドラー流のものとは思えない事例を（アドラーに）報告
> した。彼は劣等感に関する彼の理論に基づいて苦も無く分析したが、一度もそ
> の子どもに会ったことがなかったのだった。ややショックを受けた私は、どう
> やって確かだと思うのかを彼に尋ねた。「私には1000の経験があるから」と彼
> は答えた。すぐに私はこう言わずにはいられなかった。「私が思うに、この新
> しい事例が加わって、あなたの経験は1001になりますね」。

　もしあらゆる考えられる事例がアドラー（もしくはフロイト）の理論のもとで
解釈されうるのであれば、それらの確証は何を意味するのか？　アドラーやフロ
イト、マルクスは、彼らの誤りをこれまでどうやって知りえたのだろうか？　も
しある人のどの行動も「説明され」うるのであれば、その理論は観察によって批
判されえない。そしてその理論はその経験的な特徴を失う。患者に解釈を与える
精神科医を考えてみよう。もしその患者がその解釈を受け入れるのであれば、こ
の精神科医はそれが正しかったと結論づけるかもしれない。一方、もし患者がそ

　ポパーは、哲学には正真正銘の問題があり、彼がそのいくつか（科学と非科学の間の境界の問題も含めて）を解いたと信じていた。それでも、彼は「昔からの哲学の問題に対する単純な解答ほど、求められているものはないように見える」（Popper, 1976, pp. 123-124）と述べている。一方、ヴィトゲンシュタインは、正真正銘の哲学的な問題はなく、不適切な言葉遣いによって生じたパズルだけがあると考えた。1946年10月5日、ケンブリッジのキングスカレッジでのあるセミナーで、彼らは1度だけ、しかも10分間だけ会ったことがある。そのとき、ポパーは、道徳規則の妥当性の問題を含む、正真正銘の哲学の問題として彼が考えていたリストを示した。

　この2人のやりとりは激烈なもので、最後はヴィトゲンシュタインが怒鳴りながら部屋から出たが、そのセミナーに出席した人たちの記憶はさまざまである（詳しくは、Edmonds & Eidnow, 2001を参照）。

の解釈を拒否したなら、特に激しくそうしたなら、この精神科医はそれが患者の真実にかなり近いところを突いたため、感情的にさせたと結論づけるかもしれない。では、どんなことによってこの精神科医は自分の誤りにちょっとでも気づくようになるのだろうか？　そしてもし我々が自分の過ちから学ぶことができないのなら、どうやって自分たちの理論を改良することができるのだろうか？　ポパーの科学と非科学の境界に関する試みは、単なる分類の試みではなく、知識はど

うやったら最も良く増大するのかについての分析であった。

　例として、ポパー（1983, pp. 159-174）は、フロイトの考え方がその夢理論への反論をどう扱うのか、そしてそれが批判的態度を示すのかどうかについて議論した。夢の内容は願望の充足を別のものを装った形で示しているというフロイトの中心的な信条を考えてみよう。この理論に対し、夢には悪夢もあるというのはその明らかな反論の１つである。悪夢は、願望の充足をまったく示していないように見える。これは反証のうちに入るのだろうか？　ポパーは、反証可能なものとそうでないものの違いは明確ではなく、またそうである必要もないと、常に主張していた。知識の増大の観点からすれば、ポイントとなるのは、反証可能な予測を動機づけるようにして理論が使われ、そしてその理論を改良するためにその予測が用いられたかどうかである。実際、ポパーの分析によると、フロイトはこのような批判的なやり方を示さなかった。彼は批判を使うというよりも、それを避けようとしたのである。フロイトの指摘は、別のものを装った形での願望の充足は不安に感じさせるような夢や悪夢の文脈においても**生じうる**というものであり、問題は残されたままであった。ポパーによれば、フロイトにおいて重要なのは、理論が確証されることであった。夢の意味の問題についての知識を本質的に増大させる方法は、悲しいことに回避された。

　グリュンバウム（Grünbaum, 1984. および1986も参照）は、ポパーとは異なり、フロイト流の精神分析学は実際のところ反証可能であることを論じた。純粋な統語的な性質としての反証可能性（つまり理論の主張の文字通りの様式こそが重要）と、その理論を使う人々のコミュニティの態度に依存するものとしての反証可能性（これについては以下で議論する）を、ポパーが曖昧に用いていたことに問題の一部がかかわっていた。グリュンバウムは、精神分析学の主張から明らかな予測が生じうることに焦点を当てた。たとえば、精神分析を受けている人々にとっては、その治療の結果は他の治療よりも良いはずである（このような理由から、グリュンバウムは精神分析学が反証可能であり、また反証されると論じた）。さらに、もし他の治療が症状を取り除くとしても、その治療は実際の原因には対処していないため、新しい症状が現れるはずである（この予測もまた大部分反証されるものである）。フロイト流の理論は、疫学的な予測も可能である。たとえば、偏執病は、抑圧された同性愛の願望によって生じると理論づけられるため、コミュニティにおいて同性愛への寛容さが増すほど偏執病は減少するはずである（ポパー（1983）が言及したありうる例である）。しかしポパーの指摘は依然として残っている。そのような予測は理論をテストし発展させるために用いられたのか？　一般的に、どの仮説も厳しいテストを受けることができるよう考案されてきたのか？　そしてど

んなときでも、それらの仮説はそのような厳しいテストを受けてきたのか？　仮説を生成する能力によって、批判的伝統内での位置づけが決められるのではない。またそのような能力は、実践者たちの反証主義的な態度、つまり理論的な主張を実際に反証可能なものにするのに不可欠な態度を意味していない[3]。

　1919年、ポパーは、アインシュタインの講演を聴きに行き、極めて感銘を受けた。アインシュタインは、ある特殊な状況（日食の間、太陽の近くにある恒星を眺める状況）においてその星の光が曲がらないなら、彼の一般相対性理論は支持されないだろうと述べた（この予測は1919年５月にエディントンによって調べられ、この効果が確かめられた）。　フロイト、アドラー、マルクスと異なり、アインシュタインは、あらかじめどんな観察が彼の理論を反証するのかを特定することによって、進んで自らの理論を危険にさらしたのだった。同様に、ポパーは一般的なアドバイスとして、もし科学的理論を主張するなら、アインシュタインがしたように「どんな条件のもとで自分の理論は支持されないことを認めるか？」に答えるべきだとした。

　ポパーに強く影響を受けた哲学者の１人が、ハンガリー人のイムレ・ラカトシュ（Imre Lakatos: 1922-1974）である。ラカトシュは以下のように述べた。

　　私は、マルクス主義者やフロイトの信奉者たちにこのような質問をしたものだ。「どんな特別な社会歴史的な出来事が生じたとしたら、あなたはマルクス主義を放棄するのか？　それを語ってくれ」と。これに対して、唖然として言葉がなかったり、また戸惑いがあったりしたのを思い出す。しかし私は非常にこの効果に満足したのだった。

　実際のところ、後にラカトシュは、この質問が単純すぎるため、より洗練されたものが必要であるとした。我々は次章でその辺りについて考えてみる。そうであったとしても、この質問は自分の理論に対して自問する価値がある。これは実験心理学において重要な質問と見なされている。もし自分自身の見方に関して徹底的に考えなくても、他の誰かが必ず考えるだろう。ある理論を反証する条件を明確にするほど、実験心理学において今やその理論はより高く評価される。誰か

---

[3]　私がポパーをどう読み取っているかは、以下の反証可能性の節を参照してほしい。純粋に統語的な読み方をするなら、ポパーはたびたび自己矛盾を起こしており、１つの文章中でしばしばそれが見られる。よって普通に読んだところでポパーの意味が理解できるとは、私には思えない。

が主張する説明を読むときは常に、あなた自身にこう問いかけなさい。その理論が誤っているなら、それをどうやって見出すのか？と。

　明らかにポパーは、フロイト流やその他の見解の相対的な反証不可能性と、彼らが物事をしばしば正しく見ていることとは、完全に一致していると信じていた。ポパー（1963）は、フロイトやアドラーが述べたことの多くはかなり重要であり、適切な心理科学の基盤をいつの日か作るような素地があるものとした（精神分析学を実験心理学における考えと関連づけようとする試みとして、Erdelyi, 1985を参照）。実際、ポパーによれば、ほぼすべての科学的理論は神話のようなものから生まれている。神話や形而上学から始めることは、不可避ではないにしろ、まったく問題ない。しかし結局のところ、可能な限り、その神話が経験的な科学を生み出すようになってほしいのである。ポパーが言ったように、「自らの考えを論争の嵐にさらしたくないと思う人々は、科学のゲームに参加していない」のである（1934/1959, p. 280）。

反証可能性の程度

　理論を反証できるのは、その理論と矛盾する可能性のある観察結果である（たとえば、「ピーターというハクチョウは黒い」は、「すべてのハクチョウは白い」という仮説を反証する）。反証となりうるものの集合が大きいほど、その理論は他と比べて**より反証可能**である。ポパーは、より反証可能な理論を好むよう促した。たとえば直線的な関係を除外するのに必要なデータの点は、二次関数的なものと比べて少ない。図1.1における３つの観察点は、その２つの変数間に提案された線形

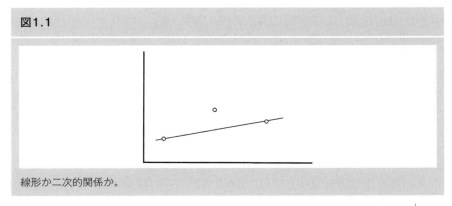

図1.1

線形か二次的関係か。

図1.2

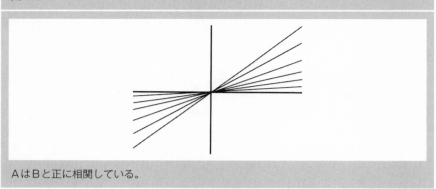

AはBと正に相関している。

的関係を反証するのに十分であるが、仮定された二次的関係を反証することは原理的にできない。別の言い方をすれば、二次関数は、線形関数と比較してより多くのデータパターンに当てはまる。よって、線形関数のほうがより反証可能と言える。

　科学者はシンプルな理論を好む。しかしシンプルさとは何か？　シンプルな理論は、より良くテストできる。直線は、曲線よりもシンプルである。シンプルであることに越したことがないのは疑いようもないが、おそらく、反証可能性は、理論がシンプルであることの一端を捉えている。

　「AはBと正に相関している」と言ったとき、あらゆる正の回帰直線を引くことができる（図1.2）。これによりあらゆる負の回帰直線は除外される。つまり、引くことのできる直線のうち50％は排除される。「AはBと相関している」は、実質的に何も除外しない。あらゆる正と負の回帰直線を引くことが可能である（図1.3）。よって、「AはBと正に相関している」は、「AはBと相関している」よりも反証可能である。前者は後者よりもより良い形式の理論を構成することになる。後者はまったく反証できないゆえ、ポパーによれば、科学的な仮説でありえない！　科学的な心理学には、「AはBと相関している」といった形式の仮説が数多くあることを踏まえると、このことは奇妙に思えるかもしれない。ある有名な論文で、ミール（Meehl, 1967）は、まさにこのことを理由として、心理学の多くを強く批判した（ミールが論じた内容については第3章でさらに議論する）。

　同様に、「グループAの得点はグループBの得点と異なっている」は事実上何も除外しないため、非常に弱い理論である。「グループAの得点は、グループB

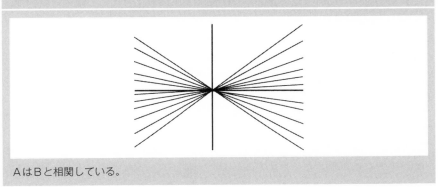

図1.3

AはBと相関している。

の得点よりも高い」のほうがより良い。可能性のある得点の50％を除外する。「グループAはグループBよりも30％成績が良い」は、多くの可能性を除外する！これは非常に反証可能性の高い理論の予測となるだろう。

　心理学において理論を立てる際の様式の1つは、単にあるグループの得点が別のグループの得点よりも高いことを予測することである。ポパー流の理屈によれば、これは極めて弱いように見えるし、実際にそうである。しかし心理学の理論は、ある範囲の条件間の比較に対して予測を立て、実験を行うことによって、その弱さを埋め合わせることができる。たとえば、単に条件Aの得点は条件Bの得点よりも高いと予測する理論は、条件Aの得点は条件Bの得点よりも高いだけでなく、条件Cの得点は条件Dの得点よりも低く、条件Eの得点は条件AとBのいずれよりも高いと予測する理論よりも、反証可能ではない。さらに、行動に関してのみならず、脳領域に関しても予測をすることによって、その反証可能性は増す。同様のことは、読解の学習のみならず、社会規範の学習について予測する理論にも言える。正確であること（たとえば、条件間の特定の数値的差異や、より小さい誤差域内で差異を予測すること）だけでなく、理論が適用される状況の範囲を広げることによって、理論の反証可能性を増すことができる。ある理論の普遍性が増すほど、その反証可能性は高くなり、たとえその予測がさほど正確なものではなくてもそう言えるのである。実際、ポパー（たとえば1983）は、「正確」であることが不要であるのに、社会科学者が正確であろうとして自然科学をまねることを警告した。彼は次のような教訓を示した。「手元の問題が必要とする以上の正確さを目指してはならない」（p.7）。

きめの細かい因果に関するメカニズムを特定していくことによって理論を修正していくことは、その理論をより反証可能なものにするだろう。提案される因果の道筋のその順路がテストできる限り、その道筋を特定していくことで反証可能性は高くなる。というのも、そのような理論にはより多くの構成要素が含まれることになり、テストに失敗することによって、そういった要素がその理論を反証できるからである。しかし理論の冗長さは、反証可能性を高くする理由にはならない。むしろその逆が真である。

　心理学者は、時々、計算モデルを組み立てることにより、理論を立てて予測する。計算モデルとは、ある対象についてのコンピュータによるシミュレーションであり、その対象が受け取る刺激とまったく同じものがそのモデルに示され、またそのモデルは試行ごとに反応する。たとえば、ニューラルネットワーク（または「コネクショニストモデル」）は、何らかの方法で結合された人工ニューロンの集まりを模したものであり、特定の学習法則に従って学習できる（その入門としては、Plunkett et al., 1998を参照）。計算モデルには、数多くの「自由パラメータ」、つまり使用される人工ニューロンの数や、学習試行ごとに結合間の変化の大きさを決める学習率といった固定すべき数値がある。モデルを実行するには、自由パラメータは特定の値に設定されなければならない。しかし、我々は参加者の脳の中を見て回ってそれらのパラメータの値を直接観察することができない。しかし、それぞれのパラメータが取りうる全範囲を選び、パラメータの値の組み合わせのそれぞれにおけるネットワークのパフォーマンスを測定することができる。

　たとえば、ブッチャーとディエネス（Boucher & Dienes, 2003）は、同じ刺激を用いて2つのモデルを訓練し、それらのモデルを比較した（これらのモデルは、学習の仕方が異なっていた）。図1.4で、x軸とy軸は、人々が参加したある実験の従属変数を示している。具体的には、学習内容の異なった側面を測定する2つのテストの成績を示している。それぞれのモデルに対するそれら2つのテストの成績は、取りうるパラメータの全範囲によって決まる。図中の印は、それぞれあるパラメータの値の組み合わせ（たとえば、20個の人工ニューロンで、学習率は0.5など）におけるモデルの実際のパフォーマンスである。あるモデルの、あるパラメータの値の組み合わせに対応したパフォーマンスは、黒の＋で示され、それぞれの黒の＋は異なるパラメータの値に対応している。これを黒のモデルと呼ぶことにする。もう1つのモデルに対するパラメータの値の組み合わせに対応したパフォーマンスは、グレーの＊で示されている。これをグレーのモデルと呼ぶことにする。なお、これらのモデルが空間に占める領域の大きさが異なっていることに注意してほしい。グレーのモデルは、黒のモデルよりも領域が小さい。つまり、

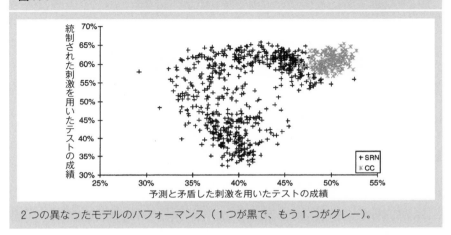

図1.4

縦軸: 統制された刺激を用いたテストの成績
横軸: 予測と矛盾した刺激を用いたテストの成績

凡例: + SRN / ✱ CC

2つの異なったモデルのパフォーマンス（1つが黒で、もう1つがグレー）。

グレーのモデルはより反証しやすい。

　図1.5は、図1.4に人々のパフォーマンスを重ねたものである。この人々には同じ学習フェイズが与えられ、モデルと同じ2つのテストを行った。黒い四角形で示した5つの点が彼らのデータを表しており、中心の点は2つのテストにおけるすべての人々の平均を示している（中心以外の4つの点は、95％信頼区間の上限と下限であり、これについては第3章で説明する）。実際のところ、人のデータは、グレーのモデルの領域内にある。つまり、グレーのモデルは反証しやすいが、それを確証しようとする試みにおいて棄却されずに生き残ることができたと言える。このグレーのモデルが真であるとは証明されていないが、裏づけされた、つまり生き残ったゆえに、いわば見込みがあることが示されたのである。

　計算モデルがどうふるまうのかを単に考えているだけでは、それがどうふるまうか、予測することは難しい。よって、モデルを実行し、そのふるまいを観察し分析する必要がある。AとBという2つのモデルがあり、図1.6で模式的に示されたようなデータを産出するとしよう。この図には、人の仮想的なデータも示されている。人のデータはいずれのモデルも反証しないことに注意してほしい。つまり、パラメータの値を適切に組み合わせれば、どちらのモデルも人のデータを再現することができる。しかし、モデルBは、モデルAと比べ、反証しやすい。いずれのモデルにおいても人のデータと整合しているならば、モデルBのほうが好まれるだろう。この点は明白だが、よく見過ごされる。モデルの作り手は、た

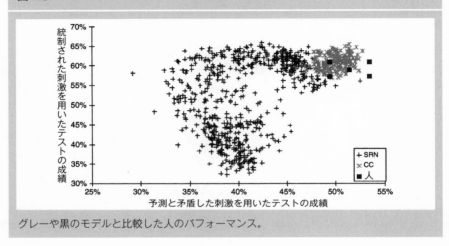

図1.5

縦軸: 統制された刺激を用いたテストの成績
横軸: 予測と矛盾した刺激を用いたテストの成績

凡例: + SRN, × CC, ■ 人

グレーや黒のモデルと比較した人のパフォーマンス。

図1.6

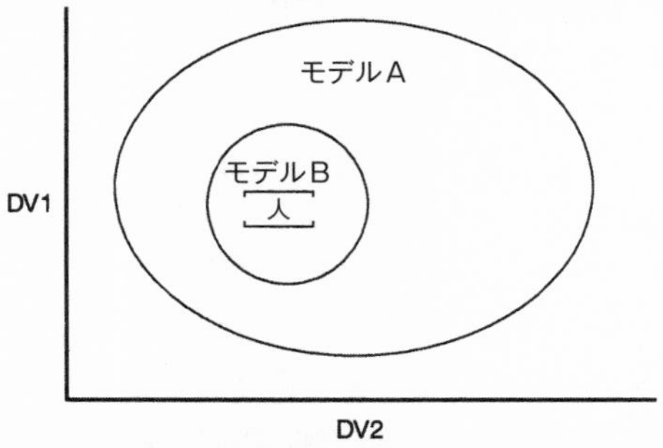

モデルA

モデルB

人

DV1

DV2

モデルAとモデルBの間の仮想的な比較。

びたび、データに合うパラメータの値のセットを見つけることだけをしようとする（つまりそのモデルのパフォーマンスによって人のそれが再現されるかどうかのみを試そうとする）。典型的な、つまり確証主義的な態度に基づく手続きは、モデルBが人のデータに限りなく近くなるような正確なパラメータの値を算出し、モデルAに対しても同様のことを行い、それらを報告するというものである。そして、

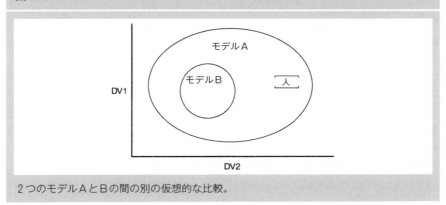

図1.7

2つのモデルAとBの間の別の仮想的な比較。

　それぞれの最適なモデルが同じくらい良く当てはまっているのであれば、モデル
の作り手は、一方を他方よりも好む理由はないと結論づけるだろう。ポパーの考
えは —— それは1934年のものでありながら、今でも重要なものであるが —— 、単
に最適なモデルを見出すだけでは不十分であることを示している。そのモデルを
除外するような観察があるとすれば、それは何かを見ていく必要がある。

　より反証可能な理論への好みを示すにあたって、図1.6に示したように、モデ
ルAとBがこのテストを通過したとしても、ポパーなら、モデルBはより強く**裏
づけされた**と主張するだろう。モデルBはそもそもより反証可能であるから、モ
デルBはモデルAよりもより厳しいテストを通過したと言える[4]。

　もちろんデータがモデルBと整合していないのであれば、（図1.7に示したよう
に）モデルBは棄却されるだろう。より良い（よりシンプルで反証可能な）理論が

---

[4]　裏づけの程度は、どの程度厳しいテストを通過できたかによる。ポパーは、テストの厳
　　しさは、理論と背景知識を組み合わせたときにその証拠が得られる確率を、背景知識だけ
　　のときに得られる確率と比較して計算することで決められると提案した。図1.6において、
　　モデルAよりもモデルBを踏まえたとき、そのデータが生じる可能性がより高い。という
　　のもモデルAではあらゆるものが可能で、それゆえ特定のデータの領域が特に生じやすい
　　ということはないからである。もし、あるモデルを踏まえるとそのデータが生じる可能性
　　が非常に高いが、そうでない場合は可能性が非常に低いとき、そのテストは良いと言える。
　　この考えは、「尤度」に非常に近い。尤度については、第4章と第5章で扱う。尤度の考
　　えでもベイジアンの考えでも、図1.6に示したデータの場合、モデルAよりもモデルBを
　　好むだろう。

見つかるまでは、モデルＡが暫定的に受け入れられることになる。図1.7におけるモデルＡは、ほとんど何も排除していない、つまり人々のふるまいの原因を本当のところ**説明していない**ことに注意してほしい。**あらゆるものを許容する理論は何も説明しない**。もしモデルＡが、あたかもその領域における精神分析学のように、どんなふるまいとも整合しているのであれば、なぜ人々がそうふるまったのかについてまったく説明を与えないだろう。まとめると、**ある理論がより多くのものを禁じるほど、それは世界についてより多くを語るのである。ある理論の「経験的な内容」は、それがどれだけ反証可能であるのかによって増加するのである**。ほとんどあらゆるものを許容する理論は、内容がほとんどない。そのようなポパーの一節は、あらゆる実験心理学者の耳に響くものである。

　理論が反証可能であるほど、批判に対してより開かれたものとなる。そして批判されることによって進展していくのなら、理論が反証可能であるほど、我々はより速く進展していくことができる。またポパーによると、より反証可能な理論ほど大胆で興味深いことから、我々はそういった理論を好むべきである。我々は、単に、それらが真であるから、また非常に起こりやすいからといって、真実に関心をもつわけではない。トートロジー（つまり、「三角形には３つの辺がある」といったような真であることが保証されている主張）やトートロジーに近いもの（人々は忘れるように言われた単語を思い出すことができないが、それは「忘れる」といったラベルが言語表象の再生を妨げている**せいである**）は、たとえ真であったとしても、科学において我々が追い求めるものではない[5]。

　ポパー（1934）は、良い科学とは、その理論の単純な文字通りの形式によってのみならず、現在の提案へと至るその理論の歴史の本質によってもその姿を見せるものであると論じた。科学とは、それが成しえる最大限の反証可能性を目的としている。よって次に続く理論は、普遍性または精密さのいずれの観点からしても、順次、より反証可能なものでなければならない。ポパーは、方法論的な原理、具体的には、反証可能性の程度を増すような、理論の修正、新しい理論の導入、またはその理論の補助仮説の導入のみを促した。反証可能性を減じるような修正や追加は、「アドホック」と呼んだ。たとえば、「すべてのハクチョウは白い」という仮説から始め、ピーターという黒いハクチョウを見つけたとしよう。そこでその人は、「ピーターを除いたすべてのハクチョウは白い」と仮説を修正するか

---

[5]　これは、第４章で議論するベイジアンアプローチをなぜポパーが棄却したのか、その理由の１つである。ベイジアンたちの多くは、科学者は最もありうる仮説を追求していくと仮定した。ポパーはそれとは正反対のことを論じた。

もしれない。その理論に対するこのような修正はアドホックであり、理論の反証可能性を減じることになり、満足のいかないものになる。ある歴史的な例として、「神は、6000年前に、現在のあらゆる種を伴って地球を創生した」という理論を考えてみよう。化石の記録は、明らかにこの理論を反証する証拠を提供している。そのため、19世紀には、アドホックな補助仮説として、「神は、我々の信念を試

Box 1.6 女性のオーガズムの機能

研究者 1 の理論：女性はオーガズムに至ると横になってたいてい眠ってしまうが、これにより精子の滞留時間が長くなる。そしてこのことによって女性の出産が増加する。

研究者 2 の理論：オーガズムによって膣から子宮への吸引が生じ、そのような「吸い上げ」によって女性の出産が増加する。

しかし、新しいカップルを対象としたコスモ誌の調査によると、性交においてオーガズムを定期的に経験している女性とそうでない女性との間には、出産に関してわずかな有意でない差しか見られなかった。

（仮想的な結果であり、本当のところは私にはわからない。）

研究者 1 の回答：

精子の滞留の効果は小さくて検出できないが、それでも事実である。そして若者、具体的には25歳以下の人たちにおいて、その効果は小さい、または存在していないかもしれない。

研究者 2 の回答：

吸い上げによって子どもの数は増加しないが、その遺伝的多様性は増すだろう。

女性のオーガズムが男性のオーガズムの後すぐに生じると、精子が吸い上げられ、受精の確率が高まる。

もし女性のオーガズムが男性の射精の少し前に生じるなら、酸性の膣の粘液が吸い上げられてしまい、それが避妊の方向に働いてしまう。

女性は交わるとき吸い上げを使うことによって、パートナーに少なくとも 1 人の子どもを確実にし、不義の愛人を別の子の親にすることができる（実際のデータに基づく議論としては、Baker & Bellis, 1994や Lloyd, 2005を参照）。

研究委員会は、どちらか一方の研究者に対してしか助成できない。

どちらがその予算を受け取るべきか？　その理由は？

すために、そのような化石の記録を与えた」ということが主張された（Box 1.6）。

　ポパーは、修正によって常に反証可能性が高まるはずだと主張した。明らかにこのことは可能であれば望ましいが、しばしば、ほどなく非現実的であることがわかる。たとえば、単純に、反証可能性を減じないことは、その理論が実際のところもはや反証されなければ、明らかな前進である。さらに言えば、たとえばもしデータがある直線を排除するのであれば、曲線を受け入れることになる。自然はシンプルかもしれないが、ただシンプルなだけではないのである！　いずれにしろ、反証可能性が増すか減るかを主張するのは、たいていの場合不可能かもしれない。しかし、常に従うべき公理がある。理論のどのような修正であれ、それが反証されうることを確認せよ。そのような理論の発展の仕方によって、その経験的な性質を保つことが保証されるのである（「神は、我々の信念を試すために、そのような化石の記録を与えた」という修正は、まったく反証可能ではない）。たとえば、反証可能性を増すという理由からではなく、構成概念妥当性がより高い指標を使うことなど、観察結果についての主張の選択がより良く動機づけられることで、理論が改良されることがあるかもしれない。新しい指標の構成概念妥当性がより高いという主張そのものは、反証可能であり、また厳しくテストされるべきである。良い反証主義者的態度をもった研究者がいて、指標Xを使って何々が観察されたら彼の理論は反証されると宣言していると想定してみよう。そして律儀にもその理論を反証し棄却したとして、彼は、指標Xを使ったことに対し後に批判されるかもしれない。その批判は別の指標を推奨しているだけなので、その批判によって反証可能性は高まらないかもしれない。しかし、新しい指標がより良いものであるという主張が厳しいテストを通過したのであれば、それは科学的な発展を示しているかもしれない。

　心理学において、新しいテストを示さずに理論を守っていこうとする試みは、しばしば「ポストホック」と呼ばれる（心理学の文献において「アドホック」はあまり使われない）。データを説明するために、あなたの理論の修正や変更を提案するときは常に、「この考えをどうやってテストしたらいいのか？」を自分自身に問いかけなさい。もし自分の考えを原理的にテストする方法を思いつかないのなら、そのデータの説明の仕方についてより一生懸命に考えるべきである。もちろん人は常に、できるかぎり最もシンプルで反証可能な修正を目指して努力するものである（Box 1.7）。

　科学的進展に関するポパーの初期の見解は、具体的には、ある反証された理論がより反証可能な（ただしまだ反証はされていない）別の理論に置き換わっていくというものだが、それは進展しうる、理想的な1つの道筋にすぎない（科学はし

Box 1.7 結婚相談セラピー

　セラピストＡは、あるカップルが５分間の観察の間に口論するかどうかを、その前の５分間で一方または両方が不安に感じていたかをもとに予測することができる。彼は、カップルがその直前に不安に感じていると評定しなくても口論する場合があることを見出した。彼の結論は、自らのその理論は依然として正しいが、不安が無意識のものであるときには、その理論と一見矛盾する場合が生じるというものであった。

　無意識の不安感を許容することで、彼は追加の20カップルがすべて彼の理論に当てはまることを見出した。口論したカップルの80％は、口論する前から不安を感じていたと述べた。よって残りの20％は、無意識の不安感に帰属できる。

　セラピストＡは、自らの理論を確立したのか？

　セラピストＢは、直前の会話の様式に基づいて、口論を予測することができる。彼はその会話の様式を２つに分類し、そのうちの１つの場合のときに必ずその後口論になると主張した。彼は、その主張と合わないさまざまな場合を見出した。そこで彼は会話様式の分類を新しいものにし、30にした。それは、彼が収集した20カップルに、ほぼ同程度に見られた。彼は、そのうちわずか１つの会話様式のみが常にその後の口論をもたらすと主張した。そして、この新しい分類の仕方は、さらに別の20カップルにも当てはまった。

　セラピストＢは、自らの理論を確立したのか？

　Ａの理論は安心感を引き上げることに基づいており、Ｂの理論は口論前の会話様式を変えることに基づいている。あなたがどちらかを選ばなければならないとしたら、どちらを選ぶか。そしてそれはなぜか？

ばしばこのようにして進んでは**いかない**はずだとする議論については、Feyerabend, 1975を参照）。科学的進展に関するポパーの後のより柔軟な見解については、以下の節の真実らしさについての議論で取り上げることにする。

反証可能性

　実際に反証可能な体系とそうでないものを区別することは可能だろうか？　ポパー（1934/1959）によると、観察は常に「理論が染み込んだ」ものであるため、問題が生じる。よって、反証とは、一方に理論、もう一方に観察があり、それら

を戦わせるといったような単純なものではない。理論は、観察したものが何であるかを見極めるために必要とされる。最も単純な観察、長さや時間といったものでさえ、それが正確な時計か、正しい定規か？といった疑問がある。人は、この疑問に答えるためには、理論を参照するしかない。たとえば、外向的な人は朝よりも夜に機敏であるといった理論をテストするときに、参加者がどの程度外向的であるかを測定することを考えてみよう。我々には、外向性の理論と、なぜ我々の尺度によって外向性が測定されるのかの理論が必要である。同様に、作業記憶容量の測定は、作業記憶の理論に依拠している。（人の不安を治療する薬のテストにおいて）ラットがどの程度「不安」であるかの測定は、ラットの行動と人の不安との関連性に関する理論に依拠している。

　ポパー（1934/1959）は、理論体系は、観察を疑うこと（「外向性を測定する尺度にはその妥当性に限界がある」）や、定義を変えること（「白くないハクチョウはハクチョウではない」や「朝に機敏な外向性の高い人は外向性の高い人ではない」）によって、常に反証を逃れることができると指摘した。このようなことが起こりうるのは、観察結果についての主張は決して経験から直接的に与えられないためである。それぞれの主張には、普遍的な名称が用いられる。それゆえ、それぞれの主張には、ある理論の特徴がある。ポパーの例によると、「ここにグラス一杯の水がある」は「グラス」と「水」といった普遍的な用語を用いている。そのような用語を用いて経験を記述するにあたって、我々は理論や偏見、期待に依拠している。それゆえ主張は、どのような観察経験によっても厳密には確証も正当化もされえない。しかし、経験は観察結果についての主張を明らかに**動機づける**ことができる。ポパーによると、観察結果についての主張は、決定や同意のみによって最終的に受け入れられる。最終的には、関係する人が皆、観察結果についての主張が十分に動機づけられたものであり、誰もそれを否定することを望まないと感じる時点がくる。そのような時点に達するにはかなりの作業が必要となるかもしれない。またある観察を受け入れるという決定は、新たな考えによって覆されるかもしれない。たとえば、ある性格の次元を良く測定するものとして、ある質問紙を受け入れる際、次のような点を考慮するかもしれない。性格の次元を区分けする有益なツールとして「因子分析」と呼ばれる統計的な手法を受け入れるかどうか、過去の因子分析が最適な方法で行われていたかどうか、その尺度の信頼性（たとえば、時間を通じて安定していること）は十分にテストされてきたかどうか、その妥当性は的確にテストされてきたかどうか（たとえば、その性格次元に関する他の直接的な指標との間に相関が見られたかどうか）。

　最後には、我々はどの観察結果についての主張を受け入れるのかを**決定**しなけ

ればならない。その決定は誤りを犯す可能性があり、その効果を記述する低いレベルの経験的な仮説を暫定的に受け入れることに等しい。たとえば、ある観察結果についての主張を受け入れることは、「ピーターは外向性が高い」や「この外向性の高い人は、朝7時には眠っている」などの仮説を受け入れることに等しい。

　それらの考えを踏まえ、ポパー（1934/1959）は、主張の集合としての理論体系が反証可能かどうかという問題は「間違った」もの（p. 82）と論じた。我々が反証可能かどうかを問うことができるのは、理論を調べたりテストしたりするのに用いられる方法に関してのみである。つまり、良い科学者であれば、ある観察結果についての主張がどのような条件のもとで十分に動機づけられ、その理論を反証するかを注意深く検討するのである。この課題を避けるような試みはすべきではない。その決定は誤りを犯す可能性があり、自然からのフィードバックはノイズが入っているが、少なくとも我々はフィードバックに自らをさらけ出している！　我々は、自らの誤りから学ぶ機会を作り出している！　前の節においてポパーが描いたようなフロイトの態度と比較しよう。

　占星術についても考えてみよう。占星術は、反証可能な予測を生み出すのに使われうる。しかしコミュニティとしての占星術者たちは理論をテストしたり反証したりすることを試みることはなく、ましてや、個別の理論やより一般的な理論を改良するためにそうすることはない。よって占星術は科学とはなりえず、批判的な伝統の一部ではない。

　あなたがある実際の観察結果についての主張を受け入れているとすると、論理的には、その主張を認めないいかなる理論をも棄却することにかかわっていることになる（しかし論理的に、どんな一般的な理論でも、それを真として受け入れることにはかかわっていない。たとえ基本的な主張が誤りを犯す可能性があり、反証は決して確かなものでないとしても、この非対称性は依然としてある）。初期のポパー（1934/1959）は、最も正直な科学者はその決定を覆さない、つまり正直であるためには科学者は理論を守るための言い訳を避ける決定をしなければならないと考えた。

反証可能性：強すぎる、または弱すぎる基準か？

　この節では、ポパーの考え方に対する2つの批判について考える。1つめの批判は、どんな理論も反証可能ではないというものであり、2つめの批判は、あらゆる理論は何にせよ反証されるというものである。そして次の節では、厳密には普遍的な主張を真とはせず、確率的な主張のみを真とする理論（つまり、心理学における多くの理論のようなもの）の問題について考える。

どの主張の体系も反証可能ではないという事実は、まさに前の節で考えたところだが、ポパーへの批判においてその点がしばしば問題になる。よく批判されるのは、ある観察結果についての主張を受け入れることは、テストする理論とともに、さまざまなレベルの理論をも受け入れることになるという事実である。反証されているように見えるとき、どの理論が棄却されるべきかを決める一般的な方法はない。最も一般的なレベルでの理論（たとえば、ニュートンの力学の法則、アイゼンクによる外向性が皮質覚醒の低さと関連しているという理論）には、ある観察的または実験的な設定との結びつきが必要である。そうした結びつきには、補助仮説が用いられる。たとえば、外向性が皮質覚醒の低さと関連しているというアイゼンクによる理論をテストするには、覚醒に敏感な記憶課題を用いて、内向的な人々と外向的な人々をテストする。ここで名目上テストされている提案に加え、我々には少なくとも３つの理論が必要である。１つは、我々が用いる外向性の指標が実際に外向性を測定していることを特定する理論である。次に、我々が用いる記憶の指標が想定された類の記憶を本当に測定していることを特定する理論、そして最後がこの記憶と皮質覚醒とが関連しているとする補助仮説である。もしも結果が予測とは異なる方向に出た場合、アイゼンクの理論を守って、記憶成績と覚醒との関係を特定した理論を棄却してはどうだろうか？　逆の方向になってしまったのは、補助仮説のせいではないのだろうか？　この場合、補助仮説、測定に関する理論、この予測を生み出すために利用されたこれまでの観察を含む推論体系全般を反証することのみができる（たとえば、外向性得点の妥当な範囲を決めるためには、その尺度についての基準が必要かもしれない）。反証を踏まえ、体系のどの部分が棄却されるのかをどうやったら知ることができるのか？　これは広く認識されている科学的推論の問題であり、デュエム－クワイン問題と呼ばれる。

　この問題に対するポパーの答えは、その初期の著作に示されている。批判が生じるためには、我々の知識の一部は、当面の目的のために問題ないものとして受け入れられなければならない。ポパーはそのような知識を「背景知識」とした。たとえば、我々は、記憶は何らかの方法で皮質覚醒に依存しているという主張を背景知識とするかもしれない。つまり、先に進むためには、我々は方法論的な決定をしなければならないし、また少なくとも過去の研究の一部を受け入れなければならない。そしてその結果、我々は他の提案、たとえば外向性が皮質覚醒の低さとかかわっていることをテストする立場にたてる。直感や批判的な議論に依存して、知識体系において棄却すべき適切な部分は切り分けられる。ポパーは、そのような議論には、背景知識として取り上げるものを変えたさまざまなテストの結果を含めることができることを示唆した。このように、異なる背景知識の前提

に依拠しつつ証拠が収束することは、科学、すなわち、ヒューウェル（Whewell, 1840）が知の統合と呼んだプロセスにおいて非常に重要であると広く認識されている。さらに、テストに含まれたいずれの背景的知識も後の批判的な精査に対して開かれているだろう。

デュエム－クワイン問題をどのように解くか、その一般的なアルゴリズムは必要ない。それぞれの事例はその長所に基づいて判断されうるし、それこそが科学者が行っていると思われることである。結局、経験によって、我々はいくつかのテストの主張を受け入れるよう動機づけられ、そして理論の中には、今のところそれらを疑う理由がまったく見つからないということで、十分に裏づけられるものもある。一旦、ある信念を受け入れることで、他の信念を批判することができるようになる。ポパーの方法論は、これがどのようになされるのかについては何も語らない。それは、我々が明らかであるとする事実を単に受け入れるだけである。まとめると、ポパーは知識の増大に対する反証主義者的態度の重要性について論じたが、デュエム－クワイン問題によってその内容が明白に脅かされることはない。にもかかわらず、興味深い基本的な問題が残されている。知識体系のうち、人々が一般的に棄却するのが難しいと感じる、もしくは、簡単にあきらめる、あるいはそうすべき部分について、より一般的に言えることはないのだろうか？第2章でトーマス・クーンとイムレ・ラカトシュの哲学を議論する際、再度この質問に立ち戻ることにしよう。

加えて、クーン（Kuhn, 1962）、ラカトシュ（Lakatos, 1970）、ファイヤアーベント（Feyerabend, 1975）は、科学史において「あらゆる理論は生まれながらにして反証されてきた」（Lakatos, 1978）ことを指摘し、ポパーに対する致命的とも言える批判を行った。ニュートン力学であっても、その歴史を通じて、うまくいかない適用例があった。月の正確な動きは、それが最終的に解かれるまで、100年近く主要な問題であった（Kuhn, p. 39）。ニュートン力学では、水星の正確な動きはまったく解明できなかった。しかし理論を棄却する理由としてそれらの例外を取り上げる書籍はほぼなかった。心理学において多少とも長く存在してきた反証可能な理論はいずれも、それに当てはまらないデータによってまぎれもなく批判されてきている。

ポパーは、理論が明らかに反証されたとしても批判なくそれを受け入れろとは決して主張しなかった。理論をなぜ棄却するのか、その理由について主張すべきであっても、だからといってそれは、どんなものであれその理由を受け入れるべきだということではない（この点は、ポパーについての論者によってほぼ例外なく誤解されているように思われる）。科学者は明らかな反証を示されたときにその理論

をすぐにあきらめないと指摘しても、決してポパーへの批判にはならない。しかし、初期のポパーに対する真の批判は、人が理論をあきらめる条件を整理し、それらの結果を眺めて、ラカトシュ（1978）の印象的なフレーズを借りれば、「我々はその理論を棄却しなければならない、そして非合理であることを覚悟してそれに再び取り組んではならない」ということである。しかし、それらの結果が名目上テストしている理論を反証することになった最初の分析に、常に固執しなければならない原理的な理由はないように見える。結果のパターン、または同僚、またはふとした思いつきといったものによって、これまで思いつかなかったような考察が生まれ、それによって、その一般的な理論を守り観察を疑うことをより合理的と考えるのかもしれない。実際、何を受け入れるかを決めるにあたっての柔軟性は、ポパーの哲学、つまり反証主義、さらには自分の信念のあらゆる側面を理論上、批評に対してオープンにするといったことと最も一貫しているだろう。彼の初期の論述は厳しいながらも美的な単純さがあったが、それでもポパーはより柔軟性のある取り組みに至った。後期のポパーは、我々は誤っていると考えている理論を現状の最良のものとして受け入れる可能性があるとさえ論じた。次はこの点について考えてみたい。

真実らしさ

ポパーは、明らかに誤っている2つの理論があっても、我々は依然として、どちらが真実に近いかを考えること、すなわち**真実らしさ**の観点から、そのうちの一方の理論をもう一方よりも好むことができると論じた。科学者が、たとえ自らの理論が最良の理論であったとしても、それは単に真実の近似であり、後に出てきた理論が前の理論よりも良い近似であると考えることはごく当たり前のことである。たとえば、ポパー（1963）は、以下のような場合に、ある意味 t2 という理論が t1 という理論よりも真実に**近い**と言えるだろうと論じた。具体的には、(a) t2 は t1 よりも正確な主張をしている、または (b) t2 が t1 よりも多くの事実を説明する、または (c) t1 が通過できなかったテストに t2 がより多く通過しているといった場合である。それゆえ、たとえそれらの理論がまったく説明できない事実があったとしても、我々は t1 よりも t2 を好むことができる（これは一見して当たり前のように見えるかもしれない。いくつかの困難な問題に関しては、Popper, 1979, pp. 367-374、および Miller, 1994, 第10章を参照）。我々の目的は、たとえ現状のあらゆる理論が誤っている、つまり完全には真ではないことを結果的に受け入れるとしても、できるかぎりより真実らしいもののほうへと動いていくこ

とにある。直感的には、アインシュタインの理論はニュートンの理論よりも真実により近いものであり、ニュートンの理論はケプラーの理論よりも真実により近いものであるなどと言える。同様にスモレンスキー（Smolensky, 1988）は、多くのコネクショニストモデルは、それらに対応する情報処理理論よりも真実により近いと述べた。

　ポパーは、真実らしさについてのより形式的な定義を作り出そうとしたが、失敗した。ここではこの点について議論しない。結局のところ、真実らしさに関する常識およびその直感的な概念があれば、ポパーは満足だったようである（1983, pp. xxxv-xxxvii）。ただし彼の初期の仕事こそが、この質問に対して他の哲学者たちが数十年にわたって集約的な専門的仕事を行うきっかけとなった（Miller, 1994; Thornton, 2005）。

　我々は、自らの理論が実際のところ真であるのかどうか、またそれがどの程度真実らしいものであるのかを決して知ることができない。そこで疑問となるのが、より真実らしいものに至る方法があるのかどうかである。ポパーは、このことを保証する方法はないとした。しかし我々ができること、そして精一杯できることは、より真実に近づいたという推測を批判的にテストし、それが生き残るかどうかを見ていくことである。つまり、ポパーが常に薦めたように、長い目で見たときに、さらに一層厳しいテストを通過できるような理論を構築し、それをより真実らしいものにしていくことを我々は目指すべきである。他の理論よりも反証可能であり、またより厳しいテストにも通過できるような理論をもつのであれば、それは常に、現状の議論のもとではその理論が最も真実に近いと推測するのが最良である（たとえその理論がいくつかのテストに通過できないとしても）。もちろんその理論は憶測の域を出ないが、**なぜ**それがこれまでうまくいっているのかに対する現在の最善の説明は、その真実への近さなのである。そしてその説明は、その科学的問題に関するより良い対立理論が出てきたときに、容易にひっくり返されるかもしれない。後続のそれぞれの理論はこれまでの理論が真実に近づいた方法を特定する。そして、後続のそれぞれの理論がなぜうまくいくのかについての最良かつ暫定的な説明は、**その**真実への近さにある。もちろん、ポパーの反証主義と一致して、そのようにして進んでいく過程は、決して科学が常に真実に向かっていくことを**保証する**ものではない。

客観的知識

　ポパー（1972）は、知識（knowledge）という語がもつ2つの異なった意味に対

し、重要な区別をした。知識は、ある特定の人の心的状態、つまりその人が何を知り、どれぐらい強くそれを信じているかといったものに言及するため、主観的である。しかし、そのことを知っている個人とは独立に存在している知識、つまり客観的知識もありうる。ある人が考案した理論を考えてみよう。その理論は、最初、ある人によって主観的に（部分的に）知られたものとして始まるが、考案されたことによって、それそのものとしての道を歩み始める。どんな物理的対象であれ何らかの性質があるのと同様、その理論は**発見**されなければならない性質がある。実際のところ、その理論は、人々が主観的に信じていたものとは正反対の性質を帯びているかもしれない。その理論は独自の独立した現実を獲得し、それについて人々が正しく理解したり誤解したりすることがありうる。また、その理論は物理的対象に**影響を与えうる**ので、実在している。理論はある性質をもっているため、その性質を我々が知るようになると、その心的状態も変わるだろう。そして我々の心的状態は世界を変えうる。それらの理論を示した本を執筆したり、その理論をもとに革命を起こしたりするのがその例である。マルクスの考えは世界を変えたし、またマクスウェルの方程式も同じく世界を変えた。ポパーは、「世界3」という言葉を使い、客観的実在としての知識の世界を示した。そして科学的な理論だけでなく、その世界には、音楽の主題、構想の開発、議論の方法、ホーマー・シンプソンの性格といったものも含まれる（世界1は、物理的な万物そのものの世界、世界2は意識的な経験の世界である）。

　科学的知識は世界3に属する。理論の客観的性質には、理論と観察内容との関連（これらは矛盾しているのか、それとも整合しているのか？）やその理論の帰結や示唆が含まれる。ある理論の性質を見出すために人々が使う方法にも客観的性質があり、世界3に属する（たとえば、反証を精力的に探し求めるための方法）。ある理論の性質を見出すには時間がかかることがある。それゆえ、後期のポパーは科学者に対し少なくともある程度の「独断的な態度」、つまりある理論に固執する忍耐力をもつよう促した。その理由として、最初から問題があっても、そのような忍耐力があってこそ、理論を十分に探索することができ、また反証のように見えるものを実際の反証として扱うかどうかを見極めることができるからである。反証できたかどうかを完全に理解するには何年もかかるかもしれない。これは、前節でクーンやラカトシュ、ファイヤアーベントが提起した問題（実際にはあらゆる理論は最初からアノマリーに直面している）に、真実らしさの概念を使用せずに別の形で回答する方法である。ポパーが推奨した独断的態度には、反証と目されるものを真剣に受け止めることも含まれていたことに注意してほしい。反証は必ず解決されなければならないことは十分に認識されるべきである。

独断的態度は、批判的態度と整合しないものではなく、批判的態度にとって必要なものである。ある理論を理解するということは、それを継続的に批判していって、そしてなぜその批判が当てはまるのか、あるいは当てはまらないのかを認識する過程に基づいている。最初は明らかだった批判が当てはまらないのはなぜかがわかると、人はその理論をより良く理解できる（Popper, 1972）。理論を理解することには、人がその理論に固執することで、憶測と反論が繰り返されることが含まれる。ひも理論における理論物理学の現在の取り組みは、その理論自体を客観的な実体として理解し、世界に対してその実体をテストすることを可能にするための準備段階と捉えることができるだろう（そのような取り組みは理論をまだ反証可能なものにしていないというポパー流の不満に関しては、Greene, 1999やWoit, 2006を参照）。実際、その性質が見出されなければならないということこそが理論の満足のいく側面である。コネクショニストモデルが魅力的であるのは、モデルによって生成される予測がその作成者のごまかしの説明では生み出されないことと一部かかわっている。予測は懸命に取り組むことによって見出されなければならない。だからこそ独断的態度は不可欠である。知識が停滞するのは、まさに独断的態度が批判的態度を伴っていないときである。

確率的な理論と反証

　ポパーに対する明白な問題の1つは、心理学における仮説のほぼすべてが当てはまると言える確率的な仮説をどう扱うかである。確率的な仮説は、完全に相関するといったことや、ある人は常にある条件よりももう一方の条件における得点が高いといったことを記述するものではない。その代わりに、相関は正だが中程度であるといったことや、ある条件における得点は、もう一方の得点よりも高く**なりやすい**といったことを主張するものである。たとえば、我々は、高麗人参によって走るスピードが概して速くなると予測するかもしれない。しかし走るスピードはさまざまな要因に依存する。ある人に高麗人参を与えて走るスピードを測定し、その後、別の日には高麗人参を与えずにその人の走るスピードを測定し、それらを比較するとする。もし高麗人参を与えなかった日のほうがスピードが速かったとしても、その仮説は反証されない。その仮説は母集団の平均に言及したものであって、その関心は測定されるすべての機会の集合にある。母集団から単一の観察例を標本として抽出したとしても、母集団の平均がいくつかについては決してわかるはずがない。これは5回の標本でも同じである。20回でも、百万回でもそうである。我々はどうやってその仮説を反証することができるのか？

コインは公正であるという仮説をもっているとする。私がそれを10回投げたところ、表が10回出た。私はこの仮説を反証したのだろうか？　いや、この公正なコインの仮説は、このコインで表が10回連続で出ることを否定しない。実際には、その仮説は、このように表が10回連続で出るといったことが時々生じるのを予測する。同様に、百万回連続で表が出たとしても、厳密にはこの仮説を反証しない。実際、この仮説は、時々（極めて稀なことではあるが）この公正なコインで表が連続して百万回出ることを予測する。この仮説を反証するものはないように見える。

しかしこの問題は、どんな理論を反証することとも、何ら変わりない。我々は、厳しいテストを設定し、方法論的な決定をしなければならない。もし、その仮説が偽ではなく真であることを仮定したときに、その結果生じる確率が大きく異なるのであれば、そのテストは厳しいと言える。慣例としては、その設定のもとでは、その仮説を踏まえると結果が極めて生じにくいときに、そのテストは厳しいと判断される。そしてテストを通過し生き残ることで、その仮説は裏づけられる。ラカトシュ（1970）は、このポパー流の分析が、科学者が大多数の教科書を通じて教えられる統計の有意差検定ないしは仮説検定（第3章を参照）と同じになると考えた。しかし、第3章で見ていくように、行動科学における帰無仮説検定の典型的な使用は、ポパー流の考え方に合致しないとして厳しく批判されてきている。実際のところ、ポパーの考え方を確率的仮説に最も自然に応用したのは、ある種の尤度推測かもしれない（尤度推測の説明については第5章を参照。またポパーに関する議論に関しては、Taper & Lele, 2004, 第16章を参照）。ポパーにとって、相対的な尤度から、確率が増大したという意味において仮説が支持されたことにはならない（仮説は帰納的に支持されない）。仮説が裏づけられたという意味においてのみ、仮説は支持される（ポパー自身は、相対的な尤度によって「支持」という言葉を使うのは良いと思っていた。Popper, 1963/2002の補遺の2節を参照）。あなたがこれらの点をあまり理解できなくても心配しないでほしい。第3～5章を読んだ後に立ち戻り、統計的推測の哲学のうち（もしあるとすれば）どれがポパーの考えに最も良く合うのか、自分で決めてみよう。

心理学における理論は反証可能か？

ポパーは、ある理論の反証可能性は、その言語的または論理的な様式と区別されうるとしばしば述べている。たとえば、「すべてのxはyである」という主張は表面的には反証可能である。yではないxという事例を1つでも見つければ、その主張は誤りになるからである。一方、「いくつかのxはyである」という主

張は、我々があらゆる x に接することができないとすると、反証することができない。y ではない x をどれだけ見つけたとしても、「いくつかの x は y である」は依然として真でありうる。それでは、心理学における理論はどの程度反証可能なのだろうか？　前節で見てきたように、心理学における多くの主張は確率的であり、統計的仮説からなっている（「その2つのグループの全体の平均は5単位以上異なる」）。統計的仮説は、「すべての x は y である」のような様式をとらない。しかしポパーが示唆したように、我々は、反証主義的な方法論を適用するための慣習を作ることができるかもしれない（第3章および第5章を参照）。まさに重要となってくるのは、統語的な様式ではなく、反証主義者的態度である。

　統計的仮説そのものは、貧弱な心理学の理論である。申し分のないものにしていくには、統計的仮説がある実質的な理論、つまり多くの予測を導くことのできる統一的な考えによって強く動機づけられているべきである。たとえば、ある特定の文脈における態度変化（ある特定の統計的仮説）を予測するために、認知的不協和の考え（ある実質的な理論）を用いるかもしれない。心理学（より一般的には認知科学（Boden, 2006）や生命科学（Bechtel, 2008））において、しばしば実質的な理論は、メカニズムの説明という様式、つまり何かを達成するためのメカニズムを仮定するという様式をとる。あるメカニズムは、命題を並べていくことではなく、むしろアナロジーまたはモデルで特定されるかもしれない（Giere, 1999を参照）。そのような理論の表現は、論理実証主義者が出発点とし、またポパーも自ら考える際に参照し続けていた言語構造（たとえば「すべての x は y である」）とは大きくかけ離れたものであるが、そのような理論に対しても反証主義者的態度を当てはめることはできる。メカニズムがある特定のやり方で働くことで、行動や反応時間、脳画像や脳損傷に着目した研究にその結果が現れるかもしれない。ポパー自身がしばしば述べていたにもかかわらず、彼の哲学またその精神が適用されるかどうかは、心理学の理論がある統語構造をもっているかどうかに依存しない（Lakatos, 1978を参照）。観察によって反証されうるようなメカニズムをよりうまく特定できれば、自然における実際のメカニズムについてより速く学ぶことができるだろう。

　実際、心理学者が普遍性の観点から理論を主張するのは稀である。しかし、その理論がどのように使われるのか、その点に関して、普遍性は暗黙の前提とされていることがある。たとえば、先に挙げたブッチャーとディエネス（2003）は、論文中で検討した2つのモデルが反証可能性という点でどのように異なるのかを示したものの、普遍的な主張は明示的な形では用いられていない。心理学の多くの理論は実際、「ある文脈において、人々はこのメカニズムを**常に**用いる」や

「このような実験の手続きが設定された場合には、**あらゆる**学習にこの種の神経ネットワークが含まれる」といったような様式で書けるかもしれない。そのネットワークによる予測が反証されたなら、適切な文脈やモデルを推測しながら修正していくことが必要である。つまり、明示的な統語様式にかかわらず、科学はポパー流のやり方で実践されうるのである。

　ポパーは科学的実践を厳密に記述したが、別の言い方をすればそれは理想的なものと言えるかもしれない。実際のところ、科学者が、（理論または観察による主張の）命題を無条件に受け入れることも、無条件に棄却することもほぼない。科学者は、ある程度の確信をもってある理論を考え、同様にある程度の確信をもって実験から見出されたこと（およびその理論との関連）を述べるだろう。そしてその理論、およびその明らかに反証となる証拠をある程度信じるだろう。いずれも完全に信じていないからこそ、矛盾なくこのようなことができるのである。またその両方を十分に信じていながらも、両方が同時に真であることはないと信じているかもしれない。もちろん、その人がその証拠（とそれが反証しているという事実）を信じれば信じるほど、その理論を信じなくなるし、その逆もしかりである。実際、「反証する」証拠が1回出てきても、それによって理論が否定されるわけではない。さまざまな証拠の積み重ねによって、その理論への確信が結果的に低くなるのである。サガード（たとえば、Thagard, 1992）は、科学における理論選択の計算モデルを開発したが、このモデルでは、さまざまな制約が満たされたり、満たされなかったりしたときに、理論の受け入れ可能性が**連続的に**異なっていた。科学哲学に対するベイジアンアプローチもまた、それらの直感を直接的に捉えることができる。これについては第4章で議論する。ポパーはベイジアンアプローチを強く否定したが、その理由の一部は、科学者の確信（世界2）が彼にとっての直接的な関心事ではなかったことにある。彼の関心は、理論と証拠の間の論理的な関係（世界3）、そして批判的議論を通じて科学者が最終的に関連の命題を受け入れ、棄却するときに何が生じるのかにあった。一方、ベイジアンは、理論に対する個人的な確信がどのように変わっていくのかを知ることによって、科学的推測の論理的な問題が解決されるとした。ポパーと同様に、ラカトシュもベイジアンアプローチを否定したが、ベイジアンと同様に、たいてい理論とは証拠によって徐々にすり減っていくものであり、1つの証拠では直接的に反証されないものであると考えた。次章では、ラカトシュのアプローチとそれに対するポパー流の返答について議論する。

知識社会学

　ポパーは、科学者が組み込まれている社会や伝統が非常に重要であると考えた。科学は、世界についてのある特定の神話や理論といった一次の伝統に依拠しているだけでなく、最も重要なことには、社会的活動である、それらの神話に対する自由な批判といった二次の伝統にも依拠している。科学の客観性は、科学的方法におけるその社会的側面に依存している。つまり科学者個々人が客観的であろうとすることではなく、多くの科学者が友好的な敵対的協力をすることに依存している（Popper, 1945, p. 241）。このようにポパーは、個々の科学者がもつ必然的な情熱や偏見が、批判的に取り組む他の科学者への**挑戦**として作用すると考えた。この批判的な伝統は、科学の制度によって支えられているし、支えられるべきであるが、失われうるものでもあるので、積極的に維持されていく必要がある。たとえば、企業や政治団体、そして宗教の文化は、しばしばこの批判的伝統に対して有害であるが、科学の制度が常にその批判的伝統を支える役目を果たすという理由も同様にない。

　社会的伝統によって、我々には思考の枠組み、つまり我々を制約する未検討な想定が与えられる。しかしポパーが指摘したように、我々は決してだまされない。かつては認識されていなかった仮定に対して意識的になるだけで、その仮定を批判することができる。そしてそのことによりその仮定を保持したり、またはより広々とした枠組みに移ったりすることができる。ポパー（1984）は、異なる枠組みをもつ人々の間での議論は、困難であるものの（そしておそらく同じ枠組みをもつ人々の間の議論より快いものではないが）、可能であるばかりか、非常に生産的であるとした（この点は、クーンとは異なっている。第2章を参照）。

　理論は、人が考案したものであるため、その理論を主張した人々が暮らす文化や社会の特徴を示しうる。理論は、単に、真実もしくは真実に近いものへの試みである。ポパーは強調しなかったものの、ポパーの哲学に基づくと、その内容に文化の影響がないわけがないのである（失礼ながら、Giere, 1999とは異なった見解である）。しかし、そのような影響は、科学が我々を真実に向かわせる理由にはならない。むしろそのような影響は、発見の文脈に含まれる。そして科学が**科学であるのは、科学者間または科学者と政治家との間の権力闘争によるのではなく（そのような闘争はあるが）、社会制度によって自由な批判の伝統が維持され、それによって理論の客観的性質が理解または批判されることが可能となっているからである。第2章ではこの点の詳細について議論する。

真実、道具主義、現実主義

　初期の著作においてさえ、ポパー（1934/1959, p. 278）は、真実の追求こそが科学的発見に向けた最強の動機づけであると考えていた。我々は世界を説明したいと願い、そして真の説明のみが説明できる。もしあなたが「なぜその橋は粉々に砕けているのか？」と尋ね、私が「飛行機がその上に爆弾を落としたから」と述べるとすると、私の説明が真であるとして、なぜ橋が粉々なのかだけを説明している。よって、我々が真実を求め、その真実は我々にとって興味深くまた我々に関連しているものであることは明白なようである。意外なことに、哲学者の中には、真実のようなものが存在することを否定する者（第2章においてポストモダニストたちについて検討する）や、真実は日常の記述的主張には当てはまるが理論には当てはまらないと考えている者がいる。道具主義の見方によれば、理論とは予測を生み出す方法に**すぎない**。そして理論は多かれ少なかれ有益でありうるが、しかし記述的主張のように多かれ少なかれ真であるものではない（真実の概念についての最近の明瞭な議論に関しては、Lynch, 2005を参照）。

　これに対し、ポパー（たとえば1983）は、世界のあり方に対応しているという意味において、理論は真実を目指すのであり、単なる道具であることを目指してはいないと論じた。もしある道具（温度計のようなもの）がテストを通過しない（たとえば、高い標高のもとでは温度をうまく計測できない）としても、我々はその道具を否定することはない。単に、それが使用できる範囲内で使用するだけである。しかし科学者は、ある理論がテストを通過しないかどうかを気にかける。同様に、科学者は、（一般相対性と量子物理のように）複数の理論が相互に両立しないかどうかを気にかける。しかし道具に関しては、それぞれが適切な領域で用いられている限りは、この点を気にする必要はない。道具がより特化されていくことは歴史的な傾向と言えるが、この点について問題はない。しかし、科学者は、より一般化されていく理論を好む。そして、ポパーによると、理論が一般化されていくことは歴史的な傾向である。重要なことには、科学者は現象を**説明**したいと願う。そして予測を生み出しても、単に予測するだけでは説明も解釈もできない（ブラックボックスを考えてみよう。ブラックボックスは常に正しい予測をするが、なぜかはわからない。それは良い科学的理論にはならない）。さらに、道具主義は理論の主張と日常の観察結果を区別しなければならないゆえ、「純粋な」観察結果と理論的な主張を原理的に区別できない限り、道具主義は成り立たなくなる。

　ポパーの感覚では、真実を目指すことは、主張が真でありうる現実世界がある

ことを意味している。ポパーは、**実在論者**であった。それと対比される見解が、**唯我論**であり、これは自分のみが存在するという見解である（バートランド・ラッセルがかつて述べたところによると、ある女性から手紙をもらい、その女性はこれまで自分以上の唯我論者には会ったことがなかったと驚いていた[6]）。また、別の見解は**観念論**であり、イデアのみが存在し、それを超えた外側の世界がないという見解である。時々、（ヒュームに追随して）人々は、実在論は正当化されえないという理由で、それに異議を唱える。どうやったら実世界が存在していることを知りえるのか？　しかし、ポパーが指摘するように、このような問いは裏目に出る。どうやったら観念論や唯我論が真であると知りえるのか？　それらは同様に正当化できないのである。

　さらに、ポパーは、他者の心の実在を信じる積極的な理由があると考えた。ポパーは、自分がバッハやモーツアルトの音楽を生み出すことはできないことを知った（彼はかつてバッハの様式をまねようとしたが、それができないことがわかった）。彼は、「もしそれが可能だとしても、平均的な連載漫画を描いたり、テレビの広告を作り出したり、私が無理矢理読むことを強いられている帰納について正当化する本の一節を書いたりすることはさらにできないだろう」（1983, p. 83）。彼自身の明らかに不可能なことを論じても結論が出ないことを認める一方で、ポパーは、他者の心の実在を受け入れる準備ができていた。そして単に物理的世界に拡張することによって、彼はその世界の存在も受け入れた。たとえば、彼は自らを「スイスの山々や氷河と同じくらい美しいものを自らの想像から作り出すことはできない」と考えていた（p. 84）。ポパーは、自分のことをそのようには思わない誇大妄想の人たちがいることに、おそらく考えを巡らせただろう。しかし、実在論と反実在論の問題は、依然として熱く議論されている。科学における実在論についてのさらなる議論については、チャルマーズ（Chalmers, 1999, 第15章）、反実在論の立場に関しては、ファン・フラーセン（van Fraassen, 1980）、実在論の立場に関しては、サルモン（Salmon, 2005）を参照してほしい。我々が何を実在するものとして捉えるべきかに関して現代物理学が与える示唆について、グリーン（Greene, 1999）は、素人の読者でも理解できる優れた議論を提供している。

　心理学者もまた、主張が時々矛盾する場合はあるものの、彼らの対象領域である、心、脳、思考、イメージ、ネットワーク、社会的圧力、社会的アイデンティティ、心理学的文脈などが実在すると一般的には信じている。理論の主張が実在するとはまさしく何なのかというのは、一般的な答えのない、興味深い質問であ

---

[6]　ソーカルとブリクモント（Sokal & Bricmont, 1998, p. 54）に引用されている。

る。理論における何が現実に対応するのかを推測しようとする試みにおいて、なぜある理論やモデルがうまく機能するのかを探索するには大変な努力が必要となることがある。

　たとえば、ある数の模擬ニューロンをもつニューラルネットワークを使い、人の学習をシミュレートするコネクショニストモデルについて考えてみよう。多くの場合、モデルの作り手は、問題となっている課題を学習する人の中に、まさにその数のニューロンが存在しているとは考えていない。作り手は、モデルのその点に関しては実在論者ではない。モデルで使用されている「計算様式」のような非常に抽象的な何かに関してのみ、実在論者であると言えるのかもしれない。その一方で、別のニューラルネットワークモデルの作り手は、脳内のある経路における特定のニューロンをモデル化しようと望んでおり、その場合、そのモデルにおけるそれぞれの模擬ニューロンに関しては実在論者であると言えるかもしれない（しかしその詳細に関しては、実在論者ではない）。いずれの作り手も、心、脳、そして人間の学習が現実にはどういったものであるのかについて何か述べようと試みており、その目的こそが、彼らを科学者たらしめているものの1つなのである。

　実在論の問題は、認知科学において随所に表れる。思考は現実に存在するのか？　はいという人もいれば（たとえば、Searle, 2004）、いいえという人もいる（たとえば、Churchland, 1988, 第2章）。（ポパーは、思考や意識経験については、一般的に実在論者であった）。ほとんどの心理学の分野、特に認知心理学では、心は表象からなることを前提としている。このような表象は、理論家たちによって実在

Box 1.8　Box 1. 1再び

　科学とは何か？

　科学と疑似科学との違いは何か？

　良い科学と悪い科学の違いは何か？

　科学的なジャーナルに投稿された論文はどのような根拠でリジェクトまたはアクセプトされるべきか？

　キリスト教科学、創造科学、サイエントロジー、占星術、伝統的な中国医学、カイロプラクティック科学といったものは科学か？　なぜそれらは科学と言える、または科学とは言えないのか？　なぜそれが問題なのか？

　心理学は科学か？　良い科学か、それとも悪い科学か？

　知識はどのようにして増大していくのか？

するものとして推測されているのか、それとも人々がどのようなふるまいをするのかについて予測するための単なる道具なのか？　表象に関する実在論者の理論がある一方で（概略については、Perner & Dienes, forthcoming を参照）、あるシステムが表象をもつかどうかは、ある傍観者がそのシステムをそのように解釈したいかどうかの問題にすぎないと言う人々もいる（たとえば、Dennett, 1987）。世界や心に何が実在するかを特定することは、一般的には心の科学、また特にそれぞれの理論において重要な課題である。私の見解では、現実世界という概念を捨てた科学者は、科学者であることも放棄している、つまり対象とするものを持たなくなったと言える（Box 1.8）。

ポパーの考えを用いて研究論文を批判的に評価する

　あなたが何らかの研究論文を読むとき、以下の質問を自分自身に問いかけてみよう。批判的な分析、そして良い研究者かつ研究の良い評価者になるための秘訣は、読むときに常に問いかけをすることにある。もちろんこれには努力がいるが、練習によって問いかけをする習慣は自然と身についていくだろう。そしてこのことによって、無批判ではなく鋭い視点で研究を評価することができるようになるだろう。

　まず、その論文には、明確で実質的な理論があり、その理論に従って予測（つまりある特定の統計的仮説、たとえば、ゼロではない大きさの相関や差を予測すること）がなされているかを見極めよう。統計的仮説とは、それ自身は実質的な理論の構成要素ではなく、理論に従って得られるものである。その２つを区別できているか確認しよう。さらにその実質的な理論をテストするためには、補助仮説が必要である。補助仮説のおかげで、その名目上テストされている実質的な理論とデータとが接点をもつことが可能になる。たとえば、Box 1.5における好意度の「二要因理論」に関して、新奇刺激ゆえにそれに接触するほど好意度は増すはずだと研究者は推測するかもしれない。ここでの補助仮説は、刺激が新しいと、人はその刺激に対して簡単には飽きないだろうといったものである（この場合、実質的な理論は二要因理論であり、統計的仮説は「この刺激と参加者集団のもとで、好意度は試行１から試行３へと増していくだろう」である）。あなたはこの補助仮説を安全な背景知識として受け入れる準備ができているだろうか？　逆の予測を導く別の補助仮説を受け入れる準備も同じようにあるのだろうか？　たとえば、刺激が単純であり、慣れ親しんでいるものと非常に似ているので、簡単に飽きられてしまうといった仮定も同じように受け入れたいかもしれない。別の言い方をすれば、

理論から逆の予測を導き出すもっともらしいやり方があるのだろうか？　もしあるとすれば、その理論は強いテストにかけられていないことになる。しばしば論文では、序論で示された予測が、別のもっともらしい補助仮説によって、逆のものになることがある（あなたは、どの補助仮説を使用するかを独立にテストすることができるだろうか？）。このことは、研究者たちが論文を書く前に結果を見て、そして「正しい」予測を生み出す理論を支持するにはどの補助仮説が真でなければならないかについて、すぐに確かめることができることから生じることが多い。あなたの心を動機づける1つの方法は、逆の結果を想像してみることである。それらの結果はどの程度その理論に合うだろうか？　補助仮説の働きについて理解することにより、どの補助仮説が受け入れられうるかが定まるため、理論から明確な予測が実際に生じるような条件を考案することができる。補助仮説は、予測が反証されたらそれはテストされている理論が反証されたということに立ち戻れるよう、十分に安全なものであるべきである。

　あなたの背景知識の他の部分を踏まえると起こりそうもない予測のテストこそ、厳しいテストであるとポパーは考えた。検討中の理論を受け入れないとしたら、あなたはどんな予測をするだろうか？　心理学において確立されてきている他の理論について考えてみよう。テストしている理論を仮定しなくても、その予測をすることはできるだろうか？　もしそうであれば、そのテストはその理論にとっての強いテストとは言えない。というのも背景知識を踏まえると、その予測は起こりそうもないものではないからである。

　理論から、どれぐらいの数の予測が導かれるだろうか？　多くの予測を導ける理論ほど、より反証可能である。もしその理論が比較の結果として単に何らかの差があることを予測しているのであれば、それはまったく反証可能ではない。実際には、最小限の意味ある差がどの程度であるかを特定する背景知識があるべきである。その場合、テストがその最小限の意味ある差を検出するのに十分な検定力をもつ限りにおいて、そのテストは厳しいと言える。検定力の概念については、第3章において説明する（テストの厳しさに関する別の見解については、第5章を参照）。もしテストが（第3章で議論される専門的な意味で）検定力があるなら、そこで差がないという結果は差に関する予測を反証することになる。もしそのテストに検定力がないなら、またその検定力が述べられていないのなら、差がないという結果は差に関する予測を反証しない。この点は、研究者の間で十分に理解されていない。検定力が低い研究で差がない結果が得られたことを、差に関する予測の反証と見なすことがしばしばある。しかしその結果は、その予測に対する反証にはあたらない。差があるという予測は統計的な検定力があるときにのみ反証可

能である。同様に、テストに検定力があるときにおいてのみ、差がないという予測は強く裏づけられる。

　もし予測どおりの結果となったのであれば、その理論はそのテストを切り抜けたことになる。ポパーは、その理論は裏づけられたと言うだろう。また彼は、研究者がその理論は確証されたと言ってもよいと考えただろう。それにあたって、正確にどんな言葉が使われたか、とやかく言う必要はない。しかし、ポパーによれば、このように確かめられても、その結果として理論がより確からしくなるわけではない。理論が証明されたと言うこともまた、適切ではないだろう。

　もし理論が１つないしはそれ以上のテストを通過できなかったとしたら、その理論はテストできるようなやり方で修正されたのだろうか？　反証する証拠に照らして、理論を修正したり新しい補助仮説を導入したりするのは、完璧に容認されることに注意してほしい。実際、それによって知識は増大していくのである。しかしその修正は、その場しのぎのものであってはならない。

　最後に、あなたがその結果を別のやり方で説明できるかどうかについて考えてみよう。あなたのお気に入りの説明が誤っているとしたら、どうやってそれを知ることができるだろうか？

おわりに

　ポパーの考えは、哲学者よりも実践的な科学者たちに好評を博し、実際、彼の考えやそこから派生したものは科学者にとっての背景的な前提の一部分となった。偉大なボンゴ奏者で、ノーベル賞受賞者、そして20世紀の偉大な理論物理学者の１人でもあるリチャード・ファインマン（Richard Feynman: 1918-1988）は、科学について以下のように述べている。

　　科学者は、規則が誤っていることを示すのを避けようとしない。進展や興奮は、それとは正反対のところにある。科学者は、できるだけ早く自身の誤りを証明しようとする（p. 16）。…ある規則が具体的であればあるほど、それはより興味深い（p. 19）。…科学において、ある考えがどこからきたのかに興味はない。何が良い考えかを決める権威は存在しない。…ある考えを生み出した人物の背景情報や、その考えを説明しようとする人物の動機づけには興味はない。それが試す価値があり、興味がわくものであるように思えるなら…耳を傾けなさい（p. 22）（Feynman, 1998; 物理がどのように発展したのかに関して、まさにポパー流のやり方で説明したものについては、Feynman, 1965, pp. 157-167を参照）。

ファインマンは、あらゆる科学的な知識には誤りを免れない性質があり、不確かなものを疑うことの重要性を強調した。

> 我々が疑わないなら、我々は何も新しい考えを得ることはないだろう。…疑うことの自由は、科学において重要な事柄の１つである。…それは苦闘から生まれた。疑うこと、不確かでいることを認められることは苦闘であった。…そのような哲学によって進展が可能になる。そして、進展とは、思考の自由の成果である。私は、この自由の価値を宣言し、疑うことは恐れるべきものではなく、むしろ人間にとっての新しい可能性として歓迎されるべきものであることを教えることに責任を感じている（Feynman, 1998, pp. 27-28）。

ふりかえりと議論のための質問

1．論理実証主義者が信じていたことは何か？
2．次の主要な用語を定義しなさい：帰納、発見と正当化の文脈、境界設定基準、反証可能性、アドホック、補助仮説、デュエム－クワイン問題、真実らしさ。
3．継続して保持されてきている理論に障害があることは、ポパーの科学哲学に問題を提起するか？
4．あなたが関心のある経験的な問題について考えてみよう。それについてのあなたのお気に入りの説明は何か？　どんな条件であれば、あなたは自らの理論を放棄するだろうか？
5．あなたが何か研究をしているとするなら、あなたの信念のうちその研究に関連があり有益なものの中で、どれが形而上学的なものであるか、つまりデータがどのようにして得られたかに影響を受けないものはどれであるかを区別できるだろうか？　またデータに基づいて主張をするのはどれか、そのため、本来的に科学的なのはどれかを区別できるだろうか？
6．ダーウィンの進化論は、科学的か？

理解を深めるための文献案内

心理学におけるポパーの考えの適用例として、パニックに関するさまざまな理論の反証可能性を分析したものがある。ロス他（Roth et al., 2005）を参照。ポパ

ーの考えについての簡単な一般向けの入門書については、マギー（Magee, 1997）を参照。科学哲学に関するチャルマース（Chalmers, 1999）の教科書の第5〜7章では、ポパーについて明解に記されている。ソーントン（Thornton, 2005）は、ポパーの仕事とそれに対する批判を簡潔に良くまとめている。より詳細な内容として、シルプ（Schilpp, 1974）には、古典的な批判とそれに対するポパーの返答が含まれている。ミラー（Miller, 1984）は、批判的合理主義の名のもとで、ポパーの考えを詳細かつ妥協しないやり方で防御している。境界設定基準が社会的に重要であることの議論に関しては、キッチャー（Kitcher, 1982）を参照。最後に、ポパーの本はすべて読む価値がある。特に、1994年と2001年に出版された論文集がわかりやすい。

2 クーンとラカトシュ
―― パラダイムとプログラム

ハーバードの大学院生だった頃、私はぼんやり窓の外を眺めていた。そうしたところ、突然、いっせいにその断片が正しい場所に収まった。そして私はアリストテレスの物理学を理解したのだった。

トーマス・クーン（2000, p. 16）

　ポパーは、理論と観察の**衝突**こそが知識を増大させうることを呼びかけた。前章では、その衝突に応じる際、研究者が常に戦わなければならない問題について触れた。一貫性を与えるには、その研究者の信念体系のどの部分を変えるべきなのだろうか？　逆に、衝突が、他の信念ではなくある信念を標的とするような実験をどのように組むことができるのだろうか？　ポパーは、その点については、その可能性を指摘する以上のことはほとんど述べていない。

　ポパー後の最も影響力のあった科学哲学者のうち、クーンは研究のパラダイム、ラカトシュは研究のプログラム、ラウダンは研究の伝統といったような永続的で比較的一貫したものを取り上げたが、彼らは、そういったものを提供する信念のコアと比べて、ある信念がより容易に標的とされるのはなぜかに注目した。つまり彼らは、科学哲学は、個々の理論よりもより大きな評価単位から、最も理解されると主張した。関連して、研究プログラムには反証されにくい信念のコアが含まれていることを踏まえて、これらの哲学者たちは、明白な反証が良心に照らしてどの程度無視されうるのかを自然と強調した。最後に彼らは、哲学的な理論は注意深く検証された歴史的記録と照らし合わせてテストされるべきと奨励するこ

とにより、科学哲学そのものが評価される方法を変えた。実際、彼らに異なる哲学を示唆したのは、まさにその歴史的記録であった。

ポパー同様、これらの書き手は深い洞察に富み、たとえ科学を実践していなくても、その思考に影響を与えるようなフレーズやイメージを与えた。彼らの考えが日々の研究にどの程度影響を与えるのかについてこれから見ていくことにする。どのように科学は進ん**できたか**、また（別の問いとして）どのように科学は進む**べきか**について、どの哲学者もその定義的な説明をしていないことを心にとめてほしい。彼らの役割とは、それら両方の問題についてのあなた自身の思考を刺激することにある。これからクーン（Thomas Kuhn: 1922-1996）とラカトシュ（Imre Lakatos: 1922-1974）について詳細に見ていく。歴史的事実についての彼らの自信に満ちた主張は大胆で啓発的なものであるが、最小限の裏づけしかないような推測の域を出ないものであり、多くの矛盾も含まれている。

トーマス・クーンとパラダイム

クーン（1962）の『科学革命の構造』そのものは仮想的な革命であり、これが高い評判を得たことに一番驚いたのはクーン本人であった。**パラダイム**や**パラダイムチェンジ**は、ほぼ一夜にして話題の言葉となった。「パラダイム」は、元々はギリシャ語で「パターン」や「例」を意味する言葉に由来する。クーンは、理論の応用の成功例に慣れ親しんでいくことによって科学は学ばれていくと論じた。よって、科学的な実践とは、新しい問題に対する解決策をモデル化するのに用いられるそれらの例（クーンの狭い意味での「パラダイム」にあたる）から成り立っている。我々は、明示的なルールのリストを覚えることによって、科学をどう行うかを学ぶのではない。我々は例で学ぶ、つまり我々の学びとは徒弟が工芸の技術を学ぶようなものであり、多くの工芸品を制作する際、それをどのようにしてやるかは説明しがたいものかもしれない。にもかかわらず、最も良い実践例の共有リストを受け入れると、それによってコミュニティが扱いやすい問題とはどのようなものか、何が解決案と見なされるのかについての共有された概念を受け入れるようになり、さらにそのことによって共通の価値観を受け入れるようになる。これは、広い意味での共有された「パラダイム」である。パラダイムとは、ある科学的なコミュニティのメンバーによって共有された信念や価値観、技術の全集である。

心理学においても、パラダイムという言葉には、クーンのその狭義および広義の意味に基づく2つの主要な意味がある。1つは、ある特定の実験手法について

であり、たとえば、虚偽記憶についての「Deese-Roediger-McDermottパラダイム」や、潜在学習を調べるための「人工文法学習パラダイム」といったような言い方がある。これらは、ある特定の問題を探索するための標準的な手続きである。またパラダイムは、行動主義のような学派や、ある世界観についての広範な関与といったものも指す。実際のところ、一般的な使い方はそういった要件を尊重してはいないが、クーンは、ある時代に他を凌駕し競争相手のいないような世界観をも広義な意味においてパラダイムとした。

1940年代およびその前後の心理学において、少なくとも米国では、他の学派よりも行動主義が優勢であった（認知科学の歴史については、Boden, 2006を参照）。たとえば、パブロフはベルに対して唾液を出すイヌを古典的条件づけの観点から分析したが、そういった分析がモデル問題やその解を示すことになった。学生はそのような例を学ぶことによって心理学を学び、そのことによって、新しい文脈で条件づけが機能するのを見たり、どんな問題であればその分析に堪えないのか（つまりどんな問題は心の適切な科学的理解の領域外にあるのか）を感じとったりすることができるようになる。それゆえ、広い意味でのパラダイムとしての行動主義は、さまざまな信念や価値への関与を含んでいた。たとえば、あらゆる学習は条件づけによって概念化され、理論は刺激と反応のみしか言及せず、内的状態などは対象としないといった信念などがそれにあたる。

クーンは、研究がそのようなパラダイムに強く基づいているとき、科学は成熟すると論じた。これが**通常科学**であり、パラダイムが提供するあらかじめ作られた硬い箱の中に自然を押し込もうとする企てである。その目的は、その箱の中に留まることにある。たいていの場合、成熟した科学はこのようにして成り立っているとクーンは論じた。この段階に到達していない通常科学以前には、さまざまな学派が存在し、共通のパラダイムによって統一されているわけではない。共通のパラダイムによって、科学コミュニティは第一原理を再検討するのに時間を費やすことから解放されるのである。科学者一人ひとりが基礎的なことを当然と見なせるようになってはじめて、コミュニティがその基礎的なことを詳細に世の中に応用していくことに集中できるようになるのである。「カール卿（ポパー）の見解をひっくり返して、まさに批判的言説の放棄こそが科学への移行を意味するのである」（Kuhn, 1970a, p. 6）。パラダイムは、ポパーが後に形而上学的な枠組みと呼んだものと似ている。ただしポパーにとっての形而上学的な仮定は、原則、常に批判に対して開かれているという重要な側面において異なっていた。

クーンの説明は、実際の科学的実践の多くを記述することを目的としており、しかもその議論は規範的であった。ファイヤアーベント（Feyerabend, 1970,

p. 198) は、以下のように異議を唱えた。

> 自分の分野を「科学」にする方法をようやく知ったと自分に言ってきた社会科
> 学者は1人きりじゃない。…それらの人々によると、そのコツとは、批判を制
> 限すること、包括的な理論の数を1つに減らすこと、そしてその1つの理論を
> パラダイムとしてもつような通常科学を作り出すことである。学生にはさまざ
> まな考えに沿って推測させてはならないし、また落ち着きのない同僚ほど、従
> わせて、「真面目な仕事」をさせなければならない。

　クーンはこのコメントに屈辱を感じた。クーンはそのようなことを意図してい
たわけではなかった。しかしクーンの1962年の本に基づくと、彼がなぜファイヤ
アーベントの同僚たちに異議を唱えるのか、理解するのは難しい。後にクーン
（1970a, b およびそれ以降）は、以下で見ていくように、この異議に対する答えと
して、パラダイム選択の説明を定式化していった。

　科学を理解する上でクーン自身は宗教のメタファーを用いた。科学も宗教も無
批判な信仰が伴うからである。彼は、科学の教育を「伝統的な神学を除けば、他
のどの教育よりもおそらく」（1962, p. 165）狭くまた厳しいものと見なした。彼が
通常の科学者になる過程を時々、「危機」が先立つ1つの「改心」としてどのよ
うに記述したかは後に見ていくことにする。では、科学と宗教の違いはどこにあ
るのだろう？　科学では、謎を特定するための方法や解らしきものをパラダイム
が提供する。通常科学は「謎解き」であり、特に世界の本質についての謎を解明
する。実際、クーン（1970a）は、彼にとっての科学と非科学の境界の基準として、
謎解きを用いた。たとえば、占星術は時々テスト可能な予測をするが、失敗が認
められたとしても解かれるべき謎を生み出さない。失敗は、生まれた瞬間の天空
の状態を正しく知ることができないために必然的に起こった結果とだけ説明され
る。クーンの考えによれば、関連した謎が存在するためには、謎解きはポパーの
反証可能性の基準を満たす必要がある。取り組むべき謎が存在するためには、理
論とデータの間にミスマッチが起こりえて、なおかつ実際に起こっていなければ
ならない。このようにポパーと同様にクーンも反証可能性を必要としたものの、
しかしポパーとは異なり、クーンは、予測の失敗によって周辺的な仮定が疑われ
ることはあっても、基本的な仮定に対してはそのようなことが生じないと考えた。

　通常科学では、謎が解けなかったら、その失敗はパラダイムではなくその研究
者の評価にかかわる。クーンが言うように、そのパラダイムを非難する人は、道
具を非難する大工のようである。もちろんこれは、ポパーと正反対であった。ポ

パーにとって実験とは人ではなく、理論をテストするものである。一方、クーンは歴史家として主張し、実際、彼の影響下で科学哲学者は歴史により敏感になった。科学者が、失敗を、基礎となる理論に対する評価ではなく、自らの技量の評価に悪影響を及ぼすものとして理解するといった主張は、実際の歴史的実践についてのものであり、ドノヴァンら（Donovan, 1992）は、さまざまな科学の領域でテストされるべきと促した。しかし、理論を適用することの困難さが、科学者または理論を非難するものと**典型的に**見なされるのかどうかを明らかにした詳細な研究は、まだ行われていない。そして実際の実践についてどんな結論を下すかはともかく、それがどのように**あるべきなのか**について疑問が残されている。

　クーンによれば、研究者はパラダイムに対して反論しようとはしない。まさにあるパラダイムが存在しているという事実そのものが、それ自体が成功していることを意味している。基礎的なことを検討する時期は過ぎており、現在の目的は、謎を解くためにそのパラダイムを仮定することである。パラダイムがどこまで通用するかを理解するには、パラダイムに取り組むことが必要である。そしてまさにパラダイムに取り組むことによって、知らず知らずのうちに、しかし確実に、科学者はその弱点を見出すことになる。科学者がパラダイムに取り組むことが有益なのは、まさに科学者の執拗さがやがてパラダイムの真の弱点を明らかにするためである。それが通常科学が果たす機能である。

　それゆえ、クーンは、通常、科学者は将来の研究のためにアノマリーを簡単に脇に追いやり、困難なアノマリーは科学者の関心をまったくひくことはないと述べた。科学者は、その問題は将来の一連の攻撃によって打ち負かされるだろうし、一度にすべての問題を扱うことはできないと考えている。繰り返しになるが、アノマリーに対して科学者が比較的思慮に欠けた態度をとっているといったような主張を無批判に受け入れるべきではない。水星の動きの詳細はニュートンの理論にとって問題のあるものであった。その当時、その問題について研究していたルヴェリエは、「水星ほど天文学者に痛みや問題を引き起こし、多大な不安と障害を与えた惑星はない」と主張した（Anderson, 1994, p. 119に引用）。そのアノマリーはとても真剣に扱われていたようである。ダンバー（Dunbar, 1997）は、4つの極めて生産的な分子生物学の研究室で1年を過ごし、研究室ミーティングに出席し、研究のプロポーザルに目を通し、科学者たちがどのように仕事をしているのかを全般的に間近で観察した。彼によれば、アノマリー、特にその研究分野のコアとなる前提に異議を唱えるようなものについてはとりわけ注意が向けられ、新しい仮説を生成するのに用いられた。心理学のさまざまな領域で似たような研究を行うことは有益だろう。アノマリーは典型的にどのように扱われているの

か？（そしてその典型的なふるまいは、その研究分野に対し有害なのか、それとも有益なのか？）

クーンの立場から見た危機

　アノマリーがしばしば無視されることをクーンは示唆したが、アノマリーが増大し、再三の解明に向けた試みにも抗うのであれば、その分野に**危機感**が生まれる。そしてその危機によって、自然の探求においてそのパラダイムが十分な機能を果たしていないといった理解が生まれ、増大する。しかし危機そのものは、科学者がそのパラダイムを捨てたことを意味しない。問題をやっつけるための概念的な道具をもってはじめて科学を実践できるのであり、どの問題を解くべきか、どのように問題を解くか、そしてその問題が解けたのはいつかといったことを科学者に知らせるものこそパラダイムである。パラダイムのない科学者は、科学者であることの手段がない。よって、あるパラダイムが効力のないものとして宣言されるのは、別の候補がその後釜として利用できる場合のみである。クーンによれば、「自然との直接的比較による反証という方法論的なステレオタイプ」は、実際の科学には存在しない（1962, p. 77）。常に、１つのパラダイムの棄却を決めることは、同時に別のパラダイムの受け入れを決めることである。代替がある場合に限り科学者はコアとなる理論を棄却するのかどうかということはまた、科学的な実践についての興味深い憶測であるが、十分に検証されていない。

　危機によって、最終的には、さまざまなパラダイムの発展が促される。しかしパラダイム間の選択は簡単ではない。パラダイム間の比較は根本的に困難であることを示すのに、クーンは「通約不可能性」という用語を用いた。パラダイムは、解を必要としているその問題が何であるかを示す。それゆえ、パラダイムが異なれば、特定される問題も異なる。たとえば、「何が意識的な覚醒の原因か？」や「どの程度速く心的イメージは回転されるのか？」は、行動主義者にとって合理的な問題ではない。やや控えめに言えば、学習は情報処理の心理学において重要視されなかった一方、コネクショニズムによって再び注目されるようになった。解決を必要としていることは何かということがパラダイムによって異なっているとすると、存在していない問題を、解決したとは言えない方法で解いたと主張しても、別のパラダイムの支持者には影響を与えないだろう。

　基本的な観察をどう記述するかについて同意がないといった理由からも、複数のパラダイムは通約不可能である。パラダイムが異なれば、用語が指す内容も異なる。太陽系の理論における変化の**せい**で、コペルニクス以前は、惑星という用

語に太陽や月も含まれていたが、それが地球を含むようになったのはその後のことである。用語によって意味が変わるのであれば、そのデータの基本的な記述にあたって何が重要かも変わる。催眠術療法士であれば、文字通り参加者が催眠状態に入っていると理解する一方、学術研究者であれば、それを単にリラックスした状態であると理解するかもしれない。「サムは外向的だ」といったことも、外向性に関する理論やどのようにして外向性に関する尺度を開発したのかによって異なった意味になる。それゆえ、クーンによれば、異なったパラダイムのレンズを通してみると、実際のデータは異なっている。この主張は過激であり、あたかも科学からその客観的かつ実証的な基礎をはぎ取り、パラダイム選択を非合理的なものにする。もしもパラダイムがまさにデータを決めてしまうのであれば、パラダイム選択に対する実証的基礎はありえるのか？　これから見ていくように、後にクーンは、自身の見方が科学の非合理性を示唆するという非難を退けた。

　アンダーソン（Anderson, 1994）は、クーンが用いた具体的な歴史的事例を再評価することによって、「［クーンによって］議論されたすべての例において、双方の理論にとって共通で、問題なくテストできる主張を見つけることが可能である」（p. 84）と結論づけ、関係している人々全員がデータを支持するのはどの理論であるかを合理的に解決することができるとした。たとえば、天王星が最初に発見されたとき、ある人は恒星で**あるとした**のに対し、別の人は惑星としたとしよう。しかし両方の当事者たちは、点ではなく光の円盤が見えること、そしてその天体の軌道について同意することができる。これにより問題は即座に解決され、それは惑星であると皆が同意することになる。一般的に、ある観察について同意がない場合でも、誰もが同意でき、そして合理的な議論の基礎を形成しうる、より基礎的な観察結果を見つけることは常に可能であるように思える[1]。観察は理論に依拠するかもしれない（ポパーも指摘したように）。しかし典型的には、観察を生成する際に使われる理論は、検討中の理論の選択に関して中立でありうる。電波望遠鏡という同じ理論が、ビッグバンや定常状態の宇宙論のパラダイムをテストするデータを提供するために使用された。子どもの読み間違いに関する同じデータが、読解についてのコネクショニストによる説明と情報処理の観点に基づく説明をテストするために用いられうる。治療の結果に関する同じデータで、パニック発作に対するさまざまな治療をテストすることができる。

---

[1]　このことは、そのような基礎的な主張が、理論の影響を受けない、もしくは完全無欠であると言っているのではない。みんなが同意している限りは、現状それらの主張を疑う理由がないということである。

とはいえ、異なったパラダイムの支持者たちが各々の立場を討論するときにしばしばかみ合わないように見えるというクーンの観察には、共感を覚えるかもしれない。相手がどのように考えているかを理解しようとすることには忍耐力がいるし、問題領域を異なった見方で理解するための学習が必要である。しかしそのことは科学では可能であり、よくあることなのかもしれない。ペリン（Perrin, 1992）は、フロギストンと酸素についての理論に関して概念的に対立している科学者たちの間で、広範囲なコミュニケーションや相互理解がかなり可能であったことを見出した。そこには、入り込めない通約不可能性があるようには見えなかった。

しかし、クーンが通約不可能性を仮定したことを踏まえると、異なったパラダイム間で人はどうやって選択ができると彼は考えたのか？　パラダイムがその選択についての議論に入り込むと、その役割は必然的に堂々巡りになるとクーンは論じた。それぞれのグループは、自分たちのパラダイムを使って、それを擁護しようと議論する。そこでのレトリックは、新しいパラダイムを援用する人々にとって科学的な実践とはどのようなものかを明確に示すことである。問題があるにしても、新しいパラダイムは古いものよりも有益な可能性が高いのだろうか？ 通約不可能性を強調することによって、クーンの主張は哲学者やその他の人々から最も痛烈な反応を引き出し、さらにはポストモダニストや社会構成主義者たちを刺激して、後にクーンを後悔させることになった。パラダイム選択は論理や実験のみでは決して解決されえないと主張したのである。パラダイム選択は、信仰の行為であり、実際、「パラダイム選択において、関連のコミュニティの同意以上の高い基準はない」（Kuhn, 1962, p. 94）。彼は、その主張を撤回しなかった一方、以下で議論するように、その主張がどのように解釈されるべきかを後に詳しく説明した。

クーンの指摘を解説するために、コネクショニズムと情報処理の心理学という2つの異なった心理学を実践する方法を考えてみよう（Boden, 2006を参照）。コネクショニズムは、科学者としての生き方の1つを提供する。コネクショニストは、学習や制約充足問題を解くためのニューラルネットワークを構築する。どのような応用であれ、解明されるべき問いには、何層のニューロンが使用されるのか？　ニューロンはどのように結合されるべきか？　どんな学習規則が使われるべきか？　といったものが含まれる。一方、情報処理の心理学は心理学者に異なった生き方を提供する。そこでの目的は、いくつのボックスを描くことができるかや、それらをどうやって結合させるかを決めるための実験的解離を見つけ、どんな学習規則でそれぞれのボックス内の表象を変換するかを正確に把握すること

にある。1980年代に、人々がコネクショニズムに熱狂的に取り組んだ際、たとえば動詞の過去形を学習するときに、ネットワークはある程度人と同じようにふるまうことが示された。しかし、ネットワークにできないことはたくさんあった。実際、フォーダーとピリシン（Fodor & Pylyshyn, 1988）は、言語のように認知心理学者が本当に関心をもつようなことをネットワークがするのは不可能であると論じた。しかし、言語のモデル化を含め、たくさんの人々がネットワークを使いだした。それは心理学を実践する方法として有望だったのである。フォーダーとピリシンの議論がどの程度時代のテストに耐えるかは誰にもわからない。なお、情報処理の心理学も言語の問題を解決していないことに注意したい。クーンがパラダイムについて一般的に述べたように、なぜ研究者がいずれかの枠組みを選んで取り組まなければならなかったかについて、説得力のある論理的または実証的な議論はなかったのである。

革命

あるパラダイムから別のパラダイムに忠誠が移行することは「改宗経験」であると、クーンは論じた。人々を改宗させることは難しい。典型的に、新しいパラダイムは、その分野に新規参入した人によって導入される。クーン（1962, p.151）は、純粋な論理よりも心理学が理論選択の大きな決定因であるという主張を支持し、マックス・プランクを引用した。「新しい科学的な真実は、反対する相手を納得させ、彼らに光明を見させることで勝ち残るのではない。むしろ反対する相手が結果的に死に絶え、その真実に慣れ親しむ新しい世代が成長することによって勝ち残るのである」。この主張は、今や、日常的な格言となっている。この主張はあまりに言い古されたので、そこに何らかの一般的な真実があるのかどうかを検討する価値がある。実際、ダイヤモンド（Diamond, 1992）は、約100名の化学者を対象に、重合水についての急進的な理論に関する論文を公刊した科学者の年齢もしくは経験年数と、彼らがその理論を支持したかどうかについての相関を見たところ、有意ではなくごくわずかな大きさだった。実際、クーン自身も述べているように（p.154）、プランク自身の放射の法則が定量的に成功した結果、多くの物理学者はそれに納得し、量子の概念を援用するようになった。量子理論からしてみたら、ある世代の物理学者が死に絶えるのを待つ必要はなかった。同様に、1980年代において、多くの認知心理学者は世代にかかわらずコネクショニズムに熱狂的に取り組んだ。そして多くの（すべてではないが）心理学者は、新しいパラダイムと古いパラダイムの両方においてかなり幸せに研究することが

できたが、その意味において、これらの多くの心理学者にとっての経験は改宗ではなかった。

　クーンは、パラダイムの変化を**革命**と呼んだ。クーンは、当初、科学的な革命を視覚の変換、ゲシュタルトの切り替えとして理解した。クーン自身、ゲシュタルトの切り替えのようなものによって、アリストテレスの物理学を個人的に突然理解した、つまり一気に彼はアリストテレス流の視点を通じて見ることができた。それは、図2.1 におけるアヒルとウサギの間の視覚の切り替えのようなものである。それと同様に、革命後には、データそのものが変わり、科学者は異なった世界で仕事をすると、クーンは述べた。このアナロジーによれば、データのある見方が別の見方よりも真であるわけではない。あなたはこうやって次々現れる科学的理論を検討していきたいだろうか？

　改宗、論理とデータの不十分さ、通約不可能性とさまざまな世界についての話から、クーンは相対主義者、つまり、どの信念体系も他のそれと同様に良く、また科学において勝ち残った理論であるからといってそれによって置き換えられた理論よりも客観的に良いわけでないと考える人であるかのように見える。以下では、相対主義についてより詳細に考える。1980年から90年代において、ポストモダニズムや社会構成主義の名のもとで、相対主義は社会科学において支配的な力をもった。クーン自身はその攻撃を退けた。彼が唯一尊重したことは、科学、特に物理学の合理性であった。自身の考えに対するありがちな誤解を未然に防ぐために、クーン（1977, 2000）は、通約不可能性の概念を精緻化し、ある１つのこと、つまり理論の変化の前後で用語群が指す内容が変わる様子を正確に意味するとした。先程挙げた「惑星」を例にすると、理論が変化した後に、実際の天体をどの

図2.1

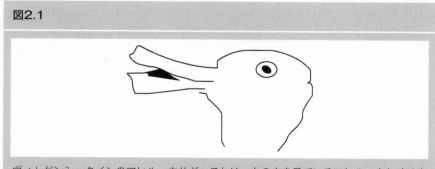

ヴィトゲンシュタインのアヒル－ウサギ。これは、左の方を見ているアヒル、もしくは右の方を見ているウサギの絵である。

ように分類するかが変化した。類似するものとして、自然言語が異なれば世界は異なったふうに分割されうるし、直接的な翻訳は不可能になる。明らかなこととして、'the cat sat on the mat' の文字通りのフランス語の翻訳はない。これは、英語とフランス語では床の敷物を異なったふうに分類するからである。この種の通約不可能性によって、異なった理論をもって研究している人々の間でのコミュニケーションは難しくなるかもしれない。しかし、不可能ではないのは明らかである。単に相手の言語を学習しなければならないだけである。また、そのように定義された通約不可能性は、革命のさなかであったとしても、理論選択の合理性を明らかに脅かすわけではない。実際、サガード（Thagard, 1992）は、科学における概念的な革命についての説明を発展させ、概念変化にはクーンが精緻化した後の意味における通約不可能性が必然的に伴うが、それでも理論選択は合理的であるとした。そのような通約不可能性が意味するのは、異なる理論をもつ人が実際に何を言っているのかを我々は注意深く見出さなければならないということである。

クーン（1970a, b, 1977, 2000）は、後に、あらゆる科学者の間で理論選択に関してコアとなる基礎が共有されていると述べた。すなわち、（少なくとも）正確さ、一貫性、範囲、単純さ、生産性という基準である。これらはすべて、どの科学的理論にとっても望ましい特性である。もし理論選択がこれらの価値に関する基準に基づかないなら、それは科学とは言えないだろう。しかし2人の科学者が同じ基準のリストにかかわっていたとしても、結果として正当に異なる理論に取り組む選択をすることはありうる。基準が異なれば指示する理論が異なることがあるかもしれない。科学者によって基準への重みづけが異なるかもしれない。またある1つの基準を適用することについて、正真正銘の不一致が生じるかもしれない（たとえば、ある単純な一元化した考えが、複雑な方法で実行される必要があるかもしれない。その理論はシンプルなのか、複雑なのか？）。まとめると、クーンによれば、理論選択には固定のアルゴリズムはない。それは、少なくとも歴史の中で、2つの理論が実際に争っている段階では一部個人的な判断の問題である（後に、事態が収束して、あらゆる基準がある理論を明らかに指示し、選択が明確になるかもしれない。よって、クーンの後年のアプローチでは極端な相対主義は排除される）。

共有されている基準を適切に、そして合理的に適用する方法に関して科学者の間でばらつきがあるが、このことはクーンの見解における弱みに見えるかもしれない。しかし彼によれば、それは強みである。そのようなばらつきがあることによって、人によって異なるアプローチで取り組むことができる。そうでないとすると、どうやってグループ全体で賭けの大損を防ぐことができるのだろうか？

もしみんなが「合理的に」従来の理論に取り組んだとしたら、どうやって新しい考えが始まり、その強みが理解されるのだろうか？　逆に言うと、ある同僚が新しい理論を発展させた途端にみんながある理論を捨ててしまったとしたら、科学は止まってしまうだろう。これが、革命における理論選択についての（後年の）クーンの記述である。それはまた、心理学における理論選択について、常に私が感じていることでもある。常にさまざまなアプローチが用意されているが、単にそれらの強みとともに弱みがあるからといって、あるアプローチを棄却**すべきではない**。これは、ジャーナルの査読者たちが心に留めておくべき点である！　あなた自身とは別の理論を支持しているからといって、それを非合理とする**必要はない**！（そして、そのことはその研究分野にとって有利に働くかもしれない。研究分野には、さまざまなアプローチで取り組む人々が必要である）。理論選択におけるばらつきは、（クーンによれば、革命のときに、ラカトシュのような他の人々によれば、より一般的に）科学がどのように機能するかの本質的な部分である。我々は理論選択に関してより具体的になりうるか、そして理論はいつ棄却されるべきかについては、後にラカトシュについて議論する際に考えることにする。

概念形成についての覚書

　クーン（1962）は、人々は事例に基づいて科学とその概念構造を学ぶと述べているが、その考えは認知科学における主要な革命以前から存在していた。概念を獲得するということに、典型的には、（20世紀のほとんどの期間信じられてきたような）その概念が何であるかの明示的な記述の獲得は含まれない。ロッシュ（Rosch, 1973）は、たとえばイヌが意味していることを学習するには、典型的なイヌを記憶し、その後はさまざまな存在がイヌに分類されるかどうかを、そのプロトタイプとどの程度似ているかに基づいて判断するといった考えを心理学に導入した。イヌであることの必要条件となる特定の特徴も、十分条件となる特徴も存在しない。ブルックス（Brooks, 1978）は、さらに、人々はある文法に従った系列を記憶するだけで、人工文法の規則を明らかに学ぶことができたことを示した。後で呈示された系列は、彼らが記憶したものとどの程度類似しているかに基づいて分類されたのである。事例を学ぶことによって概念を学ぶという考えは、1980年代における心理学の概念形成の研究において支配的であった。また、1980年代には、事例に基づいた推論についての考えが工学や人工知能の分野で広く発展した。人々は、規則のリストによってではなく、最も良く当てはまる過去の事例を考えることによって判断するのかもしれない。科学的実践を学ぶこと（と一般的には

概念を学ぶこと、Kuhn, 1974）は、規則（だけ）ではなく、パラダイムに沿った事例を学ぶことによって生じるのかもしれないとクーンは考えたが、この考えは時代に先んじたものであった（詳細な議論については、Barker et al., 2003を参照）。

クーン 対 ポパー

　実際のところ、クーンとポパーは多くの根本的な部分で考えが一致している。彼らはともに、あらゆる観察は理論の影響を受けること、科学的な理論は反証可能かつ検証可能であること（クーンは、理論と観察が相反することがあらゆる革命の究極的な源であると理解していた）、困難であってもそれ自体によって理論が棄却されるべきでないこと、どのような場合でも反証の決定的な証拠を得ることは不可能であること、理論選択のための固定されたアルゴリズムはないこと、科学は真実の積み重ねによってではなく根本的な概念変化によって成長すること、そして一般的な形而上学的前提が存在し、それによって研究が導かれ、またそれは覆されうること、という点で一致していた。クーンは、「ほぼあらゆる場合」、自身と「カール卿」の見解は「ほぼ同一である」と述べている（1970a, p. 1）。一方で、彼らのアプローチには大きな違いも見られる。ポパーが言うには、クーンの言う通常科学は「科学そして実際のところ我々の文明にとって危険な存在」である（1970, p. 53）。クーンとポパーの違いは何か？　ウォラル（Worrall, 2003）の指摘によれば、彼らが実践面で主に一致しないのはストラテジーに関する点である。クーンの考えでは、コアとなる考えを**仮定した上で**実験は計画されるべきであり、反証は補助仮説（とその仮説を想起するにあたっての研究者の巧妙なアイデア）を標的として行われるべきである。一方、一見したところポパーは、補助仮説よりもむしろコアとなる考えを標的として実験は計画されるべきであると考えたようである。私がここで「一見したところ」としたのは、クーンがしたような区別をポパーはしなかったからである。しかしポパーの例は、明らかに補助的な考えよりもコアとなる考えを標的としていることを反映しており、確かにポパーは、コアとなる考えをいつどんなときでも標的にふさわしいものとして見ていた。実際には、科学者はさまざまな場面でその両方を標的としており、おそらくクーンとポパーの違いは、単なるコップ半分の水の問題、すなわち、どちら向きに物事を捉えるかの問題である。

　彼らの考えがストラテジーに関して一致していなかったことから論理的に導かれるわけではないが、関連することとして、科学者は自身が取り組んでいる理論を信頼しているに違いないとクーンは考えた。一方、科学者は自分自身が憶測を

主張していることをたいてい理解しているとポパーは考えた。再び、コップ半分の水である。コップのもう一方を認識して、ポパーは、科学者は確証された理論をあきらめるのにまさに抵抗しているのだと主張した。このことからも、ポパーの哲学における反直感的な部分がわかる。彼の説明によれば、ある確証された理論は、他の理論が真ではないのと同様に、真であるとは言えない（彼はどのような形式でも、帰納を受け入れなかったことを思い出してほしい）。それゆえ、確証された理論を（実際的な決断のために、または研究を行うための基礎として）好むといったポパーの指摘は、どのような理由からも正当化されない。ポパーによれば、そのような理論を好むというのは、合理的であることの単なる構成要素である（Box 1.7を参照。そこで私は、この直感をくみ取ろうとした）。我々は、自身のあらゆる信念に対してそれが合理的であることを積極的に正当化する必要はない。その信念が継続的な批判の中で生き残ることを望んでいるだけである。

　また、彼らの考えがストラテジーに関して一致していなかったことに関連することとして、境界設定における不一致も挙げられる。ポパーは、科学は反証可能な理論から成り立っており、その理論に対してコミュニティは全体として反証しようと努めると考えていた。それに対してクーンは、科学とは、基本的な仮定が神聖視され、予測に失敗してもほとんど異議が唱えられない伝統の中で、謎を解くことだと考えていた。クーンは、逆説的ではあるものの、何があろうともある理論に取り組んでいくことが、結果的には、その理論の本当の弱さを明らかにする唯一の方法であるとした。それに対してポパーは、権威に挑戦する（そして原理に挑戦する）永久の権利を科学の特徴とした。双方とも科学的なプロセスについて言及しているが、科学と日常出会うさまざまな疑似科学の理論とを区別するのに有益だと私が考えるのは、無批判な信頼ではなく、反証主義者的態度である。そうではあるものの、ラカトシュがその反証主義で取り上げたように、比較的保護されたコアとなる考えと他の重要ではない補助仮説を区別することの有用性については、後に見ていくことにする。

　ポパーは、理論選択を理論の客観的特性についての理由づけといった観点から捉えた。クーンは、知識を、ポパーの意味での客観的知識として常に見ていたわけではなかった。特に初期の頃、クーンは、科学者の心理的な状態（「危機」「改宗」「ゲシュタルトの切り替え」）や科学者たちの集団のふるまいの観点から理論選択を捉えた。明らかに、科学者の心理的な状態は、その科学者の理論が真であるかということと論理的に独立している。ポパーは真実に関心があったが、クーンはそうではなかった。ポパーは、科学者は真の理論、すなわち、主張された事実と整合した真実を目的としていると考えたが、クーンは、その考えが科学的な理

論に当てはまるとは考えていなかった。

　ポパーは、次々に出てくる理論は（保証されていないにしても）真実にだんだんと近似していくことができると考えた。クーンは、謎を発見し解く上で、より新しい理論のほうが以前のものよりも良いだろうと信じていたが、真実という概念を追加する必要はないと考えていた。クーンとポパーはともに、進化を科学に対するアナロジーとして用いた。クーンにとって、革命を解決するとは、科学的なコミュニティ内での衝突によって未来の科学に最も適合した実践の方法を選択することであった。しかし科学は真実を目指す必要はない。あたかもこれは、クーンが指摘したように、進化は何かに**向けた**進化ではないのと同じである。クーンは、まさにこの最後の点において正しい。しかし進化によって、生命体とその環境との間に密接な対応関係が生じる。では、理論と世界との間に類似した対応関係があることは、まさにその理論がどの程度真であるかを示していないのか？

相対主義とポストモダニズム

　真実という概念は、曖昧なものであるとはいえ、日々の生活で必要とされる。信念をもつということは、その真実に関与することである。ある文章を声に出して主張することは、その真実に関与することである。ある説明を受け入れるということは、その説明が真であり、それでないと何も説明できないと考えたということである。真実への関与をあきらめるということは、信念をもつ能力だけでなく、個人的な道徳（「私は他の誰とも寝ていない、誠実に愛している」）をも捨てることである。日々の例からも、真実が客観的であるという直感が得られる。あなたの知らないことがあると思う、またはあなたが間違っているかもしれないと思うなら、あなたは真実が客観的であること、すなわち、あなたが考えていることにまさに依存していないということに関与している。同様に、洞窟に空腹のライオンがいるかどうかについてある一群の人たちが誤っているとあなたが思うなら、あなたはその事実がその人たちが考えていることに依存していないという意味において、客観的であるということに関与している。さらに、引き出しの中でちぐはぐになってしまった靴下の片方を探しているとき、それはあなたが真実に注意を払っていることを示している。その靴下の場所についてのすべての答えが同じように良いとは限らず、あなたがほしいのは真の答えである。客観的真実に注意を払うことは、軽々しくあきらめてしまうことではない（これらの議論を詳細に述べたものとして、Lynch, 2005を参照）。日常生活において客観的真実に注意を払うことが重要であるなら、きっとそれは科学においても重要である。

相対主義は、さまざまな理論や信念が、異なる基準に照らして同じように真でありうるといった信念である。ある程度の相対主義は、真実に注意を払うことと整合しているが（たとえ法的な真実が文化に対して相対的であっても、法的な真実に注意を払うことはできる）、科学についての一部の論客たちが示す極端な相対主義はそうではない。クーンの初期の発言は、一部の相対主義の人たちを納得させた。「パラダイム選択において、関連するコミュニティの同意以上の高い基準はない」とクーンが考えたのを思い出してほしい。それは、コミュニティが間違えることはないということを意味するのか？　真実は権力の中にあるのか？　コミュニティの考えが変われば、真実も変わるのか？　地球はかつて（人々がそのように信じていたときには）平らで、今では（我々が決して平らではないと信じているから）決して平らではないのか？　ある人々がそれらのすべての質問に対し「そうだ」と答えるのを耳にしたら、あなたは驚くだろう。

　相対主義者は、おそらく政治的な関心によって動機づけられることが多い。相対主義によって異なった見方により寛容となり、客観的真実がないのであれば、信じない人に信念を押し付ける理由はないと思いたくなってしまうかもしれない。たとえば、相対主義が真であれば、他の文化に対して宗教や帝国主義的なイデオロギーを押し付けることに何ら正当性がないだろう。しかし逆の視点から見ると、たとえば帝国主義や性差別、または陰核切除の有益な効果について人々が誤っていると考えることによって、我々はそういったことを変えようと動機づけられるのである。政治的な行為に対して恣意的ではない理由が存在するのは、相対主義者ではないことによるのではない（たとえば、寛容が必要とされているところでそれを促進するとき）。同様に科学において、相対主義だからではなく、客観的真実にたどり着くためには異なったアプローチに対してある程度寛容であることが最良であるかもしれないといった理由で、異なった見方に寛容であることがありうる（そして陰核切除に対して寛容であることを望まないのと同様に、ある領域における理論の中には棄却されるべきものもある。あらゆることに寛容であるのは、有益ではないし、可能ですらない）。

　道徳の相対主義（あらゆる価値は等しく良い）と認識論的な相対主義（あらゆる信念は等しく真である）は異なる。我々はそのうち主に後者に関心がある。後者に関して言えば、ある物事はある集団の人々が何を信じているのかによって構成されているので（法制度のように）、それらについての真実は、その集団が何を考えているのか（すなわち、法制度を決めたり、ポパーが意味するところの客観的知識を作り上げたりするときに、その集団の一部が何を考えていたのか）に関連している。問題は、集団が何を考えているのかが重要なそのような例から一般化して、あら

ゆる真実は集団が何を考えているのかと関連していると信じることによって生じる[2]。

クーンは、理論選択における社会学的および主観的な要素を強調した。その考えには、**科学論**や**社会構成主義**、そしてすでに存在していた**ポストモダニズム**や**知識社会学**を含むさまざまな集団が影響を受けた（これらの議論を説明したものとして、Koertge, 1998や Sokal & Bricmont, 1998を参照）。そして科学について扱うべき非常に興味深い社会的な問いがある。たとえば、科学者が主張し、受け入れてきた理論の性質は、社会的、経済的、政治的、文化的な要因にどのような影響を受けるのかという問いである（統計学の発展がいかに優生学の動きに影響されたのかについての興味深い説明として、MacKenzie, 1981を参照）。また社会はどのようなタイプの研究をするよう奨励すべきか（または妨げるべきか）といった問いも同様である（動物研究、パーキンソン病に対する幹細胞を用いた治療、遺伝子組み換え作物、IQ に関する人種差、性的空想の基盤？）。しかしそれらの問いは、人間がどのようにして世界についての真の知識を得ることができるのか（真実により近づくための科学とはどういうものか、そして、科学はいつ真実により近づくのか？）という問いとは独立である。それらの問いを混同すると、極端な見解に至ってしまう。

以下はその極端な見解の例である。

1.「科学的知識は単なる社会的勢力、権力闘争、政治学の産物である。自然界は、科学的知識を作り上げる役割をもたない」。この主張の基盤は、有名な、データによる理論の決定不全性にある。証拠が何であれ、それを説明することが可能な理論が常にいくつもある。それゆえ、そこで使用されたレトリックや権力によって、ある理論が別の理論よりも選ばれるというように議論される。この議論は見当違いである。まず、証拠によって理論選択が不十分にしか説明されないのだとしたら、社会政治的な文脈による説明も同様である。このように、自然界による我々の理論への影響を信じないのなら、どうして社会的世界による影響は信じなければならないのか？ 次に、証拠による理論の決定不全性は論理的な主張であるが、実際的にそれが示唆するものは存在しない場合が多い（Soka & Bricmont, 1998）。血液は循環する、遺伝子は DNA から成っている、物質は原子

---

[2] 法制度の場合でさえ、真実は客観的である。「法を知らないことは言い訳にならない」と言われるだろう。法制度が一度作られると（ポパーの考えによれば、世界２）、それは一人歩きする。その結果、あなたは法制度について誤っていることがあるかもしれない。それはポパーの言う、世界３の一部となる。

から作られているといったような理論は、他の仕方でも説明**されうる**ような証拠をもとにしているが、そのことは現在検討している、またはそれに近い状態にある単一の競合理論が存在していることを意味していない。最後に、人の知識が事実ではなく社会的圧力のみに基づいていると考えることは、あなたの信念に正当な理由がないと考えることである。したがって、あらゆる知識は社会的勢力の産物であると信じる正当な理由もないだろう。

2．「絶対的な真実はない。真か偽かは常にその人のパースペクティブによって変わる。それは単にある物事を信じる好みにすぎない」。真実は人によって異なるという主張はあらゆる人にとって真なのか、それとも単にそれを信じているポストモダニストにとってのみ真なのか？　もし前者だとすると、その主張は相対的ではなく絶対的なものとなるので、矛盾した主張となる。もし、後者だとすると、その主張は私にとって真ではないため、当然ながら私は決してそのことに納得しない。したがって、このような個人的な相対主義は自滅的である（Lynch, 2005）。

3．「自然科学の現実は、社会的および言語的な構成概念である」。ここには、表象とそれによって指し示される事実との間の混同がある。ソーカルとブリクモン（Sokal & Bricmont, 1998, pp. 101-102）は、悲しいことに、教員養成のための教材から以下の一節を紹介している。「何世紀もの間、毎日、太陽は地球の周りを回るということが事実と考えられてきた。そして地球の日周回転といった別の理論が登場すると、その理論によって既存の事実は置き換えられた。地球は毎日自転している」。この引用は、ある事実とその事実の表象とを混同している。事実とは、我々が知っているかどうかにかかわらず存在する外界の状況である。一方、信念はそのような事実を表象する。もしあなたが自分の信念は間違える可能性があると考えるなら、あなたは、その信念（表象）と標的とする事実（世界が実際にどうであるのか）との間の区別を受け入れているということである。この引用の例では、事実は変わらないが、単に彼らの信念が変わったのである。毎日の生活において、事実と表象の区別は重要である。もし事実が単なる見解にすぎなかったら、どうして犯罪捜査で頭を悩ますのか？　逮捕されるのが実際のレイプ犯であるかどうかを気にするのか？　なぜ人は空を飛ぶことができるという考えを取り入れて飛行機から飛び降りないのか？　表象と事実の区別が曖昧であることを心から望んでいる人はほぼいないだろう。

一般に、物理的世界に対してこのような皮肉な主張をするような人々は、社会的世界については素朴現実主義者である（例として、Sokal & Bricmont, 1998を参照）。しかし、物理的世界についての客観的事実がないのであれば、社会的世界

にも客観的事実はない。もし物理的世界に対して懐疑的なのであれば、社会的世界に対しても同じようであるべきである。ようこそ唯我論の世界へ。そこにいるのはあなただけ。

4．「ある社会の科学が別の社会のそれよりも妥当ということはない」。他の文化における医学的実践には有益なものがあるかもしれないので、傲慢にもそれらを否定すべきではないということは真である。おそらく中国、アフリカ、南米の伝統における薬草の中には、特異的な病気に対して本当に効果があるものがあるだろう。しかし、ある薬草がプラセボ効果以上の治療効果をもつかどうかについては、文化とは独立した事実があるだろう。それを見出す方法として、二重盲検法がある。文化それぞれにおいて、相互に教え合う価値のある物事がある。しかしそのことは、ある文化的な見解（「その山は地殻変動の圧力によって生じた」）のほうが別の対立する見解（「その山は寝ていた巨大な白いライオンだった」）よりも多くの証拠があったとしても、両者に違いはないとするということを意味しない。もし心臓発作に見舞われたら、友達に呼び出してほしいのは、まじない師だろうか、それとも医者だろうか？

ラカトシュと研究プログラム

ラカトシュは、自身はポパーとクーンの中間の立場をとっていると考えていた。ポパーは、科学についての普遍的な方法論を提供した。クーンは、普遍的な方法論を棄却したが、科学的なエピソードについての詳細な歴史的分析がいかに哲学に役立つかを説明した。ラカトシュは、「制定法」（ポパーが言うところの、一般的原理）と「判例法」（クーンが言うところの、何が正しいかを判断するためのある歴史的事例との関連性）の間の弁証法を探った。ラカトシュは、ポパーの具体的な方法論への批判としてクーンの歴史的分析を受け入れたが、その一方で、科学哲学者は客観的事実とその合理的基盤に関心をもつのであり、その関心は主観的な状態や科学者たちの社会学にはないというポパーの議論も受け入れた。ラカトシュは、クーンの思想にある相対主義的なニュアンスは断固として棄却した。ラカトシュは、ハンガリーで生まれ育ったが、そこで彼が経験したのは、国が科学的な理論に対しイデオロギー的な同調を強いることであり、それゆえ適切な科学と疑似科学との間の客観的な境界設定の必要性を激しく信じていたのだった。あらゆる「科学」（たとえば国が強いたもの）は他のものと同様に良いとする相対主義は、明らかに危険である[3]。ラジオで、ラカトシュは「教義が疑似科学的であるという理由で、カトリック教会はコペルニクスを破門し、共産党はメンデルの学説

を迫害した。科学と疑似科学の境界設定は、単なる机上の空論の問題ではなく、極めて社会的、政治的に重要な意味をもっている」（Lakatos, 1978, p. 1）と指摘した。私の感覚では、現代では、あらゆる生活領域への実践的なアドバイスとして注目を強いる考えが市場にあふれていることから、これまでと同様、今においても境界設定の必要性は極めて高い。

　ポパーは、歴史によって彼の考えが**テスト**されうるとは考えていなかった。彼の反証可能性の基準は形而上学であり、科学ではなかった。よって、ある科学的なエピソードにおいて、科学者たちがその指示に従わなかったとしても、それは科学者にとって悪いことであって、彼の基準ではなかった。形而上学同様、この基準はもちろん批判されうるものであった。実際、ポパー（1974, p. 1010）はその基準を捨てる状況を定めた。フロイトの理論が反証可能ではないのと同様に、ニュートンの理論が反証可能でないことが示されたら、彼はその基準を捨てただろう。もちろん、誰もそれに成功したものはいなかった。ポパーの発言は、ラカトシュが明示した一般的なストラテジーを示唆していた。科学史における輝かしい功績によって、合理的な理論選択や正真正銘の科学が説明されるのである。何によって良い普遍的な方法論が構成されるのかについて合意が得られていなくても、最良の実践の典型例となる単一の功績については実質的な合意が得られている。コペルニクス、ニュートン、そしてアインシュタインの革命は、革命の中でも、人類の最も輝かしい功績に含まれるものである。ラカトシュによれば、我々が提案する科学の方法論は、それらの事例に答えられるものでなければならない。しかしラカトシュは、良い方法論とは、**予期しない異常な**歴史的事例において、我々の価値判断を変えさせることのできるものであるべきとも考えていた。というのも、有能な方法論であれば、我々の理論以前の価値判断の人質であるべきなんてことは全くないからである。**事前の**制定法も特定の事例も、何が合理的であるかを最終的に決定するものではない。しかしその両方によって我々は客観的な合理性を扱うことができ、自力で立ち上がることができる。ラカトシュは、何が合理的であるかは歴史の過程が定義すると主張したかったのではなく、**自分の理**論を部分的に歴史の人質にしたかったのだった。

　ラカトシュは、大いに尊敬していたポパーの反証主義の伝統から来ているものとして自らを定義した。それゆえ、たとえば、「ある人が最も大事にしている理

---

[3]　もちろんクーンもこれに同意するであろう。クーンは、どの科学的理論が良いかは権力のある人々が決めるべきであるが、そうした権力のある人々は科学者としてふるまえる科学者でなければならないと信じていた「エリート主義者」であった。

論に対してさえ、ある種の懐疑的な態度をもつのが科学的なふるまいの本質である。理論への盲目的な関与は知的な美徳ではない。むしろそれは知的な罪である」（1978, p. 1）と考えた。しかし彼は、クーンが強調した2つの点もその方法論に取り込んだ。それは、アノマリーが絶え間なく現れること、およびコアとなる信念と周辺的な信念の区別である。我々は、反証主義者的方法論にそれらの点をどう組み込むことができるだろうか？

　ラカトシュが言ったように、科学史を通じてすべての理論は「反証されるために生まれた」。前章で述べたように、ポパーは、理論のどんな困難も反証として無批判に受け入れるべきとは主張していない。実際のところ彼は明らかに、その逆を述べている。その主張は、どういった条件のもとで理論を反証されたものとして受け入れるのか、その点について注意深く考察すべきというものであった。理論はリスクを冒して作られなければならない。しかし、あるもの（たとえば、理論）を批判するには、他のものを真と考えなければならない。何かについて批判的であるためには、我々は別の物事を受け入れる決心をしなければならない。ポパーが指摘するように、何について受け入れ、それゆえ何について棄却するかの答えを出すには、相当な時間を必要とするかもしれない。歴史のある時点では、同じ問題について人によって異なる合理的な決断に至り、ある人々はその理論を反証されたものと見なした一方で、別の人々はそうでないと考えたかもしれない。しかし批判的議論をしていくことで、たとえ長い時間がかかったとしても、結果的には一般的な合意が得られる。問題は、理論が歴史的に生まれ、その中を苦労して進む「アノマリーの海」が論理的にポパーの立場を脅かすのかどうかではない。それによって脅かされることはない。問題は、コアとなる理論に反証の証拠のかけらがたった一度直撃するという考え方で、果たして実際に実践されている科学の合理的基盤が捉えられるのかどうかである[4]。ラカトシュは、それでは捉えられないと論じた。

---

[4]　最初からポパー（1934/1959）は、形ばかりの観察は理論を反証するものとして見なされるべきではないと述べた。あらゆる反証の証拠は、批判に対して開かれていなければならない。これは、低次の反証の仮説を仮定することによって達成される。この仮説は、どうやったら反証の証拠を再現できるかを特定する仮説である。その反証の仮説が厳しくテストされ、裏づけられてから、それが主要な理論を反証するものとして受け入れられるべきである。たとえば、ある人が一度黒いハクチョウを見ただけでは、「すべてのハクチョウは白である」を反証するのに十分ではないとしても、「ブリスベン動物園に黒いハクチョウがいる」ことを厳しくテストし、確証することは（さまざまな人々がブリスベン動物園に旅行に行き、その観察を再現することによって）、「すべてのハクチョウは白である」を反証する働きをする。

ラカトシュは、コアとなる考えは、そのような直撃から守られると論じた。ニュートン派の人々は、フロイト派の人々のように、どんな観察によってその理論を見限るかといった質問をされても当惑することはないだろう。たとえば、ラカトシュは、ある仮想的な話を考えてみるよう言っている。惑星 p の動きは、ニュートンの法則や初期条件、さらには他の既知の惑星の影響を考慮して考えられる軌道から外れている。では、ニュートン物理学の研究者は、その理論を見限るか？　いや、その研究者は、未知の惑星 p' があり、それが p の軌道をかき乱しているに違いないと提案する。そして p' に必要な質量や軌道について計算する（実際、海王星が発見された驚くべきやり方がこれであった）。またその研究者は、天文学者にその仮説をテストするよう求める。しかし存在する望遠鏡では十分な測定力がない。そのため、何年か後に新しい望遠鏡が作られる。しかしその惑星を検出することができない。ニュートンの法則は破棄されるのか？　いや、その物理学者は、おそらくその惑星は宇宙の塵からなる雲に隠れてしまっていると提案する。彼は、その雲の濃度や位置を計算し、それを見つけるための衛星を打ち上げてほしいと言う。などなど。新しい提案の連鎖が途絶えて、どこかの年代記の中でほこりをかぶり、すべての残念なエピソードが忘却されるか、さもなければその惑星が発見され、ニュートン物理学の華々しい成功として賞賛されるかのどちらかである。ラカトシュによれば、反証はニュートン物理学そのものに向けられるのではない。科学者は常に、コアとなる考えを守るための補助仮説を作り出す手段をもっているのである。

　この話の要点は、ラカトシュが我々に信じさせたいと思ったほどには強くない。それは惑星 p がニュートン物理学で容易に説明できる動きをしていることに依拠している。しかし、その惑星が一定のスピードで円の軌道で動いたり、もっと悪いことに、長方形の軌道を描いたり、その他無数に考えられる奇妙な動き方をした場合を考えてみよう（Popper, 1974, p. 1007）。アインシュタイン以前の研究者さえも、歴史的に、より少ない根拠に基づいて、ニュートンの重力の法則を見限ろうと考えていたのである。しかし、この話によって、科学者は典型的にはそれを標的にしようとしないという意味で、**比較的**反証に耐えうる信念の**ハードコア**があると考えたくなる。さらにラカトシュは、ハードコアを仮定することには、科学的研究の時間的連続性を認識できるという利点があることを指摘した。アノマリーがあるとき、それを取り込むためにシステムの一部分を変えることがある。しかしハードコアが維持されていることで、研究プログラムは、たとえばニュートン物理学**として**、時間を超えてそのアイデンティティを保つ。

　ハードコアは、プログラムの中心的な信念である。たとえばコネクショニズム

では、心理状態は、ユニット間の調節可変な結合を通じた活性化のパターンから成るといった信念がハードコアに含まれている。ラカトシュが述べたように、我々はそのハードコアを反証することは「禁じられて」いる。代わりに、補助仮説が生み出され、それはコアの周囲で**防御帯**を形成し、反証する結論がその補助仮説に向けられる。そして、こうして固められたコアを守るために、補助仮説は何度も調整されたり、置き換えられたりする。たとえば、読みのコネクショニストモデルにおいて、入力層にはあるやり方でコード化された話し言葉、出力層にはあるやり方でコード化された音声を伴ったニューラルネットワークを用いたとする。もしこのモデルが読みのある現象を説明できないとしても（たとえば、子どもがするのとは異なるパターンの誤りをこのモデルがしてしまう）、そのコネクショニズムの研究者は、コネクショニズムを見限らない。その研究者は、文字がどのようにコード化されるべきかについての仮定を変えるかもしれない（おそらくその過程で、子どもがどのように文字を知覚するかについての新しい予測をする）。またはネットワークの中に、ユニット層を追加するかもしれない。などなど。研究プログラムには**ポジティブヒューリスティック**（積極的発見法）がある。これは、反論の余地のない防御帯を修正し洗練させていくための、統一され、首尾一貫し

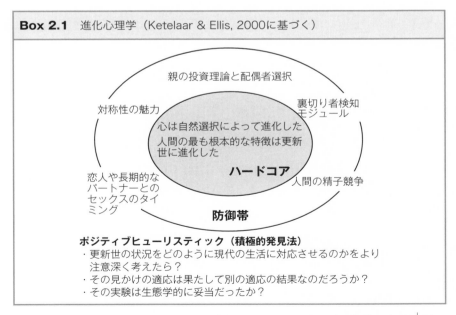

Box 2.1 進化心理学（Ketelaar & Ellis, 2000に基づく）

親の投資理論と配偶者選択

対称性の魅力

裏切り者検知モジュール

心は自然選択によって進化した
人間の最も根本的な特徴は更新世に進化した

ハードコア

恋人や長期的なパートナーとのセックスのタイミング

人間の精子競争

防御帯

ポジティブヒューリスティック（積極的発見法）
・更新世の状況をどのように現代の生活に対応させるのかをより注意深く考えたら？
・その見かけの適応は果たして別の適応の結果なのだろうか？
・その実験は生態学的に妥当だったか？

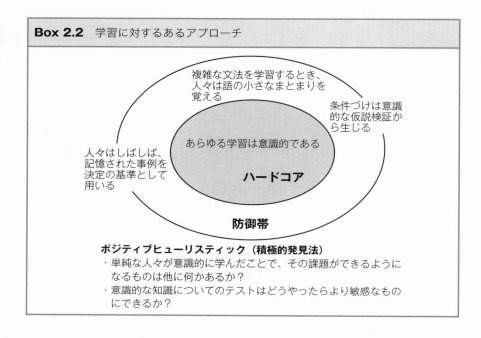

Box 2.2 学習に対するあるアプローチ

複雑な文法を学習するとき、人々は語の小さなまとまりを覚える

条件づけは意識的な仮説検証から生じる

あらゆる学習は意識的である

ハードコア

人々はしばしば、記憶された事例を決定の基準として用いる

防御帯

ポジティブヒューリスティック（積極的発見法）
・単純な人々が意識的に学んだことで、その課題ができるようになるものは他に何かあるか？
・意識的な知識についてのテストはどうやったらより敏感なものにできるか？

た原理の集合である。コネクショニズムでは、そのヒューリスティックとして、出力ユニットにおけるさまざまな特徴をコード化するよう試みる、さまざまな学習規則や活性化規則、または結合のパターンを試みるといったものが含まれる。Box 2.1と2.2には、後ほど議論する心理学の2つの研究プログラムに関して、そのハードコア、防御帯、およびポジティブヒューリスティックを示した。

前進と退行

ラカトシュは、研究プログラムを評価する基準を提供した。ある研究プログラムの修正（つまり防御帯の修正）によって、従来予期していなかった事実が予測されるのなら、その研究プログラムは**理論的に前進的**である。さらにそれらの予測のいくつかが実際に裏づけられるのであれば、その研究プログラムは**経験的に前進的**である。さもなければ、その研究プログラムは**退行的**である。なお、前進的であるために、すべての予測が確証されなければならないわけではないことに注意したい。どの研究プログラムもいくつかの失敗を伴う。その後の変化によって矛盾は解消され、結果的にその失敗は勝利に至るかもしれない。いくつか見事

な成功を収めることで、たとえさまざまな予測が失敗に終わっても、その研究プログラムは長続きする（先に述べたように解決されなかったとしたら、単にほこりをかぶった年代記の中で終わる）。

　退行は3つの方法で表れうる。ある変化が新しい予測を生み出さないのであれば、それはアドホック1である。前章でこのようなアドホック性について検討した。もし新しい予測がなされてもそれが裏づけされないのであれば、その変化はアドホック2である。最後に、ある予測がなされ確証されても、ポジティブヒューリスティックによって作り出されたものでないなら、その変化は科学者にとって依然として満足できないものであり、アドホック3である。アドホック3な変化が続けば、研究プログラムは一貫性を示さなくなる。たとえば、鬱を説明する研究プログラムにおいて、新しいアノマリーが発生するたびに恣意的に異なったやり方で対処されるかもしれない。たとえば、まず、実験のサンプリングの方法が疑われ、次に、別の国で行われた実験では、天気が交絡要因として挙げられるなどである（それらの対応自体は問題なくても、そのようなことが延々と続き、研究プログラム独自のものを生み出す首尾一貫したストラテジーがなければ、その研究プログラムに物足りなさを感じるだろう）。成熟した科学において、防御帯には知的な一貫性があり、それは単なるバラバラな理論の恣意的な集まりではない。ハードコアとポジティブヒューリスティックがもつ知的な原動力は、ラカトシュが、真の科学の連続性と一貫性と明らかに認識していたものである。それゆえに、「すべてのハクチョウは白である」は反証可能であっても、まだ科学ではない。

　前進的な研究プログラムにおいて、理論はデータよりも先行し続ける。一方、退行的なプログラムにおいて、理論はデータから後れをとり、必死にその維持に努める。元々、マルクス主義は新しい予測を生み出していた。社会主義的な革命は、まず最も経済的に発展した国々において生じるといったことや、社会主義社会には革命がないといったことなどである。そのさまざまな予測が反証されたのち、その失敗は、アドホックな方法でのみ「説明」された。ラカトシュは、1917年以降、マルクス主義が生み出した新しい仮説は何かと問いかけている。マルクス主義は常に退行的な研究プログラムであり、常にデータに追いついて、後追い的なやり方でのみ「説明」しようとしている。そのため、ラカトシュの本では、境界設定の疑似科学側に落ちるとされている。

　一般的に、科学は競合する研究プログラムから成り立っている。ある研究プログラムが一貫して退行し、別のものが前進すれば、その研究プログラムは結果的に捨て去られるだろう（しかしラカトシュは、萌芽的な研究プログラムを捨てないことを勧めている。たとえそのライバルよりうまくいっていなくても、それが前進的であ

イムレ・ラカトシュ

「でも、時代精神がLSEの哲学部に襲いかかってきたことを知らないのかい？」

　このラカトシュの発言は、彼を追悼したエッセイ集（Cohen et al., 1976）の中のバークソン（Berkson, 1976）からとってきたものである。ラカトシュは、ロンドン・スクール・オブ・エコノミクス（LSE）において活動をしたが、ここはカール・ポパーもその生涯の大半を過ごしたところであった。彼は、手ごわい批判をしたものの、ポパーを極めて賞賛した。ラカトシュは、即座のウィットに富み、また知的な殴り合いを愛した。他の影響力のあった科学哲学者としてポール・ファイヤアーベントがおり、短期間LSEにいたが、彼の回想によると、ラカトシュのオフィスの横がファイヤアーベントが講義をしていた講堂で、「窓が開いていると、イムレは私が言う一語一語を聞くことができた。私の話の流れで、怒りを感じたのか、また怒りを装ってなのか —— それがイムレの場合はよくわからないが ——、彼は（しばしば）やってきて、事を正そうとした」（Lakatos & Feyerabend, 1999, p. ix）。

　イムレ・ラカトシュは、1922年にイムレ・リプシツという名前で生まれたが、2度名前を変えた。最初はユダヤ人の名前ではないイムレ・モルナールと改め（彼は、ユダヤ人ではない家庭に匿われて第2次世界大戦を生き延びた）、それからハンガリーが共産主義国となったときに、イムレ・ラカトシュというハンガリーの労働者階級の名前になった。にもかかわらず、彼は後に3年間、スターリン主義の監獄に収監された。その後、ケンブリッジのキングスカレッジに進み、そこで数学的発見の論理という画期的な論文により、博士号を取得した。それは、ある数学的予測について継続的に理解を深めていく学生とチューターの間の対話という形式で書かれており、この対話は数学の哲学に対する新しいアプローチを詳細に解説して論じたものであった。1960年からラカトシュはLSEに勤め、1974年に脳出血で亡くなるまで、主に科学哲学を研究した。

る限りは、その能力を確立するまでの時間を与えるべきだとした）。よって、研究プログラムの棄却は、理論と実験の２者の戦いではない。クーンが示唆したように、ある研究プログラムの失敗はまた、別の研究プログラムの成功がかかわってくる。しかしクーンとは異なり、ラカトシュは、研究プログラムが独占を達成するのはごく稀であり、科学の歴史は、競合する研究プログラムの歴史であり、また、そうであるべきと考えた。これまで、通常科学の時代が継続してきたわけではないし、そうなるべきでもない。競合が始まるのが早ければ早いほど、良いだろう。

　ラカトシュは、前進的な研究プログラムがあるのに、それでも退行する研究プログラムに取り組むことは非合理的であるとは考えなかった。しかし正直なところ、人はそうした研究プログラムの真の評価を認識し、その結果に直面しなければならない。ジャーナルの編集者や財団はそういった研究をサポートすべきではない。

　ラカトシュによると、明白な「反証」があってもある理論が粘り強く存在することを強調した点において、クーンは正しいが、そのことで、あらゆるタイプの反証主義をうまく棄却できたと考えている点において誤っている。ラカトシュは、理論選択が合理的であると一般的に合意されるエピソードにおいて、科学史の**客観的な**合理性の基盤を再構築する方法を自らが提供したと捉えた。ラカトシュは、科学者の心理的状態とは独立に説明した（科学者が危機や好奇心を感じるかどうかは、理論選択のための客観的な理由と無関係である）。研究プログラムから血が抜かれ、抜け殻のようになってしまうのは、補助的な理論に対する反証が答えられないまま積み重なった結果である。しかしラカトシュによれば、検証もまた重要である。新しい予測を裏づけていくことによってこそ、研究プログラムは前進し続けるのである。

　（初期の）クーンにとって、パラダイム間を比較するための合理的な基準はなく、それぞれのパラダイムにはそれ独自の基準があった。一方、ポパーと同様、ラカトシュは科学における理論の変化は合理的な理由によって起こりうるとし、またそれはしばしば生じると考えた。つまり選択は、退行的な研究プログラムよりも前進的な研究プログラムを好むことを反映したものである。しかし、ポパーが考えるような一撃必殺はありえない。プログラム間の争いは、消耗戦である。あるコアとなる理論の息の根をたった１回で止めた決定的な実験があるように見えるかもしれない。しかし実際には、たとえその実験が決定的なものであったとそのときに**信じた**研究者がいたとしても、敗れた研究プログラムが結果的にアノマリーを取り込み、圧倒的な成功へと転換していくかもしれないのである。敗れた研究プログラムが、そのヒューリスティックの力を使い果たし、アドホックな作戦

を次々に行っていたのかどうかがわかるのは、何年も経った後に、歴史書が書かれたときのみである。後から判断して、人は、その実験は説明されうるものではなく、決定的だったものとして受け入れることができるのである。即席の合理性はない。それゆえ、ある研究プログラムが徐々に滅んでいくことを歴史書が単一の出来事として再構成したがることを除いて、ラカトシュにとって、アノマリーとコアとなる理論の反証との間には確固たる区別はない。ポパーにとっては、アノマリーと反証の区別は重要であった。一方で、ラカトシュにとっては無関係も同然であった。それゆえ、ラカトシュの見解では、アノマリーの海とは、ポパーへの反論であるが、ポパーの見解ではそうではなかった。ポパーにとって、コアとなる理論の反証は、批判的な議論によって人々が背景知識について合意するようになり、その結果、実際に証拠が周辺仮説ではなくコアとなる理論を標的とするときに生じる。ある主張を受け入れることが他の主張が偽であることを意味するのは、単なる論理的な事実である。ポパーは、人々に一貫性を求めるよう促した。一方で、ラカトシュは、結果が前進的であれば、一貫性のない基盤の上で研究することは合理的であると見なした[5]。

ある例

ラカトシュは、**科学的な研究プログラム**についての彼の**方法論**を物理学の多くのエピソードに適用した。彼の原理と歴史的なデータとの間を詳細に行き来することによって考えや議論を発展させるのが、ラカトシュのやり方であった[6]。後に、他の人々が経済学や他の社会科学におけるエピソードに対してその方法論を援用した。Box 2.1は、ケテラーとエリス（Ketelaar & Ellis, 2000）による進化心理学への援用を示したものである。そのハードコアは、自然選択、および人間

---

[5]　たとえば、初期のボーア原子は一貫性がないことが知られていた基盤をもとに作られた。にもかかわらず、そのようなものをモデルとして用いることで、しばらくの間、新しい予測が生み出され、その予測は確証された。よってそれは前進的な研究プログラムであった。

[6]　ラカトシュは、データのすべての側面に関心があったわけではなく、合理的なエピソードとしての展開に無関係な詳細については関心がなかった。同様に、もしあなたが論争を書き起こし、その論理構造を把握しようとするなら、無関係なものより、多くの繰り返し、行き詰まり、順序の詳細といったものをその論争の精神を把握するために徹底的に調査するだろう（Larvor, 1998）。それゆえ、ラカトシュは、自分自身を、歴史を**合理的に再構成している**と考え、時々真実の詳細を脚注に追いやった。真の歴史を脚注に追いやることをクーンは恐れた。しかし、ラカトシュは、そうすることで、自分はクーンよりも基盤となる真実により近づくことができると考えた。

の心理的特徴の重要な選択は更新世（今から約100万年から1万年前）に生じたという前提から成り立っている。それらの前提は直接的には反証可能ではない。実際、自然選択は反証されえないことから、ポパーはそれを形而上学と見なした。ポパーにとって、自然選択は形而上学的な枠組みであり、それが生み出した特定の科学的理論によってその価値が証明された（それゆえにいわば創造説と異なり、科学的な活動の一部である）。ラカトシュは、コアと防御帯を区別することによって同じ考えをはっきりと述べた。更新世において、誰が裏切りやすいかを検知することは重要であったのだろう。それゆえ、おそらく「裏切り者探知モジュール」が進化した。たとえこれが反証されても、コアは無傷のままである。しかし、認知能力に関する自然選択について考えることで（特に更新世の条件において）、現代の人間行動について、新しい予測を生み出し、それが確証される限りにおいては、このプログラムは前進的であると言える（ケテラーとエリスが論じたように）。たとえば、単なる抽象的な内容を扱うときよりも課題が裏切り者の検知を含むとき、人々は特に条件文についての推論が実際できるようである。また人々は遺伝的多様性を求めるといったことをもとにした別の仮説として、配偶関係にありながら1人でナイトクラブに行く女性は、妊娠可能な周期のときにはそうでない周期のときよりも、自分がセックス可能であることを示すというのがある（不倫相手によって受精されうるように）。この新奇で重要な予測は確証されている（Baker & Oram, 1998）。ラカトシュ的な言い方をすれば、進化心理学が前進的であるがゆえに、ある程度の人気を獲得しているのである。逆に、進化心理学に反対する人々は、進化論的な話がしばしばアドホックであること、つまり、新しい予測を引き出すのに使われていないことに注意を向ける。

新奇性

　ポパーもラカトシュも、**新奇な**予測を高く評価した。ある研究プログラムが前進的になりうるのは、新奇な予測を作り出すことを通じてのみである。ポパーは、そして元々はラカトシュも、もし予測がまだ知られていない事実を扱うのであれば、その予測は新奇なものであると見なした。そのデータを見る前に予測をすることは、一般的には科学者に高く評価されることである。これは次章で扱うネイマン-ピアソンの哲学においてなくてはならない特徴である。その哲学によって、社会科学および行動科学における推測の基盤が形成されたのである。一方、第4章と第5章で、別の統計的推測の哲学である、ベイジアンアプローチと尤度アプローチについて扱う。そこでは、説明のタイミングと、それに関連するデータの

証拠としての力とはまったく無関係なものと考える。ドノヴァンら（Donovan, 1992）は、3つの歴史的な研究を紹介し、それらの事例では、意外な予測をしているかどうかと、コアとなる理論が受け入れられたかどうかとは無関係であることを論じた。ラカトシュは、コペルニクス主義の革命を学んでいた際に、エリ・ザハルの示唆を取り入れ、新奇性の概念を修正した。適切な方法で予測を新奇にするのは、時間的要因（その予測が文字通り事実の発見の前に生じたかどうか）ではない。理論の構築に用いられていなかったら、その予測はその理論にとって新奇と言える（それまで使われていなかったという意味での**使用的新奇性**）（Lakatos & Feyerabend, 1999, p. 109-112を参照）。実際、アインシュタインは、全く水星の軌道について考えることなしに、一般相対性理論を打ち立てた。別の根拠に基づいて理論を構築して、彼は水星の軌道に関する非常に古い問題も解決できることに気づいたのである。この発見でアインシュタインは、自分が何日も「無我夢中の喜びの状態」であったと報告している（Lanczos, 1974, p. 214）。これは、科学者をこの理論に引き込んだ2つの重要な結果のうちの1つである（もう1つの確証された予測は、時間的新奇性にかかわるものである）。もちろん時間的新奇性は、使用的新奇性を示唆するし、その価値によって、なぜ人々が時間的新奇性を印象深いものと考えるのかが示される。ラカトシュは新奇性の定義において概念を拡張したが、そのことは彼の歴史に対する感受性と、特定の事例と一般的原理との間の弁証法を示している。

　なぜ新奇な予測が重要なのか？　ラカトシュは、それを真実に関する推測的なしるしと見なした。あなたが犯罪捜査で、執事が大学のワインを盗んだという仮説を立てているとしよう。それに基づき、彼がある日、遠く離れた2つの町を結ぶ電車に乗ったに違いないと推測する。後日、そのチケットが、彼のジャケットのポケットから発見される。それ以前にそのことを調べようとした者はいなかった。我々の予測の裏づけは、その仮説が真であることの**推測的な**しるしであると見なすことができよう（他にも可能な説明があるかもしれないので、推測的としか言えない。ポパーに従い、ラカトシュも、人が確かな、またはもっともらしい真実を確実に帰納できるとは思っていなかった）。しかし、ラカトシュの方法論は、そのような思考実験や事前の考察に基づいてはいなかった（それに対して、ポパーの方法論は第一原理から引き出すことができる）。彼は、そのような原理と実際の歴史における模範的事例の考察の間を行き来することから生じるものとして、その方法論を考えていた。このように、彼は、前進性を、**我々の世界における**真実の推測的なしるしと考えたのである。

科学の方法論の選び方

　クーンとポパーの決定的な違いは、すでに指摘したように、クーンはコアとなる理論ではなく周辺的なものに反証が向けられると考えていたのに対し、ポパーはあらゆる理論がその標的となりうると考えていたところにある。これについて、歴史的事実の問題として、そして何が合理的な行動を作り上げるのかという観点から、ラカトシュは明らかにクーン側であった。しかし、クーンやラカトシュの力強いレトリックや、一部の科学者による事実上の無批判な受け入れがあったとしても、あなたは額面どおりにその主張を受け入れるべきではない。Box 2.2に、人々がどのように学習するかについての研究プログラムを示した。そのコアとなるのは、あらゆる学習は意識的であるという主張である。その防御帯にある具体的な仮説には、条件づけは意識的な仮説検証に基づくというものが含まれている。たとえば、ある音を合図に目に空気を吹きかけられることで、その音に対してまばたきをするという条件づけが成立するとき、それは音と空気の吹きかけを対にした試行において、その音が空気の吹きかけを予測するといった仮説を人々が意識的に考え出したためである。これにより、音があると空気の吹きかけが来ると意識的に予測するのである。防御帯にある別の理論としては、人々はある複雑なルール、たとえば人工文法を学んだように見えるとき、それは彼らが意識的にいくつかの文法に従った例を記憶し、新しい例を古い例に似ているものとして分類することができたからかもしれない。その参加者は、その文法規則が何であるかをあなたに説明することはできない。しかしだからといって、彼らが無意識的にその規則を理解していることを意味するわけではない。むしろ彼らは意識的にも無意識的にも、その規則を学習していないのかもしれない、などなど。ポジティブヒューリスティックによって、研究者は無意識的な学習が生じたとする主張を検討することや、これまで実験者には検出されていないものを人々が意識的に学習したのかどうかを確認することが促される。防御帯にあるそのような仮説の1つを反証しても、その研究プログラムを棄却することには至らず、そのヒューリスティックを使って他の仮説を生成することになる。人は、ラカトシュ流の観点からこの研究プログラムをすぐに分析することができ、それなりに前進的である。しかし、私のように、無意識的な学習が存在していると考える対立した研究プログラムに属している人たちもいる。そして、私は（他の多くの人たちとともに）、学習が無意識的に生じうることを示すことを目的とした実験を行う。つまり、Box 2.2で示したその研究プログラムのコアとなる理論を直接反証の標的にする。

同様の例は、心理学でたくさん見られる。コミュニティとして、人々は常に互いのコアとなる考えを反証の標的としている。しかし、このことが科学的研究プログラムの方法論に影響を及ぼすとすれば、それはどのような影響なのだろうか？我々はラカトシュの方法論をどう評価すればいいのだろうか？

　ラカトシュとは異なり、同一研究領域において、ある人のコアとなる考えを別の人が標的とすることを受け入れるとすると、そのような実践はラカトシュの理論を**反証する**というのが１つの反応である。しかし、それは「ポパー」的な基準をラカトシュの理論に適用したと言えるだろう。ラカトシュ的な基準をラカトシュの理論に適用させるほうがより一貫しているだろう。そうすると、ラカトシュは、彼の理論がアノマリーの海に存在していることを喜んでいるのであって、それ自体は彼を反証しないのである。もしその理論によって科学史についての新しい予測をすることができ、その予測が歴史的な分析によって確証されるのであれば、それは前進的な方法論であろう。しかし、評価はそれほど単純ではない。まず、ラカトシュは、輝かしい功績として広く認識されているエピソードに照らして理論はテストされるべきとした。心理学、または一部の心理学においてこれが完全に機能しないのは、単に心理学にとって不名誉なことかもしれない（ラカトシュは、心理学は非常にアドホックなものだと考えていた）。しかし、何が輝かしい功績であるかを判断する陪審員とは誰なのだろうか？　ラカトシュは、この疑問に対するアルゴリズム的な答えを期待しないだろう。というのもその目的は、合理性を把握することにあり、それを突き止めて形式化することではないからである（ラカトシュは、数学の合理性さえも形式主義によって把握できるとは思っていなかった）。おそらく心理学者にとって、心理学の方法論のテストケースとして用いられうるような最良の功績については、おおよその合意が得られるだろう（このことが相対主義に向かわせるのか？）。しかしそのためには、その方法論が新奇な予測をする必要がある[7]（高尚な人たちがある種の探求を正当化したり貶めたりするため**だけ**ではなく、後者の目的にとって有用であるように）。ここで、ラカトシュの理論は萌芽的な方法論であり、それ自体の基準により、チャンスを与えられるべきであることを覚えておいてほしい。最後に、真剣に取り組むべきいくつかの興味深い問いがある。なぜ、ある理論にはハードコアとしての地位が与えられて

---

[7]　ラカトシュ（1978, p. 133）は、２つの具体例を挙げている。ラカトシュが理解していたように、ポパーの説明に基づくと、水星の軌道が変則的であることがわかった後にニュートン物理学に取り組むのは非合理的であり、また一貫性のない基盤に基づいたボーアの古い量子理論に取り組むのも非合理的である。ラカトシュの理論はそれらの判断を**逆転させ**、科学者のそれに沿って、新しい価値判断が後付けされるとした。

守られるのに対し、他のものはそうでないのか？　間違いなくハードコアにあたるものであっても、それは時間の経過とともに変化することがありうるのか？そうだとしたらどうやって？　ラカトシュの理論の概念をさらに敷衍すると、コアとなる理論はどのような状況において標的とされるのか？（Thagard, 1992を参照。サガードは、科学的理論の修正に関するコンピュータモデルを開発し、ある信念が他のものより強固でありながらも、それでも非難の影響を免れえないことを示した）。

　他にも、ファイヤアーベント（1975）がラカトシュに尋ねた質問があるが、これには有益な回答があるかもしれないし、もしかしたらないかもしれない。具体的には、ある研究プログラムがよくあるように成功も失敗もするとき、それはいつ前進的になったり、退行的になったりするのか？　退行する研究プログラムが、それを続けていくには非合理的なものになってしまったり、また疑似科学になってしまったりする前に、いったいどれぐらいの間、その研究プログラムにしがみつくべきなのか？　合理性というのはおそらく、多くの場合において曖昧なものにすぎないが、ではなぜそうあってはならないのか？　ほとんどの物事はそうであるが、だからといってそのことは、明らかな場合がないことを意味してはいない。

クーンとラカトシュの考えを用いて研究を評価する

　初期のクーンは批判的な言説を棄てることを勧めていたので、特に危機の状態にないときに、研究を判断する際、優勢なパラダイムから外れた人を見下すこと以外に、彼がどのような一般的なアドバイスを与えてくれるのかは明らかではない。後期のクーンは、正確さ、一貫性、範囲、シンプルさ、生産性を含むいくつかの基準をもとにして研究は判断されるべきということを明言している。また、クーンとラカトシュはともに、１本だけの論文をもとにしてではなく、長い時間をかけてコアとなる理論を判断するよう促した。

　研究論文を読むとき、その著者の研究プログラムのハードコアと防御帯を特定できるかどうか見てみよう。そのハードコアは著者によって直接テストされないであろうこと、むしろそれは補助仮説を用意するために使われるのであり、何か間違っていたらこの補助仮説に非があると考えることを覚えておいてほしい。ラカトシュによると、ハードコアと補助仮説は一緒になって新奇な予測を生み出すべきである。つまり、予測される結果は、その仮説を生み出すために使われてはならない。この意味において、その著者の予測は新奇だろうか？（論文の序論セクションにあることでそう見えるかもしれない。しかしあなたは、もし、結果が異なっ

ていたらその著者はコアとなる理論から反対方向の予測をしただろうと思うか?)。また、この研究プログラムによって初めて生み出されたという意味で、その予測は新奇だろうか? その予測は、あなたが思いつく競合する研究プログラムのどれかから導き出すことができないだろうか?

ラカトシュによれば、自らの研究はさまざまなコアとなる理論をテストする上で重要なものであるといった著者の主張は、割り引いて考えるのがよい。たとえある研究プログラムに説明できない結果があったとしても、それが成功を収めている限り、その研究プログラムに関与しつづけるのは完全に合理的である。重要なのは、研究プログラムを長い時間かけて判断することである。その間、その研究プログラムは成功した新奇な予測を生み出したか? ある研究プログラムにとって問題のある結果が得られたとしても、それが他の研究プログラムでも説明できないときには、完全に信じてしまわないほうがいい。そのような結果は時が経てば対処されうるものである。

予測に失敗したとき、仮説はどのように修正されたか? その修正の結果、新しい予測が生み出されたか? そのような修正は、その研究プログラム特有の一貫した原理(ポジティブヒューリスティック)によってなされたのか、それともこの問題のための寄せ集めによってなされたものか?

理論の価値を評価する際、それが実際に直接的にテストできるように見えなくても気にしなくてよい。それがテストされる別の仮説を生み出すために使われ、時々それがうまくいくのであれば、その理論は前進的な研究プログラムのハードコアとして、その科学的地位を証明することになる。

おわりに

ラカトシュのアプローチを考察した際、私は、最後に質問を投げかけたが、それはその哲学を貶めるためではなく、その逆である。すなわち、ラカトシュがそうすることを望んだように、その哲学には検討される余地がある(それゆえ改良される余地がある)ことを示すためであった。同様に私は、ポパーを打ち倒そうとする教科書の説明がいかに単純すぎるかを示してきた。著者が後から来た(もしくは先にいた)からといって、より良いことを言っていると思い込んではならない。そして教科書を真に受けてはならない。しかし、哲学には真剣に取り組んでほしい。哲学を無視すると決めたとしたら、それは不完全で表面的な哲学をもつことになるだけである。哲学的な問題から逃れることはできない。ポパー、クーン、ラカトシュの著作は、研究をどうやって実行し評価するかについてのあな

た自身の考えを刺激するはずである。彼らは、あなたの考えをより完全なものにしていくための手助けをしてくれるだろう。

　以降の章では、これまで我々が避けて通ってきた問題を扱う。確率的な理論やデータを扱うとき、推測についての実践的な哲学はどうあるべきなのか？　心理学の理論では、「**すべての** x は y である」といった言い方をしない。その理論は傾向を述べるか、または、決定論的な関係ではない、傾向のみを生み出すメカニズムを記述する。統計的推測をどのように進めていくかについて、おそらくあなたはこれまで確固たる、最終的な答えを教わってきたのではないだろうか。これから先、すべてがそういうわけでないことを見ていく。

ふりかえりと議論のための質問

1．次の主要な用語を定義しなさい：パラダイム、通常科学、危機、革命、通約不可能性。
2．次の主要な用語を定義しなさい：研究プログラム、ハードコア、防御帯、ポジティブヒューリスティック（積極的発見法）、前進、退行。
3．クーンの見解の相対主義的な示唆は時代とともにどう変わったか？
4．あなたは、理論を評価する際、予測の新奇性を高く評価するか？　それはなぜか？　またそうでないとしたらそれはなぜか？
5．ダーウィンの進化論は、科学的か？
6．ラカトシュは、科学がどのように機能するかについてのポパー、クーン、そして彼自身の見解の中から、我々はどのように選択すべきと考えていたか？

理解を深めるための文献案内

　クーンは、修辞の達人であった。彼の1962年の著書、さらに追記を含む1969年に刊行されたその第2版は、手始めとして格好である。彼の1977年と2000年の論文集には、いくつかの読みやすい章が含まれており、彼の思考の発展が示されている。ラカトシュとマスグレイブ（Lakatos & Musgrave, 1970）に収められたクーンと他の研究者とのやりとりは、興味深いものである。ラカトシュも修辞に長けていたが、その様式はより複雑で、もしあなたが物理学を学んだことがないなら、彼の著作は難しく感じるかもしれない。彼に関しては、1978年の論文集の序論をまず読み、次にラカトシュとファイヤアーベント（Lakatos & Feyerabend, 1999）

のパートⅠにある彼の講義を読むのが最適だろう。ラーバー（Larvor, 1998）のラカトシュの入門書は啓発的であることがわかった。その後、さらに深めたいのであれば、1978年の論文集に挑戦してみよう。ラウダンによる非常に読みやすい本（Laudan, 1977）には、科学を理解するための、似ているものの異なるやり方が示されており、ポパー、クーン、ラカトシュについての解説も含まれている。

3 ネイマン、ピアソンと仮説検定

　本章では、統計的推測の標準的な考え方について検討する。これは、心理学や、他の統計学を使用する分野のジャーナルに見られる統計学の基礎となる考え方である。また、社会科学や自然科学の大半の入門コースで教えられている統計学の基礎となる考え方でもある。この考え方は、「ネイマン－ピアソンアプローチ」と呼ばれるものであるが、この名前を認識して使っている人はほとんどいない。

　科学者にとって統計学は、非常に退屈な料理本のような形で教えられることが多い。そのため、統計学を使っている人の多くは、その基礎となる（ネイマン－ピアソン流の）考え方が論争の的になるものであり、また、統計学者や哲学者によって攻撃されたり（擁護されたり）することがしばしばあり、さらには、経験豊富な研究者（および統計学の教科書の著者の多く）にすら誤解されていることが多いことを知ると驚くだろう。これらの誤解の結果として、どのような研究が行われ、それがどのように解釈されるかが、実際的に変わってくる。そのことは、研究者だけでなく、研究の消費者であるすべての人にかかわることである。したがって、ほぼすべての人に影響すると言っても過言ではない。

　本章の題材を見ると、中核となる哲学的問題を理解することが重要であることがわかるだろう。フィッシャー（Fisher, 1935, p. 2）は、「統計学者は、科学的推測の原理に関して理路整然としている義務を果たさなければいけないが、同じく、思考する人なら誰しも同様の義務から逃れられないのだ」と述べている。

　統計学の使用に対するよくある反論は、「世の中には３つの嘘がある。嘘、大嘘、そして統計学」（おそらくは1895年にレオナルド・コートニーが造ったフレーズ[1]）というものである。統計学には、誤用に基づく虚偽も含まれるが、**それに加えて**、統計的推測によってしか得られないような貴重な知識も含まれていることは確実である。統計学に誤用があるからといって、必ずしも統計学が悪いものというわけではなく、統計学の使い方を理解することが重要であることを示して

---

[1]　http://www.york.ac.uk/depts/maths/histstat/lies.htm 参照。1924年にこのフレーズはマーク・トウェインによって、ディズレーリによるものと誤って紹介された。

いるにすぎない。しかし、統計的推測を適切に行うにはどうしたらよいのだろうか？

　本章では、ネイマン−ピアソンの考え方に関するよくある誤解を明らかにし、よくある反対意見について論じる。この問題は、次の２つの章で詳述する別の統計学の方法（ベイジアンアプローチと尤度アプローチ）を示すことでよりはっきりするだろう。それぞれのアプローチが生まれるきっかけとなった主要な議論について概観する。

　本章では、有意性検定にある程度触れたことがある読者を想定している。そのため、本章を読む前に、標準偏差、標準誤差、帰無仮説、分布、正規分布、母集団、標本、および有意性といった概念を理解しておいてほしい。本章で扱う問題は、どの有意性検定にも当てはまるものではあるが、例として t 検定を使用する。したがって、読者は t 検定とは何かを理解していて、以前に使用したことがあることを想定している。もし、これらの概念に触れたことがない場合は、たとえば、ライト（Wright, 2002）のような初等統計学の本を参照してほしい。また、これらの概念に触れたことがある場合でも、本書を読み進める前に、どの本からでもよいので t 検定の考え方をおさらいしておくことをお勧めする。準備運動として、Box 3.1の例を読み、問題に答えてほしい。その正解は本章の後半で示す。

Box 3.1　準備運動

　あなたは統制群と実験群の平均値を比較しようとしている（各群20人）。その結果、$t(38) = 2.7$, $p = 0.01$ だった。下のそれぞれの主張が「真」であるか「偽」であるかを答えなさい。解答は記録しておくこと。

（ⅰ）　帰無仮説（母集団の平均値に差がない）は完全に反証された。
（ⅱ）　帰無仮説が真である確率がわかった。
（ⅲ）　実験仮説（母集団の平均値に差がある）は完全に証明された。
（ⅳ）　実験仮説が真である確率を推測できる。
（ⅴ）　誤って帰無仮説を棄却する確率がわかる。
（ⅵ）　仮想的に実験を何度も繰り返したとすると、そのうちの99％で有意な結果が得られるという意味で、信頼できる実験的知見である。

　オークス（Oakes, 1986）より

フィッシャー、ネイマン、ピアソン

　我々が統計学で使用している手法や概念の多くは、英国の天才、ロナルド・フィッシャー卿（Ronald Fisher: 1890-1962）に由来する。前世紀の初めに、彼は次のことを行った。まず、帰無仮説と有意性という用語を作り、標本と母集団を体系的に区別することを主張した。また、自由度という概念を統計学に導入した。さらに、有意な結果であるかどうかを判断するための、恣意的ではあるが便利な水準として、$p < 0.05$ を提案した（それ以降、この慣習は「聖典」となった）。そして、条件への無作為配置を推奨し、分散分析を含む多くの手法を提案した。これらはおそらくあなたが知っているであろう彼の業績のほんの一部である。彼が成し遂げたことはずっと深遠である。フィッシャーは、我々統計学のユーザーが、現在、統計的実践と認識しているものの多くを作り出したのである。

　1947年、フィッシャーはBBCラジオで若い科学者に以下の助言を行った。

> 科学的キャリアはいくつかの点で独特です。自然に関する知識を増大させることにその存在理由があります。そのため、時折、自然に関する知識が増大するのですが、このことは不粋で、感情的にも傷つくものでもあります。以前説いてきた説明が時代遅れであったり、偽だったりすることが示されるのは、ある程度避けられません。ほとんどの人はそのことをわかっていて、10年ほど教えてきたことに少しばかり修正の必要が生じた場合には、それをうまく取り入れることができると思われます。しかし、そのことを自尊心への一撃だったり、専有していると思っていたなわばりの侵害のように捉えたりして、ショックを受ける人も確実にいるでしょう。そして、彼らは、春にコマドリとズアオアトリの間で見られる小さななわばり争いのような凶暴さで反応するに違いありません。それはいかんともしがたいことで、この職業の性質として内在するものです。しかし、若い科学者が人類を豊かにするキラリと光るものをもっているときには、その人を振り回してつぶしたいと思う人がいかねないことを警告し、助言しなければならないと考えます（Salsburg, 2002, p. 51より引用）。

　フィッシャーの貢献は多大ではあったが、1920年代から1930年代の論文に始まり、仮説検定と統計的推測に確固たる一貫した論理的基礎を提供したのは、ポーランドの数学者ジャージー・ネイマン（Jerzy Neyman: 1894-1981）と英国の統計学者エゴン・ピアソン（Egon Pearson: 1895-1980）であった。フィッシャーは彼

らの研究を「キラリと光るもの」とは評価せず、また、それを踏まえて講義を改訂することもなかったが、ネイマンとピアソンの研究は数理統計学の分野を変革し、心理学、医学、生物学、その他の分野のジャーナルエディターが公刊論文に求めるようになる考え方を定めた。

エゴンの父、カール・ピアソン（Karl Pearson: ピアソンの相関係数で知られる）は、ロンドン大学ユニバーシティカレッジでゴルトン統計学部長を務めた。彼が引退したとき、彼の部門は2つに分割され、エゴン・ピアソンが応用統計学部長になり、フィッシャーは数年間、優生学部長を務めた。同じ建物にいるにもかかわらず、フィッシャーはエゴン・ピアソンとの接触を避けた。ネイマンは、ポーランドを離れた後、ロンドン大学ユニバーシティカレッジで一時期、講師を務めた。その後、1938年にカリフォルニア大学バークレー校に移り、統計学研究所を設立した。ネイマンのリーダーシップの下、この研究所は、世界で最も権威ある研究所の1つとなった。フィッシャーは、論文でネイマンをつぶそうと繰り返し試みたが、普及したのは、ネイマンの統計的推測の哲学であった。

確率

まず、確率の意味を検討しよう。本章と次章で明らかとなるように、どの確率の意味を選ぶかによって、統計学でできることが決まってくる。確率の適切な解釈の仕方については議論があるため、統計学でできることについても依然として議論がある。ネイマン−ピアソンアプローチと次章で検討するベイジアンアプローチでは、依拠している確率の解釈が異なっている。

多くの場合、解釈は、確率が従わなければならない公理から始まる。最初の公理は1657年にクリスチャン・ハイジンズ（Christian Huygens）によって定められたものである。ただし、この公理は、確率がギャンブルという狭い範囲にのみ用いられることを想定していた。ロシアの博識家であるアンドレイ・コルモゴロフ（Andrei Kolmogorov: 1903-1887）は、1933年に、確率に関する主要な数学的結果が単純な公理に従うことを示すことによって、数学における確率分野を整理した。Box 3.2には、標準的な確率の公理が示されている。

確率は、確率の公理に従うものである。しかし、それはどのようなものであろうか？　公理によって選び出された抽象的な数学的実体は、どのようにして現実世界と接点をもつのだろうか？　本書では、確率の解釈を主観的確率と客観的確率の2つに大別する。主観的な解釈に従うと、確率は信念に対する確信の程度を表す。たとえば、「明日は雪が降るだろう」と言ったとき、それは「雪が降

る」という信念に対してある程度の確信をもっていることを意味する（Box 3.2
の「事象」は、私がさまざまな程度で信じている主張にあたる。たとえば、$P(A)$は私
が主張Aを信じている程度を表す）。対照的に、客観的な解釈では、確率を心の中
ではなく、世界の中に位置づける。

Box 3.2 確率の公理

事象A、Bに関して、

1．$P(A) \geqq 0$
   すべての確率は0以上でなければならない。

2．Sが起こりうるすべての事象を指す場合、$P(S) = 1$
   少なくとも1つの事象が起こる確率は1である。

3．AとBが相互排他的な場合、$P(A または B) = P(A) + P(B)$ となる。
   AとBが同時に起こることがない場合に相互排他的である。

4．$P(A かつ B) = P(A) \times P(B|A)$
   $P(B|A)$は「Aが起こっているときにBが起こっている確率」を表す。公理
   4は、公理としてではなく、$P(B|A)$の定義として示されることが多い。次
   章では、公理4について説明し、使用する。

　時折、我々が確率を使用する必要があるのは、知識が不足している状況におい
てだけであると言う人がいる。すなわち、正確な予測を行うのに十分な知識があ
るのであれば、確率を使って話す必要はないという主張である。つまり、確率は、
我々の主観的な状態や知識、あるいは知識がない状態を反映しているだけだとい
う考え方である。もし、今日の自然の正確な状態をナノスケールレベルで詳細に
知っているのであれば、明日雪が降る確率について話す必要はなく、雪が降るか
どうかについてだけ話すだろう。もし、箱の中のすべてのガス分子の正確な速度
と位置がわかっているのであれば、ガス圧を調べるために、分子が壁に衝突する
確率を計算する必要はなく、単に実際に衝突するすべての分子を合計して調べる
だろう。ポパー（1982）は、そのような確率の主観的な解釈は科学には適用され
ないと主張した。ガス圧を導く統計法則や、箱が開いたときにガスは逃げるが自
然には箱の中には戻らない理由にかかわる統計法則は、特定の分子の位置を我々
が知っているかどうかとは無関係である。また、我々が、すべての分子の動きを
知っているかどうかとも関係がない。統計法則はそれとは無関係に適用される。

確率の客観的な解釈によれば、確率は心の中ではなく、世界の中にある。ガス分子がある確率で壁にぶつかったり、開口部から逃げたりするのは、世界の客観的な事実である。そのような客観的確率は、我々の知識状態とは独立に存在する。確率は、我々が世界を調べることにより**発見される**ものであって、我々が「何を知っているか」や「どれだけ信じているか」を内省することによって発見されるのではない。コインの表が出る確率が1/2であるかどうかを知りたい場合は、そのコインとその投げ方を調べれば、その確率が発見されるはずである。

最も影響力のある確率の客観的な解釈は、フォン・ミーゼス（von Mises, 1928/1957）による長期的な相対度数という解釈である。確率は相対度数である。たとえば、コインを投げたときに表が出る確率は、表が出た回数の割合である。しかし、それは、有限回のトスで表が出た回数の割合ではない。コインを10回投げて表が7回出た場合の表が出る確率は0.7ではない。表が出る確率と裏が出る確率が等しい公正なコインであっても、10回のトスで表が7回出ることはよくあることである。したがって、相対頻度は、仮想的な無限回のトスを考える必要がある。仮想的な無限回のトスの集合（より一般的には事象）は、**参照クラス**または**集合**と呼ばれる。集合は、たとえば、特定のトスの方法を用いて（たとえば、コインを投げるために送られたコマンドに従って右手を使って）行われる、このコインのすべての可能なトスの集合を指す。長期的な相対頻度は集合におけるすべての事象の特性であるので、確率は単一の事象ではなく、集合に対して適用される。つまり、次のトスで表が出る確率についてはわからないのである。というのも、次のトスは単一の事象であるため、確率をもたず、トスの集合だけが確率をもっているからである。次のトスは、単に表が出るか裏が出るかである。

単一の事象は別の集合のメンバーでもありうることに注意すると、確率が単一の事象には適用されないことがよくわかるだろう。あるコインをトスしたとする。そして表が出たとする。この事象は、「コインを投げろ」というコマンドを繰り返し与えられたときの私の右腕によって定義された集合の一部である。この集合において、各試行で腕が動く正確さは変動し、表が出る確率は1/2である。その一方で、同じトスは、より正確に記述された事象にかかわる別の集合の一部でもある。たとえば、私の右腕が非常に正確に動き、風の状態も非常に正確で、すべてのトスで表が出たとする。この集合に関して、表が出ることの長期的な相対頻度は1である。両方の集合の一部である事象には、長期的な相対頻度はない。単一の事象には確率はなく、集合だけが確率をもつのである。

別の例を考えてみよう。私がガンになる確率はどれくらいだろうか？　参照クラスもしくは集合がすべての男性の集合である場合、ガンにかかった男性の割合

を調べればよい。非喫煙者の男性の集合である場合、非喫煙者の男性のうちのガンにかかった人の割合を調べればよい。私は両方の集合のメンバーであるが、それぞれの集合はガンにかかる確率が異なっている。客観的確率は単一の事例には適用されない。また、仮説が真である程度にも適用されない。単一の事象が発生するか発生しないかで捉えられるのと同じように、仮説は単に真か偽かである。仮説は集合ではないので、客観的確率をもたないのである。

データと仮説

データをD、仮説をHと表すことにしよう。$P(D|H)$、すなわち、ある仮説の下であるデータが得られる確率について考えることができる。P（25回サイコロを転がして5回3が出る|そのサイコロは公正である）を例に考えてみよう。関連する集合を定めることができる。各事象は「公正なサイコロを25回転がし、3が出た回数を観測すること」である。そのような事象が無限個ある仮想的な集合を考えてみよう。次に、3が出た回数が5である事象の割合を求めることができる。これは、計算できる意味のある確率である。しかし、$P(H|D)$、たとえば、P（そのサイコロは公正である|25回中5回3が出た）、すなわち、25回サイコロを転がしたときに5回3が出たときに、そのサイコロが公正である確率については何も言えない。ここでは何が集合にあたるのだろうか？　集合にあたるものは存在せず、仮説は単に真か偽かのいずれかである。

$P(H|D)$ は、条件付き確率 $P(D|H)$ の逆確率である[2]。条件付き確率を反転させると、大きな違いが生じる。たとえば、次の例を考えてみよう。

P（2年以内に死ぬ|サメに頭を噛み切られる）＝ 1

サメに頭を噛み切られた人に関して、2年後に彼らが亡くなっているかどうかを調べると、全員が亡くなっていることがわかったとする。このとき、確率は1である。

P（サメに頭を噛み切られた|過去2年間に死亡した）〜 0

対照的に、死体安置所や墓地、海底など、死者がいるすべての場所に行き、過去2年間に亡くなった人々の遺体をすべて掘り起こして、サメに頭を噛み切られたために亡くなった人が何人いるかを調べたとしても、おそらくは1人も見つか

---

[2] 実際、まさに逆である。たとえば、$p(D|H)$ の逆をとれば、$p(H|D)$ となる。

らないだろう。そのときの確率はほぼ0である。

一般に、$P(A|B)$ と $P(B|A)$ では値が大きく異なりうる。そのことについて疑わしいと思う場合には、サメの例を思い出してほしい。

もし、$P(D|H)$ を知っていたとしても、$P(H|D)$ を知っていることにはならない。これには2つの理由がある。1つは、逆条件付き確率は値が大きく異なる可能性があるためである。もう1つは、どんな場合にも、仮説に客観的確率を割り当てることは無意味であるためである。

仮説検定：α

ネイマンとピアソンは、確率を客観的な相対度数と捉える解釈に従っている。そのため、その統計学を使っても、ある仮説をどの程度信じるかについては知りえないことになる。ネイマンとピアソンによると、我々にできるのは、特定の行動（仮説を採択するか、棄却するか）に関する決定規則を設定することだけである。そして、これらの規則に従うことで、長期的には誤りを犯す確率を低く抑えることが可能となる。また、その決定手続きを用いた場合のエラー率を把握し、長期的なエラー率を許容範囲に抑える手続きを選ぶことができる。

決定規則は、2つの対照的な仮説を設定することによって機能する。そのうちの1つは H_0 であり、帰無仮説と呼ばれる。たとえば、H_0 は μ_1（ある薬を与えられた母集団の平均血圧）＝ μ_2（偽薬を与えられた母集団の平均血圧）のように表現される。この対立仮説は H_1 で表され、$\mu_1 < (\mu_2 - 10)$（その薬が血圧を少なくとも10単位低下させる）のようになる[3]。帰無仮説は、必ずしも「差がない」という仮説（たとえば、$\mu_1 = \mu_2$、つまり $\mu_1 - \mu_2 = 0$）でなくてもよく、特定の値の差（たとえば、$\mu_1 - \mu_2 = 5$）もしくは差の範囲に関する仮説でもよい（例：$\mu_1 > \mu_2$）。対立仮説もまた、差の範囲に関するものだけでなく、特定の値の差に関する仮説でもよい。帰無仮説と対立仮説の唯一の違いは、帰無仮説は誤って棄却することに最もコストがかかる仮説だということである。たとえば、製薬会社は、実際にはある薬が有用ではない場合に、その薬をさらに追加の試験（毒性についてなど）にかけるときのほうが、その薬が有用であることが検出されないときよりもコストが大きいと感じるとしよう[4]。そのような場合、帰無仮説は「差がない」という仮説になる。

---

[3]　＜は「〜より小さい」ということを意味している。これはきっと覚えやすいはずである。というのも、狭いほうの端は、常に小さいほうの要素側にあるのだから。

統計学には、**母集団**の性質である「母数」を μ（ミュー）のようなギリシャ文字で表すという慣習がある。そして、**標本**の測定値の要約である「統計量」は、M のようにローマ字で表される。たとえば、M は標本平均を表す。帰無仮説と対立仮説は、どちらも母集団の値（母数）に関するものであり、特定の標本に関するものではない。標本を用いて母集団に関する推測を行う。帰無仮説と対立仮説を立てる際には、標本の性質ではなく、母集団の性質のみを参照しているかを確認してほしい。

　ある薬もしくは偽薬を投与された人々の血圧に関するデータを収集したとする。薬を投与された標本の平均血圧を M_d、偽薬を投与された標本の平均血圧を M_p と呼ぶことにする。両者の差の標準誤差を SE と呼ぶ。それにより、$t = (M_d - M_p)/SE$ と表される。

　確率を計算するには、集合もしくは参照クラスが必要となる。集合は、H_0 を仮定し、無限回の実験を実施して毎回 t を計算することを想像することで構成できる。各 t は、集合内の事象である。図3.1に示すように、集合内の無限個の t の分布をプロットできる。

　次に、「棄却域」を設定する。つまり、t の値が非常に極端となり（臨界値 t_c 以上に極端であり）、その領域の t を得る確率は、指定された値 a（アルファ）に等しくなる。実際に得られた t が臨界値より大きい値であった場合に H_0 を棄却する。図3.1は、t の確率分布を示している。影のついた領域が棄却域である。曲線全体の下の面積を 1 とすると、棄却域の面積は a である。このことは、帰無仮説が真の場合に棄却域に入る t を得る確率が a であることを意味している。先に紹介した有意水準という名前で a のことを知っている人もいるかもしれない。「有意性」はフィッシャーの用語であり、ネイマンは、「テストサイズ」という用語を好んだ（影のついた領域が大きいほど、テストの「サイズ」も大きくなる）。「サイズ」という用語は広まらなかったので、本書では、現在広く使用されている「有意性」という表現を使用する（ネイマンとピアソンは「有意性」という用語にフ

---

[4]　このコストベネフィット分析は現実にはありえそうにない。というのも、通常、製薬会社は、有効ではない薬を次の試験段階に進めることよりも、有効な新薬を見逃すことのほうをより重大と見なすだろうからである。この場合、「差がない」という仮説は、ネイマン－ピアソンアプローチの厳格な考え方により H_0 となるべきではない。しかし、相対的なエラー率が適切にコントロールされる限りは、仮説にどのような名前をつけるかは、最終的にはあまり重要ではない。つまり、H_0 を「差がない」という仮説としたとしても、製薬会社が第一種の誤りよりも第二種の誤りのほうが良くないと考えるなら、β は実際には a より小さく保たれるはずである。第一種の誤り、第二種の誤り、a と β については、この後説明する。

図3.1

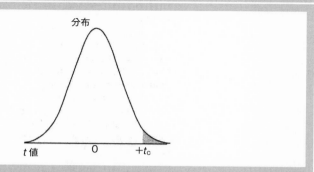

t の確率分布。影のついた領域は事前に決定された棄却域を示す。

イッシャーがもたせた意味合いを避けるために「サイズ」という用語を導入したのだが。フィッシャーとネイマン－ピアソンの違いについては後ほど触れることにする）。a は慣習的に通常0.05に設定される。帰無仮説が真であると仮定し、決定手続きに従って無限回の実験を実行すると、長期的には、実験のうちの5％（すなわち a）で帰無仮説が棄却される。

　別の言い方をすれば、ある実験に対して、$p＝P$（今回得られた t 以上に極端な値の t を得る|H_0）を計算することができる。これは、$P(D|H)$ の形式をとっている。この p は、統計コンピュータの出力では「p 値」もしくは単に「p」と呼ばれるものである。この p が、事前に決定した有意水準 a（たとえば0.05）より小さいときに H_0 を棄却する。この規則に従うことによって、長期的には、H_0 が実際に真である場合に誤って偽であると結論づける確率がわずか5％ということになる。この手続きにおいて、p 値自体には意味はない。コンピュータの出力が広く使用されている現状では、単に仮説を採択するか棄却するかに関する便利な機械的な手続きにすぎない。そのような出力には、当たり前のように p 値が示されている。

　a は客観的確率であり、長期的な相対頻度である。また、上記の手続きに従い、なおかつ、帰無仮説が実際に真である場合に、ある種の誤りを長期的に犯してしまう割合でもある。逆に、a も計算された p も、帰無仮説が正しい確率を示しているわけではない。この後の具体例で説明するように、a も p も、$P(H|D)$ ではないのである。

P（表が出る）$=0.6$ になるよう偏っていることがわかっているコインがあるとする。非常に信頼できる方法によって、私はコインが偏っていることを知っているとする。たとえば、それを作った冶金家が指定された量に偏ったコインを作ることに長けていて、100万試行にわたってそれを確かめたとしよう。そして、そのコインを彼から受け取ったとする。私がそのコインを6回トスして3回表が出たとする。ここで P（表が出る）$=0.5$ という帰無仮説 H_0 を検定してみよう。慣例に従って、a は0.05に設定する。ここでの p 値は P（6回中表が3回出ること以上の珍しいデータを得る $|H_0$）である。どんな場合でも、我々が実際に得た結果よりも珍しいことが起こる。たとえば、6回中表が4回出ることは、6回中表が3回出ることよりも珍しい。また、6回中4回裏が出ることは、6回中3回裏が出ることよりも珍しい。実際には、どんな結果であっても、実際に得た結果以上に珍しいことが起こるのである。したがって、$p=1$ となり、0.05より大きいため、有意ではない！　しかし、このことは「コインが偏っている」という我々の信念を変えるものではなく、我々はコインが偏っていることを知っている。P（表が出る）が0.6のコインであれば、6回トスをして3回表が出ることは大いにありうる。帰無仮説（つまり、コインが公正である）の確率は1ではない。p 値は、$P(D|H_0)$ の形式をとっており（そして、この場合は1に等しい）、$P(H_0|D)$ ではない（H_0 が偽であることがわかっている。つまり、我々の主観的確率 $P(H_0|D)$ は0である）。p 値は帰無仮説が真である確率を示してはいない（もし、あなたが参照している統計学の教科書にこれとは違うことが書かれている場合、そして多くはそうなっているようだが、新しい統計学の教科書を入手することをお勧めする）。

　たとえば、前出の冶金家が私にコインをくれて、私がそれを6回投げたときに4回表が出たとする。このときの標本比率は4/6、0.67となり、P（表が出る）は、帰無仮説における値0.5よりも真の値0.6に近くなる。ここでの p 値、つまり帰無仮説が真である場合に0.67以上に極端な標本比率を得る確率は、0.69と計算できる。ここでも、p は0.05より大きいため、結果は有意とはならない！　つまり、帰無仮説はこの決定手続きでは棄却されないのである。しかし、帰無仮説が真である確率は0.69でないことは明らかであり、我々は帰無仮説が偽であることを知っている。我々は、検定力のある検定を行うのに十分な回数コインを投げなかっただけなのである。

　我々の手続きによって、長期的なエラー率がわかるが、しかし、ある仮説が真であるかどうかや、その仮説が真である確率はわからない。客観的確率は、個々の事象ではなく、集合の性質であることを覚えておいてほしい。客観的確率を「この」実験、特に、その実験で検証されている仮説に割り当てることはできな

いのである。我々がわかるのは、長期的なエラー率だけなのである。

仮説検定：αとβ

αは、ある種の誤り、すなわち、帰無仮説が真であるときに、それを偽である
と主張する誤りを長期的に犯す確率である。しかし、決定手続きにおける誤りに
は2種類ある。表3.1にその状況が示されている。まず、世界を「帰無仮説が真
である」か「偽である」かの2つに分けて考える。決定は、「帰無仮説を採択す
る（かつ対立仮説を棄却する）」か、「帰無仮説を棄却する（かつ対立仮説を採択す
る）」かの2つに1つである。帰無仮説が真であるときにそれを採択する場合と、
帰無仮説が偽であるときにそれを棄却する場合は正しい決定である。第一種の誤
りは、帰無仮説が真であるにもかかわらず、それを棄却することである。長期的
には、帰無仮説が真のときにαの確率で第一種の誤りが生じる。また、帰無仮説
が偽のときに、それを採択することもある。これは第二種の誤りと呼ばれ、上記
のコイントスの例で示されているものがそれにあたる。その例では、実際にはコ
インが偏っていたにもかかわらず、結果は有意とはならなかった。長期的には、
帰無仮説が偽のときにそれを採択する確率はβ（ベータ）と呼ばれる。つまり、
$\alpha = P$（H_0を棄却する$|H_0$が真である）および$\beta = P$（H_0を採択する$|H_0$が偽
である）である。αとβの両方を許容可能なレベルに抑える必要がある。

表3.2には、4000個の真である帰無仮説と1000個の偽である帰無仮説が検証さ
れた架空の例が示されている。もちろん、実際には、検証される帰無仮説のうち
のいくつが真で、いくつが偽であるかは知りえない。この表をもとに、αとβは
どのようにして求められるだろうか？

有意性またはαが単に「第一種の誤りの確率」として定義されることもあるが、
それは誤りである。具体的には、αは「帰無仮説が真であるときの」第一種の誤
りの確率（長期的な相対頻度）である。したがって、表3.2からαを計算するには、

表3.1	2種類の誤り	
	世界の状態：	
決定	H_0が真	H_0が偽
H_0を採択		第二種の誤り
H_0を棄却	第一種の誤り	

表3.2	検証された帰無仮説のうちの80%が真である場合	
	世界の状態：	
決定	H₀ が真	H₀ が偽
H₀ を採択	3800	500
H₀ を棄却	200	500
計	4000	1000

帰無仮説が真であるときのみを考慮する必要がある。帰無仮説が真であるときの第一種の誤りの割合は、200/4000＝0.05である。つまり、研究者たちは慣習的な5％水準を使用していたことになる。「第一種の誤りの確率」のもう1つの意味は、**帰無仮説を棄却したときに**第一種の誤りを犯す確率である。この確率は、帰無仮説を棄却した場合（つまり、「H₀を棄却」の行に示されている200＋500＝700の場合）のみを考慮して決定される。帰無仮説を棄却したときに生じる第一種の誤りの割合は、200/700＝29％となる。このことは、5％の有意水準を厳密に使用しても、公刊されている有意な結果の5％のみが誤りであるとは限らないことを示している（Oakes, 1986）！

表3.2から求められる β は500/1000＝0.5である。β の値が α と大きく異なりうることに注意してほしい。一方を抑えたからといって、もう一方を抑えられるとは限らないのである。**検定力**は $1 - \beta$ として定義される。つまり、検定力は P（H₀を棄却する｜H₀が偽である）であり、実際に母集団において効果があるときに、その効果を検出する確率を指す。

ネイマン－ピアソンアプローチでは、実験を行う前に、許容可能な α と β の水準を決定する。慣習的に α は通常0.05に設定される。第二種の誤りが第一種の誤りと同じくらい重大であると考える場合は、β も0.05に設定する（つまり、検定力＝0.95とする）。第二種の誤りがそれほど重大ではないと考える場合には、β をたとえば0.10のように設定する。それでは、β を望みどおりに抑えるにはどうしたらよいのだろうか？

β を抑えるには、次のことを行う必要がある。

(1) あなたの理論が真であると想定したときに、意味があるとみなせる大きさの効果量（たとえば、平均の差）を推定しよう。たとえば、製薬会社がさまざまな薬の血圧を下げる効果を検証している場合、血圧を1mmHg（水銀柱ミリメー

トル）だけ下げる薬（もしくは用量）には意味があるとはみなせないかもしれない。彼らは、血圧を少なくとも 5 mmHg 低下させる薬の投与量を検出する必要がある。この薬の例は実用的なものである。というのも、薬をどのように使用したいかがわかっているので、少なくとも 5 mmHg の効果を検出したいと言えるからである。それに対して、心理学の理論を検証している場合には、理論からどの程度の効果量であれば最小限意味があると言えるのかが明らかではないように見えるかもしれない。理論からは、ある条件が別の条件よりも速いとしか示されていないように見えるかもしれない。どの程度の差に意味があるかを把握するための方法としては、過去に他の文脈でどの程度の差がその理論や類似の理論によって説明されてきたかを確認することが挙げられる。ある条件が他の条件とわずか 1 ミリ秒しか異ならないということがわかった場合、どう考えるだろうか？　その理論あるいは類似の理論を適用した以前の例で 10〜15 ミリ秒の効果があったとしたら、他の条件が同じであれば、その理論によって新しい文脈でも 10 ミリ秒程度の効果が予測されるはずである。10 ミリ秒よりやや小さい差を許容することもあるかもしれない。理論で予測される差として 5 ミリ秒を**なんとか**許容できるのであれば、検定力分析に必要となる最小の意味ある差は 5 ミリ秒となる。ここでの対立仮説は $\mu_1 - \mu_2 > 5$ ミリ秒となる（帰無仮説は $\mu_1 - \mu_2 = 0$ ミリ秒である）。一般に、他の条件が同じであれば、検出したいと考えている効果の最小値が大きいほど、それを検出するための検定力は大きくなる。

　(2)　データに含まれるノイズの量を推定しよう。効果を検出する確率は、効果の大きさだけでなく、効果を検出する際にかかわるノイズの量にも影響を受ける。たとえば、参加者間計画では、ノイズは群内分散によって生じる。母分散が大きいほど、検定力は小さくなる。過去の類似の研究の分散を使用して、母分散を推定することができる。もしくは、同じ手続きを用いてパイロットスタディを行って、それをもとに推定してもよい。

　上記の(1)と(2)を決定したら、標準的な統計学の教科書を使用して、β を 0.05 に保つ（つまり、検定力を 0.95 に保つ）ために必要な参加者数を知ることができる（たとえば、Howell, 2001 には、検定力を計算し、t 検定のサンプルサイズを決定する方法に関する章がある。さまざまなタイプの実験計画の検定力分析については、Murphy & Myors, 2004 を参照）。参加者が多いほど、検定力は大きくなる。通常、十分な検定力、たとえば 0.95 を達成するために必要な参加者数を知ると驚く人が多い。そして、検定力をまず 0.90 に減らし、それでもまだ必要な参加者数が多すぎることを知って、さらに 0.80 に減らしてそこに落ち着くというのがよくある反応であ

る。

実際の検定力

　ほとんどの研究では、参加者数を決めるために、体系的に検定力の計算を行っていないが、行うべきである。ネイマン–ピアソンアプローチを厳密に適用するのであれば、第一種の誤りと第二種の誤りの両方のリスク（α と β）を事前に設定しなければならない。しかし、第一種の誤りについては過度に気にかけているのに、第二種の誤りについてはコントロールしていない研究者が多い。第二種の誤りの体系的なコントロールを怠ると、次に説明するように、結果が意味することや次に行うべき研究についての判断が不適切なものとなってしまう。まず、Box 3.3の練習問題に取り組んでみよう。その後、Box 3.4の練習問題にも取り組んでみよう（いずれも Oakes, 1986に基づいている）。

　このような状況に置かれると、本能的に(a)と(b)の両方の反応を示す研究者が多い。しかし、母集団における効果と群内分散が米国の研究によって正確に推定さ

Box 3.3　サンプルサイズを定める

　スミスとジョーンズは、米国の NY で研究しており、偏見を低減させるための新しい方法に関する研究を公刊した。実験群と統制群に20人ずつが参加し、t 検定の結果、2群の偏見得点に有意な差が得られた。$p=0.02$.

　あなたは英国のサセックスに拠点を置いているが、彼らの研究を追試することにした。彼らの手続きに変更を加える前に、まず、サセックスでできるかぎり正確な追試を行いたいと考えている。何人の参加者を募るべきだろうか？

Box 3.4　有意でなかった結果を解釈する

　スミスとジョーンズと同様に、各群20人で実験を行ったとする。その結果、有意ではない結果、$t=1.24$（$p=0.22$）が得られたとして、あなたがすべきことは？
　(a)　2つの研究の違いについて説明しようとする。
　(b)　スミスとジョーンズの結果を疑い、偏見を低減させる方法として有効ではないのではと考える。
　(c)　もう少し多くの参加者に対して実験を行う（その場合何人に？）。

れていると仮定すると、元の研究と同数の参加者で結果が追認される確率はわずか0.67である。つまり、たとえ米国の母集団における効果と同じ効果がサセックスにあったとしても、この決定手続きでは、1/3の場合はそれを検出できないのである。このように高い確率で追試に失敗するのは有益ではない。2つの研究の結果の違いについての説明を考えても、元の知見が疑わしいと考えても、いずれにせよしょうがないのである（2番目の点については、2つの研究のデータを合わせて分析すると、$t(78) = 2.59$、$p = 0.011$になることに注意が必要である）。

この例のサンプルサイズごとの検定力は次のとおりである。

検定力	各群の N
0.67	20
0.80	26
0.90	37
0.95	44

この研究の追試に適切な参加者数は40人程度であろう。つまり、元の研究の推定値を考慮すると、各群の参加者を40人として、t値が臨界値よりも小さい場合に帰無仮説を採択したときに、誤って帰無仮説を採択する確率が約5％となるのである。

ここで、元の研究で $p = 0.05$（0.0499でもよい）で有意な結果が得られた場合に何が起こるのかを検討してみよう。元の研究の N は各群20であり、あなたも同じサンプルサイズで追試を行った。元の実験で示されたのと同じ大きさの効果が**実際にあり**、母分散が元の研究によって正確に推定されると仮定したときに、あなたが有意な結果を得られる確率はどの程度だろうか？

その標本で、母集団とまったく同じ平均値の差および分散が奇跡的に得られたとすると、元の研究チームが得たのと同様に、t値は臨界値に等しくなる。しかし、あなたの標本の平均値差が母集団における平均値差よりもやや小さかったり、やや大きかったりすることが、完全に等しい確率で生じる。標本の平均値差がやや大きい場合には、t値は臨界値よりやや大きくなり、やや小さい場合には臨界値よりもやや小さくなる。これと同様のことが、分散に関しても当てはまる。もし、あなたの標本分散が母分散の値よりもやや大きい場合には、t値は臨界値よりもやや小さくなり、やや小さい場合には臨界値よりもやや大きくなる。あなたは極めて不安定な状態にあり、有意な結果が得られる確率は50％、つまり、検定

力は50％なのである。

Box 3.5　研究を概観する

　あなたは瞑想がうつ病を低減させるかどうかを検討している研究の展望論文を読んでいる。100件の研究が実施され、そのうちの50件では期待した方向に有意であり、残りの50件では有意ではなかった。
　あなたはどう結論づけるべきだろうか？
　帰無仮説が真であった場合にどのくらいの研究が有意となるのだろうか？　期待した方向に有意となるものはどのくらいあるのだろうか？

　Box 3.5で述べられている100件の研究を概観する際に、結果が有意ではなかった研究のために、その結果が疑わしいと思いたくなる人もいるだろう。しかし、有意な結果と同数の有意でない結果があるからといって、その効果に異議を唱える人を見たことがどのくらいあるだろうか？　帰無仮説が真である場合には、研究の５％が有意となるはずである。それが５％の意味するところである。ここで、「引き出し問題」が起こる可能性がある。つまり、研究者が「これは公刊できない。引き出しにしまっておこう」と考えるために、有意でない結果のすべてが一般に知られるわけではないということである。たとえそうだとしても、帰無仮説が真である場合には、逆の方向に有意な結果となる研究も同程度生じるはずである。期待した方向に有意な研究を50件見つけること（そして逆の方向に有意な研究はないこと）が単に偶然で起こる確率は非常に低い。Box 3.5に示されているパターンは、効果が実際に存在し、研究の平均検定力が50％（残念なことに、これは多くの研究で典型的な値である）である場合に起こると予測されるものである。
　複数の研究のデータを合わせて、有意性を検討する（もしくは値を推定したり、信頼区間を求めたりする）プロセスは、**メタ分析**と呼ばれる（入門書としてはRosenthal, 1993、詳細な解説書としてはHunter & Schmidt, 2004を参照）。従属変数が同じで同じ問いを扱う一連の研究を実施する際に使える簡便な手法として、すべての実験を合わせたデータファイルを作成し、そのデータを使って効果を検証するというものがある[5]。6つの研究のすべてがそれぞれ有意でなかったとしても、

---

[5]　その時、要因に「実験」を加えて、その効果が実験と交互作用をもつかどうかをテストすべきである。

それらを合わせた場合に有意となることがある！（考えてみると、これはそれほど驚くことではない。逆に言えば、0.05水準で有意な研究があったとして、それを6つの等しい部分に分割した場合にそれぞれが有意となることを期待するだろうか？）ここで、有意でないという結果は、帰無仮説が採択されなければならないということを意味しているわけではなく、帰無仮説を棄却すべきことを示している場合もある。簡単な例を挙げると、たとえば、その6つの有意ではなかった研究のそれぞれについて、効果は期待した方向だったとしよう。いずれの方向もありうるとして、6つの結果がすべて期待した方向となる確率は、片側検定では$1/2^6 = 1/64$、両側検定では$1/32$であり、いずれも$p < 0.05$である。つまり、6つの研究がすべて有意でなかったとしても、帰無仮説を棄却することができる。

　今検討した状況から、検定力が重要であることがわかるだろう。まとめると、検定力が低いと、有意でなかったという結果だけからは何もわからないのである。というのも、帰無仮説が真であるかどうかにかかわらず、有意でない結果は生じうるからである。ネイマン－ピアソンアプローチでは、実験を計画する前に、検定力を高い水準に設定する。**そうすることで、有意ではない結果が得られたときに、帰無仮説を採択することができる**。この手続きに従うことで、誤った判断をする確率をあらかじめ許容範囲の小さいものとなるように抑えられるのである。

　一旦、検定力を理解すると、それを考慮する必要があることは明らかなので、非常に多くの研究者が意地でも検定力を無視しようとしているように見えるのは奇妙に思えるかもしれない。70年以上にわたって正統な考え方の一部であったのに、なぜ人々は検定力を無視するのだろうか。オークス（Oakes, 1986）は、これは、帰無仮説が真である確率（と、論理的には対立仮説が真である確率も）をp値が表していると多くの人が解釈しているためではないかと指摘している。ベイジアンは、一貫した方法で実際に仮説に確率を割り当てる手法を開発してきた。多くの人々がベイジアンのやり方で有意水準を解釈しているが、ベイズ統計学では検定力という概念を必要としない。自分の仮説が真である確率がわかるのであれば、他に何を知る必要があるだろう？　しかし、ネイマン－ピアソン流のやり方はベイジアンのやり方とは異なっている。両者を混同することは、研究を誤ったやり方で実施することにつながる。次章では、このベイジアンのアプローチについて説明する。

　さて、Box 3.1の問題に戻ろう。ここでは、Box 3.6としてBox 3.1と同じものを掲載する。もう一度問題を確認して、解答してみよう。そして、前の解答と比較しよう。

Box 3.6　Box 3.1再び

あなたは統制群と実験群の平均値を比較しようとしている（各群20人）。その結果、$t(38) = 2.7$, $p = 0.01$だった。下のそれぞれの主張が「真」であるか「偽」であるかを答えなさい。解答は記録しておくこと。

（ⅰ）　帰無仮説（母集団の平均値に差がない）は完全に反証された。

（ⅱ）　帰無仮説が真である確率がわかった。

（ⅲ）　実験仮説（母集団の平均値に差がある）は完全に証明された。

（ⅳ）　実験仮説が真である確率を推測できる。

（ⅴ）　誤って帰無仮説を棄却する確率がわかる。

（ⅵ）　仮想的に実験を何度も繰り返せたとすると、そのうちの99％で有意な結果が得られるという意味で、信頼できる実験的知見である。

オークス（1986）より

　統計学によって絶対的な証明も反証もされないため、ほとんどの人は、問題なく、選択肢（ⅰ）と（ⅲ）を正しく棄却するだろう。選択肢（ⅱ）と（ⅳ）については、最初は「真」と答えたくなったかもしれないが、仮説の確率に言及しているため、真とは言えないとわかったのではないだろうか（客観的確率は、個別の仮説が真であるかどうかではなく、事象の集合について言及するものである）。選択肢（ⅴ）はわかりにくく、ひっかかる人も多い。しかし、これは、１回の決定が正しい確率を指していることに注意してほしい。したがって、選択肢（ⅴ）は真ではない（客観的確率は単一の事象については言及しない）。多くの人は、最初は選択肢（ⅵ）が真と思ったのではないだろうか。しかし、選択肢（ⅵ）は検定力の説明であって、有意性のことではない。オークス（1986）が述べているように、有意性という概念の中にすでに検定力が含まれていると思っているのだとすると、人々が検定力を無視するのも不思議ではない！　実際のところ、どの選択肢も真ではない。オークスは、これらの質問を、少なくとも２年の研究経験がある、教授を含む70人の研究者に投げかけた。統計的有意性の概念をしっかりと理解していたのは、そのうちの２人だけであった。オークスがこの調査を行ってから20年が経ったが、状況はあまり変わっていないと思われる。

感度

　フィッシャーは実験の感度（sensitivity）については大まかに扱っただけだったが、ネイマンとピアソンは、感度を表す方法の1つとして、検定力を正確に定義した。また、フィッシャーとネイマンはともに、信頼区間の概念を導入した（これは、ネイマンの用語であり、彼の用語とその考え方は一貫している）。これについては後で説明する。感度は、検定力、信頼区間、そして、参照点と有意に異なる効果を発見することという3つの方法で定められる。このうちの信頼区間については後で説明する。無視されがちではあるが重要な方法論的格言として以下のものがある。「**結果が有意ではなく、なおかつ、有意ではないことに関心がある場合は、必ず分析の感度を示すべきである**」。研究を追試して、結果が有意ではなく、結果が追認できなかったとしたら、自分の研究の感度に関する情報を示さなければならない。たとえば、元の研究の著者が見つけた効果の大きさを検出するためにあなたが用いた手続きの検出力を計算することがそれに該当する[6]。たとえば、男性の反応時間に対して高麗人参が有意な効果をもつことを見つけたとしよう。その後、女性のみを対象とした研究で、有意な効果が得られなかったとする。この結果のパターンから、高麗人参が男性と女性に異なる影響を与えると結論づけることはできない。なぜなら、この場合に高麗人参の効果を検出するための検定力は50％なので、有意な効果が得られる場合もあればそうでない場合もあるからである。有意な結果が得られる確率は予想どおりなのである。しかし、男性と女性とで高麗人参の効果が有意に異なることを示した場合には、それは高麗人参が異なる効果をもつことを示していることになる。同様に、2つの変数間の相関が、ある条件では有意であるが別の条件では有意ではないことがわかった場合にも、2つの相関が条件間で異なると見なせるわけではない。この場合も検定力が低かったのであろう。しかし、相関の差の検定が有意であった場合には、相関関係が異なっていると結論づけることができる。さらに、有意な結果が得られなかった条件で帰無仮説を採択する前に、意味があるとみなせる最小限の大きさの効果を検出するに十分な検定力があることを示す必要がある。

---

[6]　統計パッケージの中には、有意性とともに検定力が報告されるものもある。もし、その検定力が母集団における効果量とまさにその標本で推定されるノイズレベルを前提として求められているのだとすると、そのような計算は役に立たない。p 値が0.05よりも小さいとすると、検定力は0.5よりも小さい。**検出されてほしい最小の効果量**か、あるいは、先行研究で見出された効果量に基づいて検定力を求めたいだろう。

停止規則

　どんなときにデータの収集をやめるかを、**停止規則**と言う。一般的な停止規則は、その領域で伝統とされているのと同程度の参加者が集まるまで続けるというものである。この規則の問題点は、検定力の値が必ずしもコントロールされるわけではないということである。別の停止規則としては、検定結果が有意となるまで続けるというものがある。この規則の問題は、たとえ帰無仮説が真であったとしても、十分な時間をかけてデータを収集し続けさえすれば、最終的には「有意な」結果が必ず得られてしまうということである！　びっくりするかもしれないがそうなのである。そのため、この手続きは検定力が1かもしれないが、αも1なのである！　すなわち、帰無仮説が真であるかどうかに関係なく、最終的には必ず「有意な」結果が得られるのである。よって、有意な結果が得られるまでデータを集め続けるのは、適切な停止規則とは言えない。t検定を用いて「有意性」検定を行い、$p < 0.05$になるか、参加者が100人になるまでデータの収集を行うという状況を考えてみよう。このとき、αは実際には0.05ではなく0.39になる。

　標準的なネイマン-ピアソン流の停止規則は、研究を行う前に検定力分析を行い、検定力をある水準にコントロールするのに必要な参加者数を決定するというものである。その後、実際にその数の参加者からデータを収集する。そうすることで、αとβの両方を既知の許容範囲の値にコントロールすることができる。別の適切な停止規則として、信頼区間の使用が挙げられるが、これについては後述する。

　標準的なネイマン-ピアソンアプローチの発展形として、逐次の停止規則を考えることができる。この点は臨床試験において特に重要であるが、どの分野でも使用できる。臨床試験では、ある治療法が別の治療法よりも効果的であるという強い証拠がある場合に、研究を継続することは非倫理的となる可能性がある。逐次の試験では、何度もデータを確認し、どの時点においてもデータの収集を停止し、なおかつαを0.05に抑えることができる。どの時点においても、名目上は0.05水準で検定しているように見えたとしても、H_0を棄却して、データの収集を停止する機会は何度もあるため、αは実際には0.05より大きくなる。したがって、αを0.05に抑えるには、1回の検定は0.05より小さい水準で実施されなければならない。たとえば、事前に等間隔で5回チェックすることに決めていたのであれば、各検定は名目上の有意水準として0.016で実施されなければならない。そうすることで、全体のαは0.05に抑えられる。アーミテージ、ベリーとマシュ

ーズ（Armitage, Berry, & Matthews, 2002, pp. 615-623）では、検定力をコントロールするさまざまなやり方に関する入門書および発展的な文献が紹介されている。

多重検定

ネイマン－ピアソンアプローチでは、α と β は客観的確率なので、それを求めるには、集合もしくは参照クラスがわからないといけない。関連する集合は、無限回の検定手続きとして定義される。たとえば、「データを収集し、5時点で t 値を計算する。いずれかの t が2.41より大きいときに H_0 を棄却する」という検定手続きによって集合が定義され、α と β を求めることができる。また、「対照群と3つの実験群のそれぞれとの間の差を計算し、t が2より大きいときに、対応する3つの帰無仮説のいずれかを棄却する」という手続きによって集合が定義されることもある。この手続きが無限回適用されたとして、3つの H_0 すべてが真であるときに、少なくとも1つの H_0 が棄却される確率はどれくらいだろうか？　別の言い方をすると、一連の検定もしくは検定「群」を行う際に、どのくらいの確率で第一種の誤りが起こるのだろうか？　1回の t 検定を実行する場合に、0.05水準で行えば、偶然に有意となる確率は0.05である。2回の t 検定を実行する場合、少なくとも1回、偶然に有意となる確率は0.10弱である。3回の t 検定を実行する場合に、少なくとも1回、偶然に有意となる確率は0.15弱である。ネイマン－ピアソンアプローチでは、全体的としての第一種の誤りの確率（「ファミリーワイズエラー率」）を0.05に抑えるために、複数回の検定を行う際には、より厳しい有意水準で各検定を実施する必要がある。多くの修正法があるが、最も覚えやすいのはボンフェローニの方法である。これは、k 回の検定を行う際に、個々の検定を $0.05/k$ の有意水準で実施すれば、全体としての α が0.05以下になるという方法である。したがって、上述の3回の検定において、有意であると認められるには、それぞれの p 値が$0.05/3 = 0.017$より小さくなる必要がある。

　研究者の主たる関心はある特定の比較だけにあるのに、参加者の募集、実験の実施、支払いなどをしているうちに、好奇心から他の条件を追加することがあるかもしれない。そのような場合、他の条件を追加したがために、主な比較まで0.017水準で検定しなければならないのは不公平に感じるかもしれない。ここでの解決策は、事前に特定の1つの比較を**計画していた**のであれば、データを見る前に選択されているのであるから、それは0.05水準で検定を実施してもよいというものである。しかし、他の検定は、ボンフェローニのような修正が必要となる。「3回の t 検定を行い、そのうちの1回でも5％水準で有意な場合に、対応する

H_0 を棄却する」のように集合を定めると、a は、約0.15となる。これは、データが収集された「後に」どの検定が採択されるかを選択できるためである。このような検定は、**事後検定**（「データを得た後」の意）と呼ばれる。このように、事後検定では、名目上の有意水準の修正が必要となるのに対して、単一の計画された検定では必要がない。事後の場合でも、検定群はデータを見る前に決定される。つまり、3つの検定のうち最も重要な（有意となる）ものを確かめてから、選択することはできない。そうしてしまうと、客観性が保たれないのである。よって、検定群は事前に選ばれる。

フィッシャー流の推測

　フィッシャーは統計学に大きく貢献したものの、統計理論としてより広まったのはネイマン–ピアソンアプローチであった。ネイマンは、長期的な相対頻度という客観的確率に基づいて、内的に一貫した考え方を示し、それにより数理統計学が発展した。フィッシャーは、客観的確率なのか主観的確率なのかが明確でない、「基準確率」という確率の概念を用いたのだが、ほとんどの人はこれを理解できなかった。そして、その概念には欠陥があるというのが一般的な見方である。フィッシャーは、計算された p 値を、それが計算されるもととなった特定の標本の性質と見なした。それに対して、ネイマン–ピアソンアプローチでは、有意水準すなわち a は、標本ではなく検定手続きの性質であった。a は客観的確率であるため、特定の標本や個々の事象ではなく、集合の性質なのである。フィッシャーは、有意性検定によって、帰無仮説が真である証拠が提供されることを望んでいた。そして、フィッシャーによれば、p 値が小さいほど、標本によって帰無仮説に反するより強い証拠が提供されていることになる。また、フィッシャーによると、「有意性検定によって、我々は、あるデータに照らして、ある意見がどの程度確信をもって支持されるのかについて知ることができる」（Fisher, 1955, Gigerenzer, 1993, p.318に引用）。たとえば、p 値が1％より小さかったときには、帰無仮説に反する非常に強い証拠と見なし、1～5％は中程度、5～10%は示唆的もしくは限定的な証拠と考えることを促したのはフィッシャーであった。

　頻度論的確率の概念に基づくと、このような p 値の使い方はしない。ネイマン–ピアソンアプローチでは、関連する確率 a と β は、許容範囲と見なされる長期的なエラー率であるため、事前に設定する必要がある。a が0.05に設定されているときに、特定の実験の p 値について言えるのは、0.05より小さいかどうかだけである。p 値が0.009で、それを $p<0.01$ として報告すると、誤解を招く恐れがある。

これは検定手続きの長期的なエラー率が１％であると示唆しているのだが、実際には、pが0.04だった場合でも、帰無仮説を棄却するだろう。実際、検定手続きのエラー率は５％なのである。

ネイマン‐ピアソンアプローチでは、特定の行動をとることを促すだけである。すなわち、信念や確信度にかかわらず、検定統計量が棄却域外にある場合は帰無仮説を採択し、棄却域内にある場合は棄却することを促す。驚くことに、それらの統計量からは、ある仮説にどれくらい確信をもってよいかや、さまざまな仮説に対してどの程度の強さの証拠があるのかについては、何もわからないのである。

フィッシャーは、この哲学は、科学者の真の関心を邪魔するものではないにしても、不適切であると考えた。しかし、この哲学はゆるぎない論理的な純粋性を有している。もし、統計量によって、どの程度の確信をもってよいのかを知りたいのであれば、主観的確率の概念に基づく統計量を作り出す必要がある。これは、まさに次章で説明するベイジアンが行ったことであり、そこでの手続きは大きく異なっている。フィッシャーはこの２つの考え方を混合しようとした。

しかし、p値が小さいほど、帰無仮説に反する証拠として強いのではないかと反論する人がいるかもしれない。フィッシャーが２つを混ぜこぜにしたことは、実際には賢明な中道を進んでいるのかもしれない。p値の議論は、一見すると、ポパーが確率的ではない理論に用いていた考え方に基づいているように見える（ただし、これは確率的な事例に対して、フィッシャーやポパーが提唱した議論ではない）。

HならRではない
Rである
――――――――――
Hではない

仮説ではRは生じないと主張しているが、それが生じているのだから、仮説が反証されたことになる。一見すると、この考え方を確率的な事例に拡張したくなるかもしれない。

HならおそらくRではない
Rである
――――――――――
おそらくHではない

つまり、仮説が真であるなら棄却域に入るデータが得られる可能性は低いため、（上記のスキーマによれば）データが実際に棄却域に入ったのであれば、仮説が真である可能性は低いということになる。

　ポラードとリチャードソン（Pollard & Richardson, 1987）が指摘しているように、もう一度考えてみると、この確率的な事例の考え方には問題がある。たとえば、次の、明らかに誤った推論を考えてみよう。「ある人が米国人である場合に、彼が国会議員である可能性は低い。この人は国会議員である。したがって、この人が米国人である可能性は低い。」

　実際、p値自体を証拠の強さとして捉えてよい理由を論じることは難しい（Royall, 1997の第3章を参照）。概念的には、仮説を支持するもしくは仮説に反する証拠の**強さ**と、そのような証拠が得られる**確率**とは別物である。にもかかわらず、p値はその2つが混同されているのである（この点については第5章で解説する）。フィッシャーの永続的な遺産の一部であり、彼の優れた才能の証となるのは、1922年に彼が証拠の強さを測定する方法を**考案した**ことである（すなわち、「尤度」の使用であり、これについては次の2つの章で説明する）。この考え方は、一般的にはp値を用いることと矛盾するものであるが、ベイズ推測と尤度推測の両方の基礎となるものである（Edwards, 1972; Royall, 1997）。p値に証拠の強さを測る役割を負わせる必要はない。そうすることで、多くの場合、合理的な答えを得られるかもしれないが、常にそうなるとは限らない。フィッシャーは例の中で頻繁にp値を使用したことから、彼の著書を読んだ多くの科学者がそれを受け入れた。

　ギガレンツァーら（Gigerenzer et al., 1989, 第3章）は、1935年に公刊された古典的著書『研究の論理（*Logic der Forschung*）』（第1章を参照）におけるポパーの考えと、同年に出版されたフィッシャーの『実験計画法』の類似性を指摘している。「帰無仮説」というフレーズを作り出す際に、フィッシャーは、次のように述べている。

　　実験に関連して、この仮説を「帰無仮説」と呼ぶことがあるが、実験の過程で帰無仮説は決して立証されることはなく、反証のみ可能であることに注意してほしい。あらゆる実験は、帰無仮説を反証する機会を与えるためだけに存在すると言える。(p. 18)

　帰無仮説が棄却されない場合にどう結論づけるべきかについては、フィッシャーは多少迷いがあったようである。彼は検定力という概念を否定したため、帰無

仮説が棄却されなかったときに帰無仮説を採択する明確な根拠がなかったのである。これに従うなら、おそらくは、何も結論づけられないことになってしまうだろう。しかし、ポパーが、反証の試みに耐えてきた仮説を確証するという考えを進めたように、フィッシャーは後に（1955年に）帰無仮説は確立されていないとしても、「強められた」と言ってもよいと主張した。ポパーは、テストが厳しいときにのみ理論は裏づけられると主張した。統計学の事例においては、検定力が十分な場合においてのみ、帰無仮説が厳しくテストされることになる。検定力という考え方を否定したがために、フィッシャーは上記の、検定力が低い実験というあらゆる問題への道を開いたのである。

有意性検定に関してよく誤解されるその他の点

有意かどうかは母集団に関する性質ではない。仮説は、たとえば、２つの平均が等しいか等しくないかといった点についての母集団の性質に関するものである。それに対して、有意かどうかは、母平均や差に関する性質ではない。次の無意味な主張（多くの場合、学部生によるもので、経験豊富な研究者には見られない）について考えてみよう。「帰無仮説は条件間の平均反応時間に有意差がないことを示している」。こう言ってしまうと、仮説検定は循環論に陥ってしまう。すなわち、差が有意でなかったので、有意差がないという帰無仮説は保持されるということになる！　その場合、第一種の誤りは生じえない（Dracup, 1995）！　この場合の帰無仮説は、単純に「母集団において２つの条件の平均反応時間が等しい」というものでなければならない。

データが収集される前に決定規則が定められる。我々は誤りを犯す危険性がある中で「白」か「黒」かの決定を行うだけである。有意水準は事前に決定されるため、ある結果が別の結果よりも有意であると言うことはできない。ネイマン－ピアソンアプローチでは、「非常に有意（highly significant）」「ちょうど有意（just significant）」「有意傾向（marginally significant）」という用語ですら意味をなさない。結果は有意かどうかだけで終わりである。有意水準を0.05に決定した後、実際に得られたpがたとえば0.009であっても、有意水準として0.01を使用することはできない。サンプルサイズも事前に決定される。たとえば$N=20$で実験を行うことにして、結果が有意でないことを確認してから、さらに10人を「補充」して、あたかも最初からそれだけのデータを収集することを予定していたかのように検定を行うことはできない。

より有意な結果だからと言って、より重要な結果であったり、より大きな効果

量だったりすることを意味するわけではない。おそらく「有意な（significant）」というのが良くない表現なのであろう。しかし、時々使用される、別の表現「信頼できる（reliable）」も同様で、ここには、検定力の概念が含意されている。ライト（Wright, 2003）は「検出された（detected）」という適切な用語を提案している。たとえば、「2つの条件の差は検出されなかった、$p > 0.05$」のように使用する。十分な感度で検定を行っているのであれば、どんなに小さい効果であってもどれだけでも低い水準で有意となりうる。たとえば、十分な数の参加者に対して実験を行っていれば、2つの条件間における0.001ミリ秒の差も検出されうる。論文で時々目にするかもしれないが、「有意傾向の（marginally significant）」結果が得られたからといって、効果が小さいことを意味するわけではない。「ゴシップ条件において、男性よりも女性のほうがやや反応が早かった（$p < 0.10$）」のように、p 値から「やや早かった」と考えるのは、誤った推測である。たとえば、サンプルサイズによっては、平均値の差が大きくても有意とはならず、小さな差でも有意となることがある。

信頼区間

　ネイマン－ピアソンアプローチでは、帰無仮説検定のみを扱っているわけではない。ネイマンは、データと整合的な母集団値の集合である信頼区間という概念も作り出した。単に1つの値を棄却する（「0を棄却する」）のではなく、棄却された値の集合と、残りの可能な値の集合を報告するのである。95％信頼区間を計算するには、その従属変数に関して、5％水準で標本値と有意差がない値の集合を求める。たとえば、薬を服用する前後の血圧差を測定するとしよう。標本の平均値の差は4単位であったとする。これは、−1単位および+9単位と（ちょうど5％水準で）有意に異なる。したがって、「95％信頼区間」は−1単位から+9単位までとなる。この区間であれば、いずれの値も標本平均と有意差はない。この区間外では、どちらの方向にも無限大まで、いずれの値も標本平均と（5％水準で）有意に異なるため、取りうる母集団値として棄却される。区間内の値は母集団値として除外することはできない。私のデータは、−1単位から+9単位の間の母集団値と整合的である。このデータから言えるのは、その薬は効果がない可能性が「あるとともに」、9単位もの効果がある可能性もあるということである。実施する研究が意味があると見なせる大きさの効果を検出するのに十分な感度があるとわかっていて、たとえば、ある薬が5単位以上の効果をもっているときに意味があるとみなすとしよう。0が信頼区間に含まれているということは、

標本から得られた値と0の間に有意差がないことを意味している。しかし、標本値はまた、＋5とも有意差がないため、このデータから意味があると見なせる効果が得られたかどうかについて区別することはできない。薬は効果があるかもしれないのである。それを明らかにするには、さらにデータを収集する必要がある。

　信頼区間を使うことで、ネイマン－ピアソンの統計学の問題のうちのいくつかは解決されうる。

　まず、信頼区間によって、実験の感度が直接わかる。もし、信頼区間に帰無仮説と対立仮説の両方の値が含まれていたとしたら、その実験は決定的な結論を下すのに十分な感度がなかったことを意味している。この方法によって、検定力よりも直感的に感度がわかるだろう。この方法では、効果量についても直接知ることができる。この区間に意味があるとみなせる大きさの効果量が含まれており、なおかつ、0は含まれていないが、意味があるとは見なせない小さな値も含まれている場合には（たとえば、＋2から＋7の区間では、＋2単位は効果が小さすぎるだろう）、より多くのデータを収集したいと考えるだろう。また、区間の下限が＋3単位の場合、母集団値が3単位より小さいことはなく、意味があると見なせる大きさの効果量を扱っていると結論づけられる。このように信頼区間を使用することで、0ではないと言えるだけではなく、よりきめ細かい方法で行動できる。

　次に、信頼区間を使用することで、有用な停止規則を定めることができる（Armitage et al., 2002, p.615を参照）。それは、区間があらかじめ決められた幅になったら、データの収集を停止するというものである（たとえば、0もしくは意味があると見なせる最小の差を含まないように幅を定める）。このような停止規則を用いることで、不適切な停止規則を用いたくなるような状況に陥らずに済むだろう。たとえば、意味があると見なせる薬の効果の大きさが＋5単位だとしよう。そこで、区間の幅が＋4単位になるまでデータを収集することにしたとする。このとき、区間に0が含まれていれば＋5は含まれないし、＋5が含まれていれば0は含まれないだろう。そうすれば、$p=0.06$だったからといって、さらに参加者を「補充」する必要はないのである[7]。この停止規則は非常に実用的であるが、ほぼ知られていない。

　単なる有意性検定ではなく、信頼区間を考慮すれば、適切な結論を導き出す可能性が高くなるだろう。たとえば、先行研究の結果を追認できなかったときに、

---

[7]　より厳しい課題を設定することも可能である。たとえば、効果が＋2単位以下の薬は除外して＋5単位以上の薬を受け入れたい場合、信頼区間の幅が2.9単位になるまで実験を行えばよい。

感度が十分ではなかったからなのかどうかがすぐにわかるようになる。すでに公刊されている有意ではなかった研究が十分な感度をもっているかどうかを見極めることができる。効果が有意ではなかったことを報告しているが信頼区間が示されていない研究に関しては、すぐに区間推定を行うことができる。平均が4単位であり、t検定で0と有意差がない場合には、8単位との間にも有意差はないだろう。その場合、95％信頼区間は少なくとも0から8単位にわたるだろう（すなわち、一般に、平均がmの場合、信頼区間は少なくとも0から$2m$の範囲となる。Rosenthal, 1993）。その区間に意味があると見なせる大きさの効果が含まれている場合、研究は十分に感度が高いとは言えないのである。

　信頼区間は、一連の研究が全体として示すことを要約する上で非常に便利な方法である。すべての研究で提供された情報を組み合わせることで、関心のある母数（平均値差、傾き、相関関係、比率など）の信頼区間を計算することができる（これはメタ分析の一種である）。「6つの研究で有意な効果は示されなかった」と言うよりも、「この操作によって、好ましい食事のサイズが－5〜30％変化する可能性がある」と言うほうがいかに情報量が多いかわかるだろう。単に有意ではなかった結果の数を数えるのは、データの無駄づかいも甚だしい。食事のサイズの変更、たとえば20％以上の変更は、理論的にも実践的にも重要かもしれない。ただ単に有意ではなかった結果を数えるだけで、その理論をさらに追求することをやめてしまうという不当な決定を想像してみてほしい。

　ネイマン－ピアソンアプローチの他の統計量と同様に、95％信頼区間は客観的確率の観点から解釈される。95％信頼区間を計算する手続きでは、95％の確率で真の母集団値を含む区間が求められる。これはある特定の計算された区間に付随する確率ではなく、その区間には母集団値が含まれるか、含まれないかしかない。特定の標本の95％信頼限界に真の母平均が含まれる確率は95％ではない。しかし、95％信頼区間を計算するたびに、真の母集団値が区間に含まれているかのようにふるまえば、95％の確率で正しい判断をしていることになる（Box 3.7を参照）。

Box 3.7　信頼区間の使用

　信頼区間は、さまざまな状況で使用できる。統計ソフトウェアによって標準誤差が報告されているのであれば、いつでも信頼区間を計算することができる。たとえば、回帰直線の傾きに対しても信頼区間を求めることができる。また、対比を用いれば、標準的な分散分析（ANOVA）の計画にも使用できる。恋愛小説と SF 小説に関する男性と女性の理解度を検証するとしよう。予備実験のデータに基づいて、男性は女性よりも SF 小説を理解し、女性は男性よりも恋愛小説を理解していると予測する（男性は女性の恋人が「私を愛している？」と言った辺りで若干迷子になる）。この実験計画は下表に示されているとおりで、m_i は理解度得点の標本平均を表している。各群の標準偏差 SD_i も求められているものとする。

	恋愛	SF
男性	m_1	m_2
女性	m_3	m_4

　対比とは、ある条件の平均（または和）と他の条件の平均（または和）との差であり、数値の集合 a_i と表すことができる。たとえば、m_1 と m_2 の差は男性におけるテキストの種類の効果にあたり、対比 $C = (1) \times m_1 + (-1) \times m_2 + (0) \times m_3 + (0) \times m_4 = m_1 - m_2$ と表すことができる。この場合、$a_1 = 1$、$a_2 = -1$、$a_3 = 0$、$a_4 = 0$ となる。

　女性のテキストの種類の効果は、別の対比（$m_3 - m_4$）となる。性別の主効果は、男性のすべての得点と女性のすべての得点の差で、$C = (1) \times m_1 + (1) \times m_2 + (-1) \times m_3 + (-1) \times m_4 = (m_1 + m_2) - (m_3 + m_4)$ となる。「ジェンダーによって社会化の内容が異なることから、理解すべきトピックも異なる」という理論を検証するために、テキストの種類による理解度が性別によって異なることを示したいとする。これは、性別とテキストの種類の交互作用であり、$C = (1) \times m_1 + (-1) \times m_2 + (-1) \times m_3 + (1) \times m_4 = (m_1 - m_2) - (m_3 - m_4)$ と表される。

　たとえば、各セルが20人の参加者である以下の架空のデータ（カッコ内は標準偏差）を考えてみよう。

Box 3.7 つづき

	恋愛	SF
男性	5 (1.5)	8 (2.1)
女性	9 (1.7)	7 (1.9)

　得られた交互作用の大きさは、$C = (5-8) - (9-7) = -5$であり、女性が SF 小説に比べて恋愛小説を理解する能力は、男性のそれよりも 5 ポイント高いことを意味している。このデータは大まかに正規分布し、各群内の分散が等しいと仮定すると、C の標準誤差は、$\sqrt{(\sum a_i^2)} \times SD_p / \sqrt{n}$ となる。なお、n は各群の参加者数であり、$SD_p = \sqrt{(1/4 \times (SD_1^2 + SD_2^2 + SD_3^2 + SD_4^2))}$ となる。この例のデータでは、$SD_p = 1.81$、$SE = \sqrt{(1+1+1+1)} \times 1.81 / \sqrt{20} = 0.81$となる。

　任意の対比について信頼区間を計算することができる。

$$C \pm t_{crit} \times SE$$

ここで t_{crit} は、$4(n-1)$ を自由度とする t の臨界値である。

　この例では、自由度は76となり、5％水準での t の臨界値は1.99となる（Howell, 1987の t 分布の表を参照）。したがって、対比の信頼区間は、$(-5) \pm 1.99 \times 0.81$で、$(-6.6, -3.4)$ の区間が得られる。この区間には 0 が含まれていないので、交互作用は 5 ％水準で有意となる。より詳細には、-6.6より小さいもしくは-3.4より大きい値は、SF 小説よりも恋愛小説を理解する程度が男性よりも女性で大きいことを示す母集団値として棄却される。この結果の実質的な意味は、理解度を測るのにどのような尺度を用いているかによって変わってくる。15個のキーワードのうち何個のキーワードを思い出せたかということであれば、この交互作用はかなり大きいものであり、この交互作用の理論的根拠をさらに追求していく価値があると考えられる。逆に、有意ではあるが効果が小さいときには、それ以上の関心が払われないし、有意ではないが意味があると見なせる程度の効果の場合には、実質的な結論を出すためにより多くのデータが必要となることを想像できるだろう。有意でない効果が重要な時は、常に関連する対比の信頼区間を計算して、そのデータがどの程度の効果と整合的かを確認してほしい。

　参加者内計画では、参加者ごとに対比を計算できる。これにより、各参加者の対比の平均である C、およびその標準誤差（$= SD / \sqrt{n}$）を求め、信頼区間を計算す

Box 3.7 つづき

ることができる。

$$C \pm t_{crit} \times SE$$

　ここで t_{crit} は自由度が $n-1$ の t の臨界値である。

　リサーチクエスチョンをどのような対比に変換すればよいかを理解するのにスキルが必要となるだろう。しかし、一旦これができるようになれば、「分散分析による実験計画法」の帰無仮説検定を行うよりも、信頼区間を求めるほうが利点が多い。

　相関の信頼区間を計算することもできる。ピアソンの相関係数は、フィッシャーの変換を用いて、大まかに正規化できる。

$$r' = (0.5)\ln |(1+r)/(1-r)|$$

　ここで r は相関、$|x|$ は符号を無視して x の絶対値をとること、ln は自然対数を意味しており、電卓でも使える関数である。r' は、標準誤差 $SE = 1/\sqrt{(n-3)}$ でほぼ正規分布に従っている。その95%信頼区間は

$$r' \pm 1.96 \times SE$$

となり、r' は $r' = (e^{2r'}-1)/(e^{2r'}+1)$ で、$e = 2.71828$ として r に変換することができる。

　たとえば、50人のデータに対して、0.30の相関が得られた場合、$r' = 0.31$、SE $= 0.15$、r' の95%信頼区間は0.02から0.60までとなる。この限界値はそれぞれ $r = 0.02$ と0.54に対応する。

ネイマン−ピアソンアプローチに対する批判

　(1) **できるのは仮説を採択するか、棄却するかだけである**。ネイマンによれば、仮説を採択すると決定することは、仮説について知ることではないし、それが正しいとある程度信じることすらない。頻度論的客観的確率の要件に厳密に従っ

ているとすると、ネイマンが言うように、統計的推測は、信念を強化するプロセスではなく、「帰納的行動」になる。推測とは到底言いがたいのが統計的推測なのである（Oakes, 1986）。データは、白か黒かの行動の決定以上のものを示していないのだろうか？　データは、さまざまな仮説に対してそれを支持するのか、反対するのかに関して**連続的な**証拠を提供しているように思われる。フィッシャーは、この直感を p 値で捉えようとした。彼は、ネイマン−ピアソンが、$p=$ 0.048の場合と $p=0.052$ の場合とでは逆方向の決定をし、また、$p=0.048$ の場合も $p=0.0001$ の場合も同じように決定するよう求めているのは恣意的であると考えた。フィッシャー流の立場をとる人たちは、証拠の強さが研究者にとって魅力的であるので、連続的な p 値で示される有用そうな情報を使用したいと考えている（証拠の強さの測定については第5章で検討する）。

　おそらく、科学者が知りたいのは、データに照らして、どれくらいその仮説がありうるのか（この場合はベイズ統計学を用いる必要がある）、簡単に言えば、証拠が別の仮説ではなく、その仮説をどれくらい強く支持しているかである（この場合は尤度推測を用いるべきである）。ネイマン−ピアソンの枠組みで開発されたツールや概念を使って、仮説の確率や証拠の強さについて推測することは無意味である。次の2つの章では、段階的な結論、すなわち、信頼区間のように区間で結論を表現できる別の枠組みを紹介する。

　(2)　**帰無仮説検定では弱い理論化しか促されない**。これは、一般的に用いられている有意性検定に対する最も重要な批判の1つである。ミール（Meehl, 1967）は、「ソフトな」心理学とハードサイエンスのそれぞれが、どのようにして理論を検証するのかを対比した。心理学では、科学者は通常、条件間に差がない、もしくは変数間の相関が0であるという帰無仮説を立てる。この点仮説が棄却されたときに、科学者は自身の理論が確証された、もしくは、少なくとも検証に耐えたと見なす。しかし、対立仮説が実際にはほとんど内容をもたないことに注意する必要がある。対立仮説が排除しているものは、ただ1つの点だけで、それ以外何も排除していないに等しいのである。「m_1 は m_2 より大きいかもしれないし、小さいかもしれない（$m_1 <> m_2$）」という仮説はほぼ内容がない。方向のある仮説（「m_1 は m_2 より大きい（$m_1 - m_2 > 0$）」）でもまだ弱い。対照的に、ハードサイエンスでは、特定の値を予測することがよくある（「力は0ではない」のように1つの点を排除したり、「重力は物を上ではなく下に引っ張る」のように方向を示したりするだけでなく、「力は13単位下の方向に働く」のように特定の値を予測する）。この点仮説がデータの許容誤差内にあるときに、この仮説は検証に耐えたことになる。（ほとんど内容のない理論を裏づけるために）帰無仮説を棄却しようとする代わりに、

（高い反証可能性をもつ理論を裏づけるために）帰無仮説を採択しようとするのである。この違いは、心理学とハードサイエンスにおける理論の発展度合いの違いを反映している。心理学者はしばしば、帰無仮説を予測してそれを採択することに慎重であるが、それこそが、まさに心理学者が目指すべきことなのである。

　差がない、あるいは相関がないといったほとんどの点帰無仮説（いわゆる「帰『無』仮説」）は、誤りであることがほぼ確実で、小数点以下の桁数の問題でしかない。良い理論というのは、それが0ではないというだけでなく、効果量を特定できなくてはならない。

　もちろん、ミールが指摘したように、心理学には主題の難しさがあり、そのような正確な理論を構築することは非常に困難である。しかし、そのような理論は心理学の中にも存在する。では、なぜそのような理論は少ないのだろうか。問題は、心理学者が帰無仮説を棄却して大喜びするよう訓練されてきたことで、効果量についてより慎重に考えるインセンティブがないことなのかもしれない。我々が使っている統計ツールが、少なくともデータと整合的な効果の範囲の報告を求めたとしたら、注意深く理論化することが促され、理論をより正確なものとすることが動機づけられるだろう。単なる帰無仮説検定の代わりに信頼区間を習慣的に使用することで、この批判に対処できる。この批判は、アプローチ自体というよりも、ネイマン–ピアソンアプローチが使われる典型的な状況（すなわち誤用）に対するものと見なせる。しかし、次の2つの章を読んだ後には、他のアプローチのほうがネイマン–ピアソンアプローチよりもこの誤用を招かずに済むという意見に賛同する人もいるかもしれない。

　（3）ネイマン–ピアソンアプローチでは、参照クラスを知ることが重要である。実際には決して生じていないのだけれども、どんな無限回試行が生じえたのかを知らなければならない。これは、多重検定と停止規則の両方を検討するときに重要となる。ある事象は、さまざまな参照クラスのメンバーになりうる。αとβを含む確率は、実験のような単一の事象ではなく、参照クラスに属している。したがって、特定の実験は1つの参照クラスに割り当てられなければならない。参照クラスの選択は、検討中の仮説とは無関係であっても、実験者が他に何をしたのかによって決定できる（これについては多重検定のところで議論する）。実際に行われた実験を除く、選択された参照クラスの残りの部分には、実施されていない無限回の実験が含まれている。実施されていない実験のどの集合が含まれるかによって、参照クラス、そして確率が定義される。起こっていないことによって実際に起こったことについての結論を下さなければならないのは不合理だと思う人もいるかもしれない。

上で説明したように、ネイマン－ピアソンアプローチでは、複数回検定を行う場合には、検定を繰り返すことに対する補正が必要となる（それに対して、ベイジアンではその必要はない）。検証に他の仮説がいくつ用いられるかによって、仮説の判断にかかわるデータは異なる判断を正当化することになる。たとえば、1つの相関を単独で検定する場合、0.05水準で検定できる。しかし、それぞれが異なる帰無仮説に関する5つの相関について検定する場合には、0.01水準で検定する必要がある（ボンフェローニ補正を使用した場合）。では、検定の繰り返しに対して補正を行うのはどのようなときだろうか？　1冊のジャーナル、1編の論文、1回の実験、あるいは1回の分散分析の中で行うすべての検定に関して補正を行うわけではない。なぜ補正をしないのか？　補正する場合としない場合があるのはなぜなのか？　その決定は基本的に恣意的であり、暗黙の慣習によって実践が規定されている。

　さらに、多重検定に関しては、計画的比較と事後比較を区別する必要がある。データを収集する前に、その差は強く予測されていただろうか？　それに対して、ベイズ推測と尤度推測では、データは説明のタイミングとは無関係に証拠として持ち込まれる。この点については、次章でもう一度検討する。ベイズ推測と尤度推測では、計画的比較と事後比較の区別はない。この点がネイマン－ピアソンアプローチの長所であるのか短所であるかは、説明と比較してデータのタイミングを重視すべきと考えるかどうかで、議論が分かれるところである。

　得られた統計量について判断するための参照クラス、すなわち、起こりうる結果がどの範囲なのかも、停止規則によって決定される。血圧を下げる薬の有効性を検証する際に、メアリーは30人の患者のデータを収集し、t検定を実行したとする。0.05水準では有意ではなかったため、彼女はさらに10人の患者のデータを収集したとする。このとき、彼女は通常どおりの0.05水準でt検定をできなくなる。ジェーンは40人の患者のデータを収集することにして、メアリーとまったく同じデータを収集したとする。彼女は0.05水準でt検定を実行できるのである。そして、$p=0.049$なら、ジェーンは0.05水準で帰無仮説を棄却できるが、メアリーはできないのである（興味深いことには、どんなにデータを追加してもできないのである[8]）。実験者の意図によって、同じデータから導かれる結論が異なっても

---

[8]　0.05水準ですでに1回検定をしているので、その検定手続きでは、aは決して0.05より小さくなりえない。というのも、2つの事象のどちらか一方のみが起こる確率は、それらのうちのどちらかが起こる確率より小さくなることはありえないからである。したがって、2回目の検定で計算されたp値が$p=0.0000003$であっても、「実際の」p値は0.05より大きいのである。

いいのだろうか？　これがネイマン–ピアソンアプローチの長所なのか、短所なのかについては議論の余地がある。

　よく議論される別のタイプの例を考えてみよう。メアリーとジェーンは、Gスポットオーガズムを経験したことがある女性の母集団比率を推定したいと考えている。メアリーは事前に30人の女性をサンプリングし、Gスポットオーガズムを報告した人の数を数えることにした。その結果、6人であることがわかった。よって、母集団比率の最良推定値は6/30である。

　ジェーンはGスポットオーガズムを報告する女性が6人見つかるまで女性の数を数えることにした。その結果、30人目の女性がそれに該当した。ネイマン–ピアソンアプローチに従うと、この場合の母集団比率の最良推定値は5/29となる。このように、同じデータであるにもかかわらず、そこから導かれる結論が異なる理由を説明するには、それぞれの参照クラスを検討する必要がある。

　「30人のデータを見た後に停止」という停止規則を用いた場合の参照クラスは、$n = 30$のすべての標本となる。この集合によって、他にどのような可能性があったかが定義される（たとえば、カウントした結果が5/30、10/30、22/30となるなど）。もし無限回、標本を抽出できるなら、5/30、6/30、10/30などの結果が得られたかもしれない。これらすべての比率を平均すると、平均の期待値が母集団比率となる。したがって、この場合の母集団比率の不偏推定値は6/30である。

　ここで、「該当する結果が6つ得られたら停止する」という停止規則について考えてみよう。ここでの参照クラスは、該当する6つの結果をもつすべての標本になる。ある標本では$n = 30$、また別の標本では$n = 6$、そのまた別の標本では$n = 1000$などになる。この集合によって、他にどのような可能性があったかが定義される。もし無限回、標本を抽出できるなら、6/30、6/50、6/243などの結果が得られたかもしれない。これらすべての比率を平均した値は、母集団比率よりも高くなるのである！　最後に観測された結果はあらかじめ該当することがわかっているため、その試行を数えるのは不公平である。自由に値をとることができず、固定されているので、最後の試行は除く必要がある。実際、5/29、5/49、5/242などの**最終試行を除いて**、ある母集団比率によって生成されたすべての可能な標本比率を平均した場合、平均の期待値は母平均となる。すなわち、この例の不偏推定値は5/29となる！

　参照クラスをどのように平均すると不偏となるかは、単なる数学的な事実である。しかし、なぜ実際には生じていない他の事象のどれを平均すべきかまで気にかけないといけないのだろうか？　生じた可能性のある（しかし実際には生じなかった）ことが重要となるのはなぜだろうか？　実際に生じたことだけが重要で

「ピーターとポールという2人の科学者がデータを収集しており、停止規則が異なるにもかかわらず、たまたま同じタイミングでデータの収集を停止することで意見が一致した。ピーターは30人の参加者の後にやめることにした。ポールは、結果が有意だったら、15人の参加者の時点で止めると決めた。彼らは同じデータをもっているが、ネイマン－ピアソンアプローチでは、帰無仮説を棄却するかどうかは、どちらの停止規則が用いられるか、つまり、停止規則が一致しなかったときにどうなるかによって異なる。」

はないのだろうか？　この疑問に対する正解は、哲学者と統計学者で異なる。実験をいつ停止するかについての実験者の意図がわからない場合にはどうなるのだろうか？　2人の実験者が一緒にデータを収集していて、異なる停止規則を念頭に置いている場合にはどうなるのだろうか？　またその場合に、議論をしていた

としたら、どちらが勝ったのかを知る必要があるのだろうか？　実験者がある停止規則に従っているときに、無意識的には別の規則に従っている場合にはどうなるのだろうか？　誰かの頭の中にあるものが、我々が計算する客観的な統計量に影響を与えるのはなぜなのか？

　ベイズ推測と尤度推測であれば、いずれのデータセットからも同じ6/30という母集団比率の推定値が得られる。重要なのは、どのようなデータであるかということだけである。ネイマン–ピアソンアプローチでは、同じデータを用いても結論が異なる可能性がある。この点がネイマン–ピアソンアプローチの長所であるのか、短所であるのかについては議論の余地がある（これらの問題については、次の２つの章でもう一度議論する。それらを読めば、各自の意見をもてるだろう）。

　信頼区間の限界値は、停止規則と多重検定の影響を受ける。次の２つの章では、信頼区間と似ているが、停止規則と多重検定の影響を受けにくい区間推定について説明する。

ネイマン–ピアソンアプローチを使用して研究論文を批判的に評価する

　論文中で有意性検定を使用するのであれば、検定ごとに２つの仮説を設定する必要がある。大半の論文は、対立仮説が十分に設定されていないため、最初のハードルでつまずく。　一方の仮説は、多くの場合「効果がない」ことを主張する帰無仮説である。検証しようとしている理論に対して、どの程度の大きさの効果であれば意味があると見なせるのだろうか？　まさに、この意味があると見なせる効果の大きさによって対立仮説が決まってくる（例：「差は５単位より大きい」）。その論文は、どの程度の大きさの効果であれば意味があるかを示しているだろうか、それとも漠然と差がある（もしくはある方向で差がある）ことを示しているだけだろうか？

　論文の序論のセクションから、実験の主要な点として、特定の比較が強調されているかどうかに注意してほしい。その比較は、数が多くなければ、後に計画的比較として扱うことができる。この時点で方向が強く予測されているならば、後に片側検定を考慮してよい。

　停止規則も明確にしておく必要がある。著者は停止規則を述べているだろうか？　通常は述べられていないが、デフォルトの仮定としては、参加者数は事前に決まった数で計画されており、有意性検定はデータ収集が終わってから１回だけ行われたはずである。適切な参加者数を決定するために、検定力の計算が行われているだろうか？　選択された α と β の水準が事前に記載されているだろう

か？　明確な理由なしに、その論文に含まれる実験間で参加者数が大きく異なっている場合には、複数回の検定が行われ、実験が進行する中で必要な結果が得られたときにデータの収集を停止した可能性がある（実験間で参加者数が異なる他の理由には、たとえば、教育グループなどの大きなグループで実験が実施された場合がある。教育グループの場合には、研究者は必要最小限の参加者数を越えていることはわかっていたが、そのグループ全員に実験を行ったということである）。

検定群（たとえば、共通の問いを扱うt検定の表や相関の表、全体的な検定が有意となった後の事後検定）が実施されたときに、ファミリーワイズエラー率を抑えるために、有意水準の補正が行われているだろうか？　ただし、序論において明示されている計画的比較に関しては補正の必要はない。

ここで、最も重要な点の1つに思い当たるだろう。意味があると見なせる最小限の効果量が事前に述べられていなくても、検定力が事前に述べられていなくても、重要なのは、著者が関心下の帰無仮説をどのように扱ったかである。**有意ではないという結果が得られたときに、著者は検定の感度にかかわる何らかの測度を示しているだろうか？**　たとえば、理論に基づいてどの程度であればその効果を意味があると見なせるかに関する指標として、信頼区間が示されているだろうか？　1つの問いにかかわる一連の実験結果があり、それらすべてもしくは一部が有意ではなかったときに、データ全体でどのような決定をすればよいかを見極めるためにメタ分析が行われているだろうか？（分析に使用されるデータが多いほど感度が高くなる。）メタ分析を行った場合にも、有意ではなかった結果の感度の測度（信頼区間など）を示しているだろうか？

論文の考察セクションでは、実際に検定を実施し、有意であることが判明した効果のみが実在するものとして扱われているだろうか？　検定に十分な感度があることが示された場合にのみ、有意ではなかった結果をそれとして真剣に検討しているだろうか？　まさに有意でないp値自体を、彼らの実験条件下で差がなかったことを確信する指標として誤って扱っていないだろうか？

まとめ

ネイマン－ピアソンアプローチによって、数理統計学がその中で発展することになる主要な枠組みや、心理学を含む統計学を使用するジャーナルにおいて暗黙に正統なものとされている哲学が定められた。大多数ではないにしても、公刊された論文の多くはこの正統性から逸脱している。しかし、心理学の標準的なジャーナル論文において統計学を正しく解釈し、使用することに関する論争では、通

常、ネイマン‐ピアソン哲学に訴えることは、他のアプローチに訴えることよりも優先される。このアプローチは一貫性があり、あらゆる研究者と研究の消費者はその考え方を理解すべきである。一般的には、その考え方を理解できていない人が後を絶たないために、結果の解釈を誤ったり、研究の中での決定を誤ったりしていることが多いのである。混乱の大部分は、おそらく、無意識のうちにベイズ的に統計量を理解していて、ネイマン‐ピアソンの統計量がベイズ解を与えると無意識のうちに信じている人がいることから来ていると考えられる（Oakes, 1986）。その混乱は非常に広範囲に及んでおり、心理学者は有意性検定を完全にやめるべきだという主張が、何十年にもわたって定期的になされてきた（概要としては、Harlow et al., 1997を参照）。実際、フィッシャーは、有意性検定は理論が発展していない段階でのみ使用されるツールであると見なしていた。ネイマンは、彼自身の多数の統計学の応用の中で、仮説検定それ自体を使用することはめったになかった。代わりに、モデルパラメータの推定値として信頼限界を与えることを頻繁に行った。これに関連して、何十年にもわたって、研究者は信頼区間をもっと習慣的に使用すべきであるという主張がなされている。たとえば、2001年版の米国心理学会の出版の手引きには、信頼区間が「最も良い報告方略」（p. 22）であると書かれている。変化は遅いが、読者自身によって変化を引き起こすことができる。

ふりかえりと議論のための質問

1. 次の主要な用語を定義しなさい：母集団、帰無仮説と対立仮説、α、β、検定力、有意性、p値、停止規則、ファミリーワイズエラー率、確率。
2. p値とαは何が違うのか？
3. どういうときに有意ではない結果に意味があると言えるのか？
4. 停止規則のうち適切なものと適切ではないものをそれぞれ2つ説明しなさい。
5. 多重検定において補正をする必要があるのはなぜか？
6. 心理学の論文でp値ではなく信頼区間を報告することの長所と短所は何か？

理解を深めるための文献案内

ハッキング（Hacking, 2001）は、確率に関するさまざまな理論と、それらがネ

イマン‐ピアソンアプローチを含むさまざまな統計的推側アプローチにどのように
つながっていったかについての、わかりやすい優れた入門書となっている。こ
の本は、数学や統計学に関する予備知識は必要とはされておらず、焦点はネイマ
ン‐ピアソンアプローチの詳細ではなく、確率論のほうにある。

　本章の内容については、オークス（Oakes, 1986）においてより詳しく議論され
ている。この本は現在絶版となってしまっているが、研究中または将来研究した
いと考えている人は、なんとかコピーを入手してほしい。この本の内容は、ロン
ドン大学ユニバーシティカレッジに提出されたオークスの博士論文をもとに構成
されている。博士論文の審査者が非常に感銘を受け、オークスに出版するように
言ったそうである。オークスの本に記されたアイデアの多くは他の文献を参照す
ることでも知ることができるが、単一の資料として入手可能なものの中では、オ
ークス（1986）が最高の資料の1つである。本章と次の2つの章を読んで理解す
れば、そのほとんどの部分を理解しやすくなるだろう。

　理論的な議論に役立つ文献としては、チョウ（Chow, 1998）、コーエン（Cohen,
1994）、ギガレンツァー（Gigerenzer, たとえば、2000、2004の第13章）、ハウソンと
アーバック（Howson & Urbach, 1989, 第5章と第7章）、メイヨー（Mayo, 1996,
第9章）、ミール（Meehl, 1967）がある。

　多くの統計書に、検定力と信頼区間に関する情報がある。たとえば、ハウエル
の『行動科学のための基礎的な統計学』や、『心理学のための統計的方法』
（Howell, 1987）のどの版でもよいので参照してほしい。

　統計学に関する逸話は、サルスバーグ（Salsburg, 2002）にある。最後に、（正
統派の方法で分析された）データについての考え方に関する非常に有益で魅力的
な説明はエイベルソン（Abelson, 1995）にある。これも研究に従事するあらゆる
人が読むべき本である。

4 ベイズと仮説の確率

　第3章では、確率を**客観的**確率、すなわち長期的な相対頻度として解釈するのであれば、それに基づいて開発された統計ツールでは、その意味と整合した推測、すなわち長期的な相対頻度に関する推測しかできないことを確認した。古典的な（ネイマン－ピアソンの）統計学によって、さまざまなタイプのエラーの長期的な相対頻度がわかるが、仮説が真である確率はわからない。それにもかかわらず、有意性の値によって仮説が真である確率が示されていると多くの人が誤解していることも見てきた。このよくある信念のために、実際に、研究の査読や実施時に誤った決定がなされかねないのである（Oakes, 1986）。

　統計学の別のアプローチとして、**ベイジアン**が言うところの、人々の自然な直感から始めるというやり方がある。人々は、統計学によって自分の仮説が真である確率を知りたいと望んでいるように思われる。本章では、**主観的**確率（仮説に対する主観的な確信度）を定義した後で、実験データに照らして仮説に対する確信度をどのように更新していくべきかを知るための統計ツールをどうしたら開発できるのかを見ていくことにする。このベイジアンアプローチでは、古典的な統計的推測の多くの側面が単純化されている。このアプローチによってもたらされる驚くべき結果についても概観する。最後に、古典的アプローチとベイジアンアプローチが、適切な研究の決定に関する我々の直感とどの程度整合的なのか、あるいは矛盾しているかを検討する。

　心理学者のように、統計学を使っている人々においては、ネイマン－ピアソンの統計学は、ゆるぎない、確立された立場にある。しかし、統計学を使っている人々の中で、概念的な問題は言うまでもなく、この統計的推測のアプローチの名前を意識している人すらほぼいないため、十分な情報に基づいた選択がなされていることはほぼないだろう。統計学者や哲学者の間では、我々が統計学によって何をしようとしているのか（それをどのように行うのかは言うまでもなく）について激しい議論があり、未だ明確な決着はついていない（異論はあるかもしれないが）。本章と次章では、正統派のネイマン－ピアソンアプローチに対する主なライバルについて紹介する。これらの議論を検討した後には、あなたは、論争にお

けるいずれか1つの立場をより支持することになるかもしれない。

主観的確率

　日常生活では、「明日は雪が降るだろう」「次の色が赤である確率は半々だ」「ウズベキスタンが勝つ可能性が高い」「ベイカーの精子競争理論はおそらく正しいだろう」のような言い方をすることがよくある。すでにおわかりのように、これらの主張はいずれも正当な客観的確率（長期的な相対頻度）に関する主張ではない。しかし、日常的に「可能性がある」という言い方をするときには、客観的確率の要件に厳格に従っているわけではない。日常的にその表現を使うときは、単一の事象が生じる、もしくは仮説が真である確率について話そうとしているのである。**主観的**、すなわち、**個人的**確率とは、仮説に対する確信度のことである。この意味に捉えるなら、確率は世界ではなく心の中にある。「明日雪が降る可能性が高い」と言うときには、「明日雪が降る」とどれだけ強く信じているかについて述べている。たとえ、天気の専門家であったとしても、明日雪が降ることに対して、あなたが高い個人的確率を割り当てるのは間違いであると言うことはできない。天気の専門家は天気のパターンについて知っているかもしれないが、あなたの心がどのような状態にあるかについて、あなた自身よりもよく知っているわけではないのである。天気の専門家は、より多くの情報を与えることによってあなたの心を変えられるかもしれないが、あなたがどれくらい強く「明日は雪が降る」と信じているかについてのあなたの発言それ自体は、（その時点において）依然として真であることに変わりはない。

　主観的確率を使用する際に最初に考えるべき問題は、ある命題について「確かである」と思っている程度に、どうやって正確な数値を割り当てるかということである。0から1までの数値を使うことにしよう。ここで、0は「確率が0である」ことを意味し、その命題で述べられている内容が真である可能性はないことを意味している。1は、その命題で述べられていることが「真である」と確信していることを意味する。しかし、その命題で述べられていることが偽である（すなわち、確率＝0）のか、真である（すなわち、確率＝1）のかが確かでない場合には、0から1までのどの数値を選べばよいのだろうか？　1つの解決策は、その命題で述べられている内容にどれだけのお金を賭けてもかまわないと思っているかを確認することである。

　「明日は雨が降るだろう」という主張（以下、主張1）に関して、その人がどの程度の確信をもっているかを見極めるために、主張1と主張2のどちらか1つを

選択してほしい。どちらの主張を選択した場合でも、それが真であることが判明したとき、すなわち、主張されている内容が実際に生じたときに、10ポンドが支払われる（つまり、主張1を選択して実際に翌日雨が降ったとき、もしくは、主張2を選択して実際に袋から赤いチップを引いたときに、10ポンドを受けとることができる）。

主張1．明日は雨が降るだろう

　赤いチップが1枚と青いチップが1枚入った袋を持っている。それを振って、目を閉じてチップを1枚引くという状況で、
主張2．私はその袋から赤いチップを引くだろう

　もし主張1を選んだ場合、「明日雨が降るだろう」という主張に関するあなたの確率は0.5より大きく、主張1を選ばなかった場合は0.5よりも小さいということになる。
　袋の中の赤いチップの比率を変えることで、確率をより正確に絞り込むことができる。たとえば、上記の主張1を選んだ後に、もう一度主張1と下の主張3のどちらにするかを選んでほしい。

　赤いチップが3枚と青いチップが1枚入った袋を持っている。それを振って、目を閉じてチップを1枚引くという状況で、
主張3．私はその袋から赤いチップを引くだろう

　主張1か主張3かを選択できて、選んだシナリオが真である、すなわち実際にそうなったということが判明したら、10ポンドが支払われるとすると、あなたはどちらを選ぶだろうか？

　ここで、もう一度主張1を選択すると、個人的確率は0.75より大きくなり、そうでない場合は、0.5から0.75の間ということになる。主張1と赤いチップの比率が異なる別の袋の間で繰り返し選択をすることで、いくらでも正確に確率を設定することができる（付録1に、1回のギャンブルで主観的な確信を研ぎ澄ますための手続きを示している）。ある理論に対して、最初にどのくらいの個人的確率を割り当てるかはあなた次第である。心の奥底の声に耳を傾けて、どちらに賭けたいと思うかを確認してほしい。
　確率ではなく、**オッズ**によって、個人的な信念を表現することが便利な場合も

ある。

　　オッズ（理論が真である）＝確率（理論が真である）/ 確率（理論が偽である）[1]

　たとえば、「ある理論が真である」という個人的確率が0.5の場合、その理論を支持するオッズは 0.5/（1−0.5）＝1、つまり1：1（1対1）、すなわち等しいオッズとなる。それに対して、個人的確率が0.75の場合には、その理論を支持するオッズは 0.75/（1−0.75）＝3：1（3対1）となる。逆に個人的確率が0.25の場合のオッズは1：3となる。

　ここで、我々にとって簡単ではないことも規定しておこう。我々の心の中から得られるこれらの数値は、確率の公理に従わなければならない。こう規定することで、理論に関する個人的確率を、一貫性があり、合理的なものに変更することが保証されるのである。新しい情報に照らして確率を変更する方法に関する人の直感が当てにならないことはよく知られている（たとえば、Sutherland, 1992を参照）。それで統計学者が登場して、我々に規律を強いてくるのである。

　一見すると、我々の個人的確率を確率の公理に従わせることは、当たり前のように思われる。公理は少数であり、それぞれが多かれ少なかれ、明らかに合理的である。2つの公理によって、確率が取りうる値が効果的に制限される。すなわち、すべての確率は0から1の間にあるということである。また、A と B が相互に排反である場合には、$P(A$ または $B) = P(A) + P(B)$ となる。たとえば、サイコロを振る状況を想像してみよう。「1」「2」「3」から「6」まで目がある。これらの目が出る確率はそれぞれ相互に排反である。すなわち、「1」が出たときに「2」が出ることはない。「1」が出ることに関する私の個人的確率を1/6とし、「2」が出る確率も1/6とする。公理に従うと、私の個人的確率 P（「1」もしくは「2」が出る）、すなわち、サイコロを振って「1」もしくは「2」が出る確率は、P（「1」が出る）＋ P（「2」が出る）＝1/6＋1/6＝1/3となる。最後に、$P(A$ かつ $B) = P(A) \times P(B|A)$ という公理がある。$P(B|A)$ は、A が与えられたとき、すなわち、A が当てはまると仮定したときの B の確率であるが、B の確率はどのくらいになるだろうか？　Box 4.1には、この公理が示されている。

　個人的確率を更新するときに、これらの公理に従うことだけを求めるのであればそれほど無理なことではないだろう。

---

[1]　よって、確率（理論が真である）＝オッズ/（オッズ＋1）である。

Box 4.1 $P(L \text{ and } C) = P(L) \times P(CL|L)$

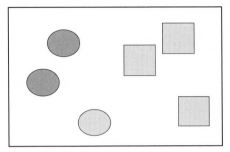

　上の図にあるような物体が入っている箱を想像してみてほしい。この箱の中には、薄い色もしくは濃い色の円もしくは正方形が入っている。この箱を振って、その中から物体を1つずつ取り出すことを繰り返すとしよう。あなたは、各物体を取り出す確率は等しいと考えている。このとき、薄い色の円を取り出す確率 $P(L \text{ かつ } C)$ はいくつだろうか？

　円を取り出す確率は1/2（$P(C)$ =1/2）である。すなわち、あなたは、円を取り出す確率は1/2であると期待している。もし、円を取り出したときにそれが薄い色である確率は1/3（$P(L|C)$ =1/3）である。よって、円を取り出すのは全体の1/2で、そのうちの1/3のときにその物体が薄い色の円であると期待される。すなわち、$P(L \text{ かつ } C) = P(C) \times P(L|C) = 1/2 \times 1/3 = 1/6$ となる。

　これを逆に考えることもできる。薄い色の物体を取り出す確率は、4/6（$P(L)$ = 4/6）である。薄い色の物体を取り出したときにそれが円である確率は1/4（$P(C|L)$ =1/4）である。よって、薄い色を取り出した4/6において薄い色の円を取り出す確率はそのうちの1/4であるので、$P(L \text{ かつ } C) = P(L) \times P(C|L) = 4/6 \times 1/4 = 1/6$ となる。

ベイズの定理

　プロテスタントの牧師であったトマス・ベイズ（Thomas Bayes: 1702-1761）は、生涯において一度も（少なくとも彼の名前で）論文を公刊したことがなかったが、王立学会のフェローであった（古き良き時代）。ベイズ牧師の死後、彼の友人であるリチャード・プライスは、彼の論文の中からある草稿を見つけ、それが非常に

重要であると考え、1764年に彼に代わって王立学会に提出した。ベイズは、データが得られたときのある仮説の確率、すなわち、$P(H|D)$をどうやって求めたらよいかという問題に取り組んでいた。

ベイズの定理は、Box 4.1の公理を用いた第一原理から簡単に導き出せる。ベイズの定理を忘れても、いつでも自分で導出できる。仮説をH、データをDとして考えてみよう。

$$P(H \text{ かつ } D) = P(D) \times P(H|D) \tag{4.1}$$

また

$$P(H \text{ かつ } D) = P(H) \times P(D|H) \tag{4.2}$$

式（4.1）と（4.2）は、Box 4.1の公理を言い換えただけである。
（4.1）と（4.2）の右辺は等しいので、

$$P(D) \times P(H|D) = P(H) \times P(D|H)$$

ここで、両辺を$P(D)$で割ると

$$P(H|D) = P(D|H) \times P(H)/P(D) \tag{4.3}$$

式（4.3）のようにベイズの定理を表すことがある。これにより、ある条件付き確率からその逆確率を求める方法がわかっただろう。同じデータDが与えられたときの複数の仮説の確率を比較することに関心がある場合には、式（4.3）を簡略化できる。そのすべての比較において、$P(D)$は定数となるので、以下のように表すことができる。

$$P(H|D) \text{ は } P(D|H) \times P(H) \text{ に比例する} \tag{4.4}$$

式（4.4）のようにベイズの定理を表すこともある。

$P(H)$は**事前確率**と呼ばれる。データを収集する前にあなたがどのくらいその仮説がありうると考えたかを意味する。これは個人的な主観的確率であり、その値は完全にあなた次第である。$P(H|D)$は、データが得られたときの仮説の確率であり、**事後確率**と呼ばれる。「事後」とは、文字通り、「後にくる」ことを意味している。事後確率は、データを収集した後にあなたがどのくらいその仮説がありうると考えられるかを意味する。$P(D|H)$は、ある仮説の下であるデータが得られる確率である。これは、仮説の**尤度**と呼ばれる（厳密には、事後確率は尤度と事前確率の積に単に比例しているだけなので、尤度は$P(D|H)$に比例するもの

として定義される)。つまり、式（4.4）は

　　事後確率は事前確率と尤度の積に比例する

ということを述べていることになる。

　これがベイズ統計学の中心的な主張（「マントラ」）である。これにより、ある
データが与えられたときに、仮説の事前確率をどうやって更新するかが示されて
いる。事前確率はあなたの考えによって定められる。しかし、一旦それが定めら
れた後の事後確率は、確率の公理によって決定される。ベイズ統計学の観点によ
れば、科学的推測は、まさに、データに照らして、仮説に対する個人の信念を更
新することにある[2]。

尤度

　ベイズの定理によると、仮説に対する個人的確率を更新したいのであれば、尤
度だけで、データに関して知っておかなければならないことの**すべて**がわかる
（Edwards, 1972）。データが仮説をどのくらい支持しているのかは、尤度により捉
えられる。事後確率は、事前確率と**尤度**の積に比例する。データに含まれる、推
測にかかわるすべての情報が尤度によって提供されるという考えは、**尤度原理**と
呼ばれる。一見すると、尤度原理は、確率の公理に従う真実のように見えるかも
しれない。しかし、実際にはこの考えは論争の的になっている。ベイズ推測では
この考えを尊重しているのに対して（尤度推測も同様で、これについては次章で検
討する）、ネイマン－ピアソンアプローチによる推測は、後述するように、この
考えには従っていない（次章でさらに議論する）。では、尤度とは、正確にはどの
ようなものなのだろうか？

　自分が抱える問題について話している人々に対して、人がどのように反応する
かに興味があると想像してみよう。次の2つのうちのいずれかのように反応でき

---

[2]　ここで、第1章を振り返って考えてみると、ベイジアンは**帰納論者**（inductivists）であ
　　り、ヒュームやポパーが「存在しない」と論じたこと、すなわち、帰納的論理に取り組み、
　　一般的な主張を段階的に確証するために個別の観測結果を使用しているように見える。し
　　かし、ベイジアンは、彼らが行っているこのベイズ的な部分がヒュームの議論に反してい
　　るとは考えていない。彼らは、ベイズは妥当な数学の一部にすぎず、既存の信念の中に暗
　　黙のうちにあったものを明示したにすぎないと考えている。確率を計算するためには、世
　　界のモデルが必要である。もし、あなたが世界がある種のモデルによって記述されている
　　と信じているのであれば、ベイズによって、そのモデルが変わった時に確率をどうやって
　　更新するかがわかるだろう。

るとしよう。1つは、友人に問題の解決策を提供すること、もう1つは、解決策を提供しないが共感を示すこととする。前者のタイプの人を「解決者」と呼び、後者のタイプの人を「共感者」と呼ぶことにする。グレイ（Gray, 2002）は、女性が問題について話しているときに、男性は習慣的に解決策を提供することを示した。女性は共感を求めているので、こうすることで、男性は深刻な問題に陥ってしまうのだが！　我々のリサーチクエスチョンは、母集団において男性の何パーセントが「解決者」であるかということである。5人の男性に我々の問題について話したとする。この5人全員が解決策を提供したとすると、彼らは全員「解決者」ということになる。ここで我々が得た**データ**は、標本である5人の男性のうち5人が「解決者」であったという事実である。

　ここでの尤度は、ある仮説の下でこれらのデータが得られる確率である。ある仮説は、母集団において「解決者」である男性の割合は0.1であるというものである。尤度 $P(D|H) = P$（5人が「解決者」であるデータを得る|「解決者」の比率 $= 0.1$）、すなわち、$0.1^5 = 0.000001$である。別のもう1つの仮説は、「解決者」である男性の割合が0.5であるというものである。尤度 $= P$（5人が「解決者」であるデータを得る|「解決者」の比率 $= 0.5$）$= 0.5^5 = 0.03125$である。図4.1は、さまざまな仮説に対する尤度をプロットしている。このデータはさまざまな母集団比率のときに得られるが、母集団比率によってこのデータが得られる確率は異なる。このデータに関しては、母集団比率が1の場合に最も得られる確率が高い。したがって、「母集団比率が1である」という仮説の尤度が最も高いということになる。

　よくある誤解に注意してほしい。日常会話では、「ある仮説の『尤度』が最も高い」と言うことは「その仮説の『確率』が最も高い」と言うことと同じである。しかし、統計学者にとって、この2つは同じではない。データに照らした仮説の確率は $P(H|D)$ であり、これは事後確率のことである。それに対して、仮説の尤度は、ある仮説の下でそのデータが得られる確率、$P(D|H)$ である。尤度を使って事後確率を求めることはできるが、両者は同じではない。仮説の尤度が最も高いからといって、その事後確率が最も高くなるとは限らない。「仮説の尤度が最も高い」という事実は、データがその仮説を最も支持しているということを意味している。もし、各仮説の事前確率が等しいのであれば、最も尤度が高い仮説の事後確率が最も高くなる。しかし、事前確率によっては、データに最も支持されている、すなわち尤度が最も高い仮説の事後確率が最も高くならないことがある。

　前章で、新薬が血圧を変えるかどうかを検証する例を扱った。その薬で治療さ

図4.1

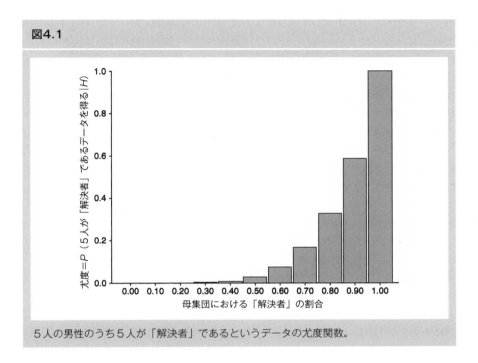

5人の男性のうち5人が「解決者」であるというデータの尤度関数。

図4.2

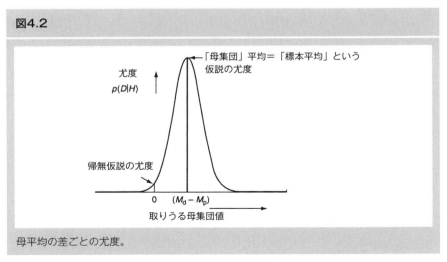

母平均の差ごとの尤度。

れた人々の群の平均血圧は M_d である。また、生理的食塩水のみで治療された偽薬群の平均血圧は M_p である。よって、群間の血圧の差は $M_d - M_p$ で表される。

　実際の母集団（薬－偽薬）平均が標本平均とまったく同じ値であるならば、観測された標本（薬－偽薬）平均が得られうる。しかし、その観測された標本平均は、標本とわずかに異なる平均をもつ母集団や、実際には標本と大きく異なる平均をもつ母集団から得られることもありうる。しかし、母平均が標本平均と大きく異なるとすると、その母集団から得られた標本平均値付近の標本平均が得られる確率は非常に低くなる。図4.2は、母平均がさまざまな値をとるときに、その標本平均が得られる可能性がどの程度あるかを示している。横軸は取りうる母平均の値であり、これは仮説 H に対応する。曲線の高さは、母平均が標本平均（$M_d - M_p$）と一致しているときに最も高くなる。母平均が0のときの曲線の高さは、「母平均が0である」という帰無仮説の尤度である。

　従属変数が連続的に変化すると仮定できる場合、すなわち、値が段階的でない場合（血圧がそうであるように）、その分布は正しくは**確率密度**分布と呼ばれる。確率密度の説明については、Box 4.2を参照してほしい。尤度は、確率と同様に、

Box 4.2　確率密度と確率

　一般的に、ある変数が連続的に変化する場合、その変数の確率分布は正しくは確率密度分布関数と呼ばれる。血圧は連続的に変化するので、その分布は確率密度分布となる。なぜ連続変数のために確率密度という特別な名前が作り出されたのだろうか？　もし、その変数が本当に連続的に変化するならば、その変数は無限の値をとりうる。すべての値が正の確率をもっているとすると、ある値もしくは別の値が真である確率は次のように表される。

　　P（値 $= 1$ もしくは2.3もしくは5もしくは…）$= P$（値 $= 1$）$+ P$（値 $= 2.3$）$+$
　　P（値 $= 5$）$+ \cdots$

そして、この値は無限大になる！

　しかし、確率の公理から、確率は1よりも大きいことはありえないことがわかっている。したがって、これらの無限の値に対して、それぞれの値に正の確率を与えることはできない。しかし、区間に対して確率を与えることはできる。すなわち、血圧の変化の真の値が血圧の3単位～4単位の区間にある確率を示すことができる。その確率は、下図にあるように、3単位～4単位の間の曲線の下の面積として表現

Box 4.2 つづき

される。確率密度分布から、その変数が任意の区間の値をとることがどのくらいの確率で生じるかがわかる。

　変数がある区間もしくは別の区間の値となる確率は、各区間の面積の和である。その和は、ちょうど曲線全体の下の面積となる。したがって、曲線の下の面積が1である限り、確率は適切な値をとる。

　血圧の変化のある値の曲線の下の面積、たとえば、ちょうど2単位の曲線の下の面積は0であることに注意してほしい。このことから、変化がちょうど2単位である確率は0となる。同様に、変化がまったくない（0である）確率も0である。

　慣習的に、$P(A)$ は A の確率であり、$p(A)$ は A の確率密度を表す。

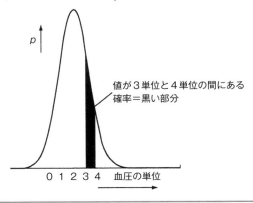

値が3単位と4単位の間にある
確率＝黒い部分

0 1 2 3 4　血圧の単位

確率密度にもなる（もしくはそれに比例する）。

　有意性検定では、$P(D|H)$ という形式で計算をする。しかし、有意性検定で用いられている $P(D|H)$ は、ここで扱っている尤度、すなわち $p(D|H)$ とは概念的に大きく異なっている。有意性検定の「p 値」は、帰無仮説が実際に真である場合に帰無仮説を棄却する確率、すなわち、P（帰無仮説を棄却する$|H_0$）のことである。別の言い方をすると、p 値は、帰無仮説が真である場合に、実際に得られたデータ以上に極端なデータを得る確率、すなわち、P（D 以上に極端なデータを得る$|H_0$）である。有意性の計算では、検討中の仮説、つまり H_0 を固定した上で、得られる可能性のあるデータのほうを変化させる（H_0 が真であるときにこの標本平均が得られる確率（または確率密度）はどれくらいか？　また別のこの標本平均では？　さらにまた別のこの標本平均では…？と問い続けるのである）。尤度は p

図4.3

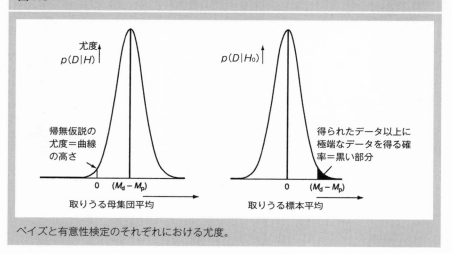

ベイズと有意性検定のそれぞれにおける尤度。

（まさにこの D が得られる$|H$）であり、ここでは H は固定ではなく、自由に変化するのに対して、D は常にまさにこの得られたデータなのである。

　図4.3にその違いが示されている。左側の曲線では、横軸に沿って変化するのは、取りうる母集団値である。それぞれの値は H に対応する。これは、真の母集団値についての仮説である。それに対して、右側の曲線では、横軸に沿って変化するのは、取りうる標本値、すなわち、データである。また、左側の曲線では、帰無仮説の尤度は、帰無仮説の値に対応する曲線の高さとして表される。一方、右側の曲線では、曲線がそれに対応する（$M_d - M_p$ の値の上の曲線の高さが尤度と同じ値になる）。しかし、ここでは、曲線の高さではなく、この点より大きな値の曲線の下の面積に関心がある。この面積は、帰無仮説が真であるときに得られたデータが実際に得られた平均以上の値となる確率を表している。

　尤度分析では、データを固定し、仮説のほうを変化させる。それに対して、有意性検定では、仮説を固定し、データのほうを変化させる。尤度分析で尤度を計算する際には、それぞれの仮説に対応する曲線の高さに関心がある。それに対して、有意性検定では、得られたデータよりも大きな値をとる曲線の下の面積である「端の面積」に関心がある。この面積は、得られたデータ以上に極端なデータを得る確率であるため、実際には得られてはいないが得られた可能性のあるデータを表している。尤度は、そのデータがどのようなものかを反映している（曲線

は実際に得られたデータに対してのみプロットされる）のに対して、「端の面積」を用いた有意性検定では、得られた可能性はあったが実際には得られていないものを反映している（データはより極端であった可能性があるが実際にはそうではなかった）。有意性検定では、白黒をつける決定を行う。すなわち、「端の面積」が事前に設定された a の値（5%など）よりも小さいかどうかという判断である。それに対して、尤度は、さまざまな仮説を支持する程度を連続的に表す。

　有意性検定では、長期的なエラー率を決定するために「端の面積」が計算される。古典的統計学の目的は、信頼できる決定を下すための手続き、すなわち、長期的なエラー率がコントロールされていると言える手続きを作り出すことである。長期的なエラー率を決定するには、集合を定義する必要がある（第3章を参照）。集合の要素を構成する手続きは何によって定義されるのだろうか？　1回の t 検定を1回実行することがそれにあたるかもしれない。その場合、集合の要素は1回の t 検定を実行することであり、上述のように、「端の面積」が事前に設定された a よりも小さい場合に帰無仮説を棄却することで誤りを犯す確率を抑えられる。しかし、5回の t 検定を実行することを手続きとしている場合には、集合の要素は一度に実行される5回の t 検定（しばしば、t 検定「群」と呼ばれる）となり、5つの帰無仮説が真である場合にそれらのいずれか1つでも棄却する誤りを犯す確率を抑える必要がある（すなわち、「ファミリーワイズエラー率」をコントロールする必要がある）。ここで、「端の面積」を調整する必要がある。たとえば、ボンフェローニ補正を用いる場合、各検定の「端の面積」を5倍し、この補正された面積が事前に設定された a よりも小さい場合にのみ、その検定の帰無仮説を棄却する（詳しい説明は第3章を参照）。その「端の面積」は、また、停止規則に従って調整する必要もある。停止規則が異なれば、データの収集を停止するタイミングが異なりうる。古典的統計学では、他に何をする可能性があったのかを考慮する必要がある。すなわち、実行するのは1回の検定なのか、5回の検定なのかということや、他にいつ停止する可能性があったのかということである。さらに、検定が事後的なものか計画的なものか（説明とデータで先に得られたのはどちらか？）を知る必要がある。しかし、尤度（ある仮説の下でまさにそのデータを得る確率（もしくは確率密度））は、他の検定を行った場合でも、また、今すぐデータの収集を停止した場合にも続行した場合にも、さらには説明をいつ考えたか（データの前なのか後なのか）というタイミングにも関係なく、明らかに同じである。尤度が、他の検定を実行するかどうかや停止規則および説明のタイミングの影響を受けないことは、ベイズ統計学と古典的統計学の哲学的および実用的な大きな違いである。この点については後述する。古典的統計学では、多重検定や停止規則および

説明のタイミングの影響を受けるが、この点は古典的統計学が尤度原理から逸脱していることを示している。これらのことから、古典的統計学ではデータの尤度だけでなく、より多くの側面を推測に関連するものとみなしていることがわかる。

ベイズ分析

ベイズの定理によると、事後確率は事前確率と尤度の積に比例する。実際の心理データを扱うときに、このことは2つの方法で活用できる。まず、確信区間を計算できる。これは、信頼区間のベイズ統計学版である。次に、実験データに照らして、帰無仮説と検証している理論のどちらを支持するかについてのオッズを調整する方法（「ベイズファクター」）を計算できる。これは、帰無仮説検定のベイズ統計学版である。以下では、それぞれについて順に説明する。

確信区間

1グラムの新薬が血圧をどの程度変化させるかを検証したいとする。このとき、母集団における血圧の変化値が仮説となる。それぞれの仮説についての事前確率密度を決定する必要がある。データを収集する前に、漠然としているかもしれないが、血圧がどのくらい変化するかに関して、ある程度の考えをもっているだろう。たとえば、事前確率が正規分布から大きく逸脱していない、すなわち、ある値となる可能性が高く、かつその値よりも極端な値となる可能性がその値の確率から左右対称に低くなっていくと考えているとする。最も生じる確率が高いとあなたが考える値を、事前分布の中心（すなわち平均）に置く。値の広がり（標準偏差）は、以下のことを思い出せば割り当てられる。平均±1標準偏差の範囲に実際の母集団値が含まれる確率は68％であり、平均±2標準偏差の範囲に含まれる確率は95％である。平均±3標準偏差の範囲に真の母集団値が含まれていることはほぼ確実である。標準偏差が無限大である場合（もしくは実際に取りうる値と比較して非常に大きい場合）、母集団において取りうるすべての値は等しい確率で生じると考える。これは、「平らな事前分布」または「一様事前分布」と呼ばれる。母集団値に関してまったくわかっていないことがあるかもしれない。あなたがそう感じているのであれば、それはそれで問題ない。「正しい」答えはないことを覚えていてほしい。これは「あなたの」事前分布なのである！　まとめると、事前分布を選ぶ際には、(a)事前分布を正規分布で近似できるかどうか、もし近似できるなら、(b)その分布の平均はいくつか（M_0 と呼ぶ）および(c)その分布の標準偏差（S_0 と呼ぶ）はいくつかを決める必要がある。

この先に読み進めていく前に、次の演習を行ってほしい。あなたが関心のある
リサーチクエスチョンを考えてみよう。この研究には、ある母集団パラメータ、
たとえば条件間の平均値の差などの推定がかかわっている。このときのパラメー
タの事前確率分布を作ってみよう。助けが必要なときは Box 4.3を参照してほし
い。

Box 4.3　事前分布を作る

　心理学者が２つの条件間の平均値の差に関心をもつことはよくあることだろう。
たとえば、平均的な体形のモデルの広告を見た後と痩せたモデルの広告を見た後の
人々の自尊感情に関心があり、０〜６の７件法でそれを測定したとする。あなたは、
平均的な体形のモデルの広告よりも痩せたモデルの広告を見た後に、自尊感情が平
均的に低くなると考えており、その方向の変化が生じた場合に正の値をとるとする。
このとき、あなたはどのくらいの変化が最も生じやすいと考えるだろうか？　ここ
で、０〜６の尺度では、それほど大きな変化が生じないことに留意してほしい。通
常、尺度の中央の値くらい（たとえば３）の自尊感情をもっており、平均的なモデ
ルを見ても自尊感情は変わらないとすると、自尊感情は最大でも３ポイントしか下
がりえない。この値が最大なので、母集団における変化値が３になるためには、す
べての人が最大限値を下げないといけないことになる。したがって、平均値におけ
る１、２ポイントの変化であっても、それなりに大きいと言えるだろう。どの程度
の変化が最も生じやすいかを判断するには、類似の先行研究を考慮するとよいだろ
う。いずれにしても、最終的な推測はあなたの個人的な推測であり、完全にあなた
の考え次第である。

　操作の強さについては楽観的に考えており、事前分布の平均値として１を選んだ
としよう。次に、母平均についてどのくらい不確かだと思っているか、すなわち、
事前分布の標準偏差について考えてみよう。そのために、母平均が０より小さくな
る確率、すなわち、平均の変化が反対方向となる確率がどのくらいかを考えてみよ
う。負の方向に変化する確率は数％程度だと考えるかもしれない。直感を裏切るこ
となく、その確率を2.5％とするのであれば、平均と０の差は２標準偏差分となる
（正規分布では、平均から２標準偏差以上小さい値の面積は2.5％である）。平均が
１で、事前分布の標準偏差は0.5となる。これは、あなたが、2.5％の人が負の方向
の値をとると考えているということではない。これは、母平均が０より小さい値と
なる確率が2.5％であると考えているということである。母平均が０より小さくな

4　ベイズと仮説の確率 ｜ 143

Box 4.3　つづき

る確率は０であると思うかもしれないが、かなりの割合の人が０より小さい値を示すとも考えているのである。

　その標準偏差で本当にいいと思っているかを確認する必要がある。平均よりも２標準偏差大きな値（１＋２×0.5＝２）をとる場合、真の母平均が２より大きくなる確率は2.5％であると考えていることになる。もしそうなる可能性が低いと思う場合には、事前分布の平均と標準偏差のいずれかを修正したほうがよいかもしれない。もしくは、事前分布が正規分布で表されるという考えを修正してもよいかもしれない（たとえば、事前分布は平均に関して対称とならないと考える）。しかし、正規分布の仮定をはずす前に、正規分布がそれなりに適合するかを確かめてほしい。十分な量のデータがあるのであれば事前分布が細かいところまで正確であることは重要ではないので、ここでの目的は、正規分布から大きく逸脱することなく、事前の直感を捉えることができるかどうかを確認するだけでよい。

　母平均が０より小さくなる確率は10％と考えたとしよう。正規分布表を見ると、正規曲線において、面積が10％となるのは、平均値より1.28標準偏差下であることがわかる。あなたの事前分布の平均は１なので、1.28SDs＝１となり、1SD＝1/1.28＝0.78単位ということになる。その数値を暫定値として、これでよいかを確認してほしい。参考までに、正規曲線の面積の20％は平均より0.84標準偏差下にあり、30％は平均より0.52標準偏差下にある。よって、母平均が０より小さくなる確率が30％であると考えているとすると、０とあなたの平均は0.52標準偏差離れているとわかっていることになる。したがって、１標準偏差＝平均/0.52である。

　平均を１、SDを0.78とすると、母平均が０より小さくなる確率は10％である。逆に、母平均が０より大きくなる確率は90％である。よって、母平均がちょうど０となる確率は０である。もちろん、平均や標準偏差がいくつであろうと、平均がちょうど０になる確率は常に０である（平均が０付近の小さな区間に入る確率は有限値となる。たとえば、平均とSDが上で選択された値のときに、母平均が０の周りの0.1ポイント以内にある事前確率は0.09となる。正規分布表を使って自分で計算してみよう。

　ベイズ統計学を受け入れるかどうかにかかわらず、実験を行う前に事前分布を描いてみることは良い演習となる。統計的推測のどの流派であっても、効果量について真剣に考えることは重要であるにもかかわらず、悲しいかな、このプロセスは無視されることが多い。

図4.4

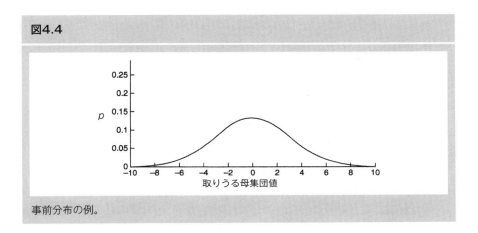

事前分布の例。

図4.5

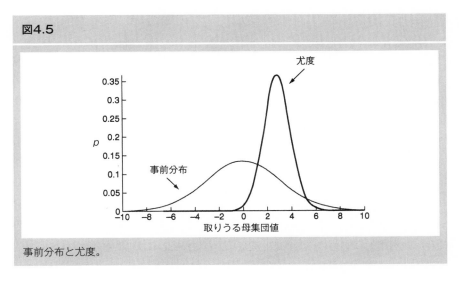

事前分布と尤度。

　図4.4は、新薬の効果について考えられる事前分布を示している。単位は、薬の有効性を測定できるものであれば何でもよいとする。たとえば、血圧変化の測度には、水銀柱ミリメートル（mmHG）がある。この事前分布によると、効果の平均が0であることが最も起こりやすく（$M_0 = 0$）、真の効果がいくつであっても、-9から+9単位（ここでは $S_0 = 3$）に入ることをほぼ確信していることがわかる。

　図4.4は、データを収集する前に考えていたことを示している。データは正規

分布に従う母集団から収集される。標本平均が2.8、標準誤差が1.09であったとする。そのデータが30個以上の観測に基づいていると仮定すると、図4.5に示すように、平均が2.8、標準偏差が1.09の正規分布として尤度を表すことができる。尤度分布の計算については、Box 4.4を参照のこと。

Box 4.4 尤度を決定する

　各参加者が2つの条件に参加したと想像してほしい。従属変数は連続変数で、おおむね正規分布に従っているとする。参加者ごとに2つの条件間の従属変数の差を計算するとする。尤度関数の平均は、この差得点の平均となる。尤度関数の標準偏差は、差得点の標準**誤差**となる。差得点の標準偏差を S とすると、標準誤差は $S/\sqrt{n}$ となる。ここで、n は参加者数である。S は差得点の標準偏差であり、1つの条件の得点の標準偏差ではない。参加者内計画（すなわち、すべての参加者がすべての条件に参加した）を用いて、2条件を比較している論文で報告されたデータに対して、ベイズ分析を行いたいとする。論文中の表には、通常、各条件の得点の標準偏差が報告されているが、ここで必要な差得点の標準誤差は報告されていないことが多い。しかし、その情報を得る方法がある。論文では差に対する t 検定の結果、すなわち、$t=$（差の平均）/（差の標準誤差）が報告されているだろう。これにより、差の標準誤差＝（差の平均）/t で求めることができる。

　各参加者が2つの条件のうちの1つにだけ参加した場合にも、尤度関数の標準偏差は、やはり差の標準誤差となる。しかし、各参加者が1つの条件にしか参加していないので、参加者ごとに差得点を求めることはできない。ここで、各条件の標準偏差が S_1 と S_2 であり、参加者数がそれぞれ n_1、n_2 であるとする。

　このとき、差の標準誤差は、$\sqrt{(S_1^2/n_1 + S_2^2/n_2)}$ で求められる。もしくは、論文中では、上の例と同じように、差に対する t 検定の結果、すなわち、$t=$（差の平均）／（差の標準誤差）を報告しているかもしれない。そうであれば、上の例と同様に、差の標準誤差＝（差の平均）/t となる。

　この事例のベイズ分析では、平均が（大まかに）正規分布していると考えられる差の平均の例を検討しているが、これは、そう仮定することで式が単純になるためである。しかし、ベイジアンの手続きは、単純なものから複雑なものまで、研究者が統計学を必要とするあらゆる一般的な状況に利用でき、常に新しい解決策が見出されてきていることに留意してほしい。ベリー（Berry, 1996）の入門書では、（大まかに正規分布に従う平均に加えて）比率を含むデータに対して事前分布、尤

度および事後分布を求める方法が説明されている。マッカーシー（McCarthy, 2007）は、単純なものから非常に複雑なものまで、さまざまな計画のベイズ分析のためのフリー・ソフトウェア（WinBUGS）の使い方を解説している。

　事前分布において母集団分布の平均が不確定な状況については検討してきたが、標準偏差が不確定な状況については言及してこなかった。厳密には、Box 4.5で用いている方程式は、母集団の標準偏差が既知であると仮定しているが、これは状況としてはほぼありえない。ベリーは、標準偏差が未知の（標本によってのみ推定される）場合に、$n < 30$であれば補正することを推奨している。具体的には、各群の得点の標準偏差 S を $S' = S(1 + 20/n^2)$ で変換し、上記の式の S を S' に置き換えて尤度を計算する。マッカーシーによって作られた WinBUGS ソフトウェアでは、より原理的なベイズ解を求めることができる。すなわち、平均と標準偏差の両方の事前分布を構築することができ、それらの値を用いて、平均と標準偏差の両方の事後分布を決定することができる。

　しかし、本章で示された式だけで、多くの場合をカバーできるだろう。すなわち、大まかに正規分布すると仮定される場合や、正統派の統計量を用いた t 検定が用いられる場合などがそれにあたる。たとえば、ピアソンの積率相関係数は、第3章のBox 3.7に示されたフィッシャーの変換、r' を用いて正規分布に変換できる。その場合、尤度関数の平均は観測された r' に等しくなり、標準偏差は Box 3.7で示した SE となる。

　ベイズの定理によると、$p(H|D)$ は $p(D|H) \times p(H)$ に比例する。つまり、事後確率は尤度と事前確率の積で求められる。図4.5の横軸の値は、H、すなわち、薬の有効性の母集団値に関する仮説を表している。図4.6と4.7に示すように、各 H に関して事後分布を得るために、尤度分布と事前分布をかける必要がある（比例定数をいくつにすべきか気になるかもしれないが、実際にはあまり気にする必要はない。事後分布の下の面積が1であることのみ確認すればよい）。

　事後分布が尤度分布とどのくらい類似しているかに注目してほしい。ほどよく散らばっている事前分布の場合（すなわち、意見が事前にはかなり漠然としていることを表している）、事後分布は、尤度分布、すなわちデータの影響を強く受ける。事前分布が平らもしくは一様である場合（どの値になる可能性が最も高いかについて特に意見がない場合）、事後分布は尤度分布と同一のものになる。さらに、まっ

図4.6

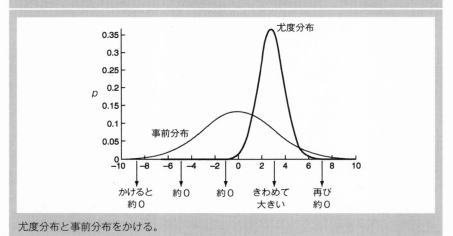

尤度分布と事前分布をかける。

図4.7

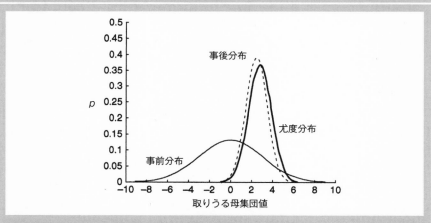

検討してきた事前分布と尤度分布の結果得られた事後分布。

たく異なる事前分布から始めたとしても、十分なデータを収集して、事前分布が滑らかで、真の母集団値の幅で無視できない確率を**ある程度**許容する場合には、事後分布は尤度分布の影響を強く受け、非常に似たものになる（Edwards et al., 1963では、その条件をより正確に議論している）。この意味で、ベイズ統計学は科学の客観的な性質を強調していると言える。すなわち、十分なデータがあれば、当初のさまざまな意見がまとめられるのである。このデータを表す尤度が、結論に大きく影響する。

　事前分布と尤度分布が正規分布に従うのであれば、事後分布も正規分布に従うことがわかるだろう。事前分布と尤度分布の平均と標準偏差が与えられていれば、事後分布の平均と標準偏差は簡単な式により求められることもわかるだろう。文字通り、すべての母集団の値について、事前分布と尤度分布を調べて掛け算をする必要はない。Box 4.5にその式を示す。

Box 4.5　正規分布に従う事後分布に関する公式

事前分布の平均値＝M_0
標本平均＝M_d
事前分布の標準偏差＝S_0
標本の標準誤差＝SE
事前分布の精度＝$c_0 = 1/S_0^2$
標本の精度＝$c_d = 1/\text{SE}^2$
事後分布の精度 $c_1 = c_0 + c_d$
事後分布の平均 $M_1 = (c_0/c_1) \times M_0 + (c_d/c_1) \times M_d$
事後分布の標準偏差 $S_1 = \sqrt{(1/c_1)}$

　事後分布がわかれば、知りたいことはすべてわかったことになる。**確信区間**（確率区間もしくは最高密度領域、HDR とも呼ばれる）として分布を要約すると便利な場合がある。たとえば、真の薬の有効性を含む確率が95％となる範囲を知ることができる。一般に、これは事後分布の平均に集中していると定めている。正規分布では、平均±1.96標準偏差に面積の95％が含まれていることを思い出してほしい。これにより、事後分布の標準偏差が S_1 で、平均が M_1 の場合、$(M_1 - 1.96 \times S_1)$ から $(M_1 + 1.96 \times S_1)$ の範囲が95％確信区間として定義される。図4.7と4.8の事後分布は、平均が2.47、標準偏差が1.10である（Box 4.5の式を用いてこれらの値を確認してほしい）。したがって、95％確信区間は0.5単位から4.5単位とな

図4.8

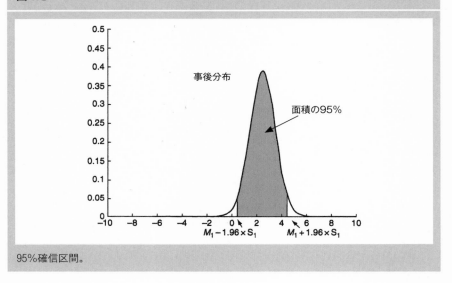

95％確信区間。

る。つまり、真の薬の有効性が0.5から4.5の区間にある確率は95％である。事前分布の平均は0、標準偏差は3であったので、事前分布だけに基づいて求められる95％確信区間は、（0−1.96×3）から（0＋1.96×3）まで、すなわち、−5.9から＋5.9となる。データを収集したために、精度が高まり、上述のように事後分布を用いた確信区間は0.5から4.5となったのである。

　これよりも正確な情報が必要な場合には、確信区間が十分に小さくなるまで、より多くのデータを収集すればよい。答えがどれだけ正確になればよいかは、あなた次第である。満足がいくまでデータを収集することができ、どのくらい正確にすべきかを事前に決めておく必要はない。その時点での目的に照らして十分であると思えたら、データの収集をやめればよい。たとえば、追加で何人かの参加者のデータを得た後に、95％確信区間が2.9から3.2になったところで、データの収集をやめることがあるかもしれない。その場合は、平均して＋3単位程度血圧を変化させる薬であれば十分ということである。

　事前分布が平らである場合、95％確信区間は、ネイマン−ピアソンの95％信頼区間と数値としては等しくなる。しかし、その区間の意味は大きく異なっている。信頼区間は客観的な確率と関連づけられている。すなわち、実験を無限回繰り返し

た場合、毎回計算される区間のうちの95％に真の母集団値が含まれる。しかし、手元のデータから求められた信頼区間に真の母平均値が含まれる確率がどの程度なのかについては主張できない。95％信頼区間に母集団値が含まれていることに95％の確信をもつことはできないのである。しかし、サベージ（Savage, 1962, p. 98）がネイマン－ピアソンアプローチに対する批判で述べたように、「私が知る信頼区間の唯一の使い道は、その信頼区間に対する確信をもつということである」！ ベイジアンアプローチの確信区間では、その確信をもつことができる。

さらに、信頼区間と確信区間は、実践的にも大きく異なっている。信頼区間は、他に実施される検定の数、どういう条件を満たしたときにデータの収集を停止するつもりか、および検定が計画されたものか事後的なものなのかによって、調整される必要がある。それに対して、確信区間は、それらの影響を受けない。その一方で、確信区間は、事前にもっていた情報の影響を受けるのに対して（情報によって事前分布が変わってくるため）、信頼区間はその影響を受けない。これらの違いは、いずれも、それぞれの立場の強みと見なされる。その対照的な捉え方については後述する。

ベイズファクター

ベイズ統計学には、有意性検定にあたるものはない。ベイジアンとしてやるべきことは、多くの場合は、事後分布を決定することだけである。しかし、実験理論の確率を帰無仮説の確率と比較したい場合もあるだろう。その場合には、「ベイズファクター」を使用する。以下では、その考え方について説明する。これが、ベイズ統計学において帰無仮説検定もしくは有意性検定に相当するものである。確信区間の計算に用いられた例では、事前分布と事後分布の両方が確率密度分布であったことに注意してほしい。横軸にプロットされた従属変数は連続量であったため、分布においては、確率は区間にしか割り当てることができない。よって、2.3331564単位の血圧変化のような単一の値をとる確率はどんな値であっても0である。したがって、母集団の血圧変化が0であるという仮説が正しい確率も0となる。つまり、データを収集する前でも後でも、帰無仮説の確率は0となる。このような状況では、帰無仮説を採択するか棄却するかについて論じても意味がない。そして通常、実際の研究の文脈では、どのような理論を支持しているかにかかわらず、独立変数が従属変数にまったく影響を与えない、あるいは2つの心理変数間の相関が0であると考えることは、実際問題、まったく意味がない。たとえ、あなた自身の支持する理論が間違っていたとしても、変数間に少なくとも小さな関連がある理由は他にもあるはずである。しかし、帰無仮説のように、あ

る仮説に0以外の有限の確率を割り当てて、データを収集したときにその確率がどのように変化するかを確認したい場合もあるだろう。ベイズファクターによってこれが可能となる。

ベイズの定理によると、$P(H|D)$ は $P(D|H) \times P(H)$ に比例する。したがって、2つの仮説、実験仮説 H_1 と帰無仮説 H_0 を検討すると、次のようになる。

$P(H_1|D)$ は $P(D|H_1) \times P(H_1)$ に比例する　　　　　　　(4.5)

$P(H_0|D)$ は $P(D|H_0) \times P(H_0)$ に比例する　　　　　　　(4.6)

（4.5）を（4.6）で割ると、以下のようになる。

$P(H_1|D)/P(H_0|D) = P(D|H_1)/P(D|H_0) \times P(H_1)/P(H_0)$
事後オッズ＝尤度比×事前オッズ

尤度比は、（この場合）実験仮説を支持するベイズファクターBと呼ばれる。事前オッズが帰無仮説よりも実験仮説をどの程度支持しているのかにかかわらず、データ収集後にそれにBをかけて、事後オッズを求めることができる。もし、Bが1より大きい場合には、データは帰無仮説よりも実験仮説を支持していることになる。それに対して、Bが1より小さい場合には、データは実験仮説よりも帰無仮説を支持していることになる。Bがほぼ1である場合には、実験の感度が高くなかったことになる[3]。すなわち、参加者数が十分でなかったため、そのデータから実験仮説と帰無仮説のどちらを支持しているかが区別できない（実験の感度という概念が自動的に得られることに注意してほしい。有意性検定で p 値に依拠していたのとは対照的である）。ベイズファクターを用いることで、オッズを連続的に調整することが可能となる。つまり、白か黒かの決定をしなくてよいのである。おそらく、通常、我々は実際には、仮説を採択したり棄却したりするといった白か黒かの決定を下してはいない。データは、信念の強さをそれぞれの方向に、さまざまな程度で動かしているだけである。我々が本当に白か黒かの決定をしているなら、実験を正確に追試する必要はほとんどないだろう。

---

[3]　この点は通常は真であるが、常に真とは限らない。もし、あなたの支持している理論がたった1つの母集団値のみを予測しており、その母集団値がちょうど帰無仮説から予測される値とあなたの理論によって予測される値の間にある場合には、どんなにデータを収集しても、ベイズファクターは1となってしまう！

ベイズファクターの計算例

　実際のデータを使用した例を検討してみよう。数年前、私は英国の生物学者ル
パート・シェルドレイクが提唱した形態共鳴理論を検証するために一連の実験を
行った。形態共鳴理論は、ベイズ分析と古典的分析を対比する上では有用な例と
言えるだろう。というのも、シェルドレイクの理論をどのくらい支持しているか
という事前確率は、人によって大きく異なるからである。形態共鳴理論は、既存
の科学的パラダイムと根本的に矛盾する考えであるため、クーンの立場をとる通
常科学者のように、シェルドレイクの理論をひどく恐れて反応する人たちもいる。
その一方で、少数ではあるが、よりポパー的なやり方で行動し、興味をもって、
それが検証可能な、大胆な推測であると考える人もいる。

　形態共鳴理論によれば、特定の形状を想定することによって、任意のシステム
は「形態野」に関連づけられるようになる。その形態野は、将来のシステムの発
達と維持において因果的な役割を果たす。「形態」は形を意味し、形態野は、将
来のシステムが似た形をとるように導く効果をもつ。

　後続のシステムは、形態野を通じて以前のシステムと「共鳴」する。将来のシ
ステムがその形態野を生成したシステムと類似していればいるほど、その効果は
強くなる。また、以前の類似のシステムによって形が想定される回数が多いほど、
その効果は強くなる。この効果は、化学物質の結晶化から脳のパターンまで、あ
らゆるレベルの組織で生じる。たとえば、脳に関しては、一群のラットがある迷
路を解決したときに、以前に成功したラットの脳と共鳴できるため、将来のラッ
トは同じ迷路をより簡単に解決することができる。これは、一種のげっ歯類の
ESP（超感覚的知覚）である（Sheldrake, 1981; 1988）。

　反復プライミングは、実験心理学者によく知られた現象である。刺激が繰り返
し呈示されることで、その刺激をより早く、より正確に同定することができるよ
うになる。たとえば、この現象は、語彙決定課題において示される。この課題で
は、呈示された文字列が、呈示されたままの順序で意味のある英単語になるかど
うかを判断することが求められる。文字列が繰り返されると、その判断をより早
く行うことができるようになる。形態共鳴理論は、反復プライミングが生じること
を予測している。というのも、人は将来のパフォーマンスを促進する過去の自分
自身と共鳴するためである。もちろん、他の理論でも反復プライミングが生じる
ことは予測される。しかし、心理学者が支持する他の理論では予測されず、形態
共鳴理論でのみなされる予測がある。すなわち、個人間で反復プライミングが生
じるという予測である（つまり、ある種のESP）（Box 4.6を参照）。

　私は1989年に次の実験を行った。ある単語と非単語のセットを共有セット、別

のセットを独自セットと呼んだ。1番目、10番目、20番目、30番目、…100番目の参加者は、共有セットと独自セットの両方に関して、語彙決定課題を行った。これらの参加者は「共鳴者」と呼ばれた。彼らの間の参加者である「ブースター」には、共有セットのみが呈示された。よって、次々に続く参加者において、共有セット刺激は独自セット刺激の10倍、形態共鳴を受けることになる。したがって、「共鳴者」は、独自セット刺激よりも共有セット刺激に対して次第に早く反応するはずである（実験の終わりに、その時点での形態野の測定を安定させるために、追加の「共鳴者」のデータを収集した）。

　図4.9は、非単語のデータを示している。直線の傾きは共鳴者1人あたり−2.8ミリ秒で、標準誤差は1.09であった。これにより、ネイマン−ピアソンの統計学では、pが0.018になり、慣習的に用いられる5％水準で有意となる。

　古典的分析では有意な結果が得られ、帰無仮説は棄却される。すなわち、実験が進むにつれて共鳴者は独自セット刺激よりも共有セット刺激に対してより早く反応しているということをカテゴリカルに採択している（もちろん、これは我々が**形態共鳴理論**をカテゴリカルに採択していることを意味するものではない。採択するかどうかは、我々がその効果に対して他のメカニズムを思いつくかどうかに依存して

図4.9

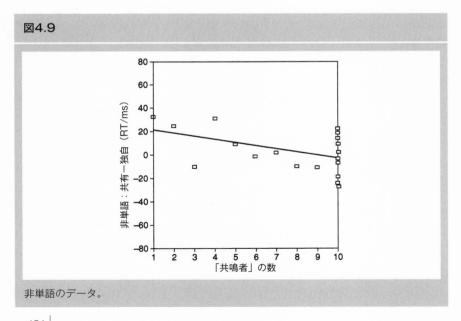

非単語のデータ。

いる）。

　ここで、ベイズ分析について考えてみよう。「MR」は形態共鳴理論が真であることを表すとすると、以下のように表せる。

$$P(\mathrm{MR}|D)/P(H_0|D) = p(D|\mathrm{MR})/p(D|H_0) \times P(\mathrm{MR})/P(H_0)$$
事後オッズ＝ベイズファクターB×事前オッズ

　先に進む前に、以前決定した、形態共鳴理論をどのくらい支持するかに関する個人の事前確率を思い出してほしい。

　ベイズファクターを計算するには、$p(D|H_0)$ と $p(D|\mathrm{MR})$ を決定する必要がある。H_0 は、母集団の傾きが0であることであり、$p(D|H_0)$ は、図4.10に示すように、帰無仮説が真である場合に標本の傾きがそれぞれの値となる確率密度をプロットすることで求めることができる。これらのデータは正規分布に従うことを想定している。当然、確率密度が最も高い標本平均は0であり、仮定される母平均である。この正規分布の標準偏差は標本の標準誤差となる（この研究の標準誤差は1.09であった）。$p(D|H_0)$ は、傾きが−2.8のときのこの正規曲線の高さである（図4.13を参照してほしい）。その高さは0.014となり、$p(D|H_0) = 0.014$ となる。まとめると、$p(D|H_0)$ を決定するためには、まず正規分布が $p(D|H_0)$ の形状に適しているかどうかを判断しなければならない。次に、標本の平均と標準誤差を知る必要がある。本章の最後にある「ベイズファクター」というプログラムを使って、標本の平均と標準誤差を入力すれば、$p(D|H_0)$ が求められる。

図4.10

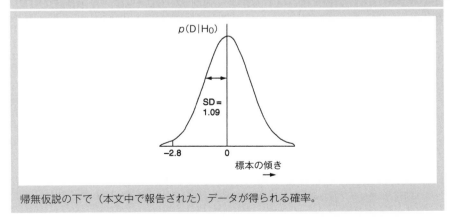

帰無仮説の下で（本文中で報告された）データが得られる確率。

難しいのは、$p(D|\text{MR})$ を決定することである。形態共鳴理論と整合した母集団の傾きは複数ある。実際、一見すると、傾きは０より小さい。形態共鳴理論では、独自セットの単語に比べて、共有セットの単語に対して、「共鳴者」は早く反応すると予測しているが、正確な値については予測していない（この点、すなわち、量的な曖昧さは、ほぼすべての心理学の理論にも当てはまる）。しかし、実際には、形態共鳴理論では、０より小さければどんな値の傾きでもよいわけではない。参加者間プライミング（図4.9に示す）は、自分自身と共鳴する場合に見られるプライミングよりも小さくなるはずである（人は他者よりも自分自身と似ているため）。実際、本研究の「ブースター」は各刺激を３回見たので、繰り返しの効果が個人内でどの程度であったかがわかり、１回繰り返すことで20ミリ秒短縮されていた。したがって、ある「共鳴者」から次の「共鳴者」への反応時間の短縮は、確実に10人×３回の繰り返し×20ミリ秒＝600ミリ秒を超えることはないだろう。以上より、形態共鳴理論から予測される傾きは、「共鳴者」１人あたり－600ミリ秒を超えることはないと予測される。

　ここで、形態共鳴理論が真であることを採択すると仮定すると、０から－600ミリ秒（０と－600は含まない）の範囲であれば、どの値をとる確率が高いかということに関してはまったく選好がない（図4.11を参照）。これはもっともらしくない仮定であるが、ここではそう仮定して結果を見てみよう。すぐに、形態共鳴理論が真であると仮定したときに、さまざまな傾きの値がどの程度生じそうかについて、より妥当な仮定を立てることになる。

　p（母集団の傾き｜MR）から p（ある傾きを観測する｜MR）に移る、すなわち、p（D｜MR）に移るには、標本の標準誤差によって図4.11のグラフの各点を除外する必要がある。図4.10には、p（ある傾きを観測する｜帰無仮説）が示されており、ここでは、帰無仮説は１つの母集団値、つまり傾きが０の場合のみが許容されて

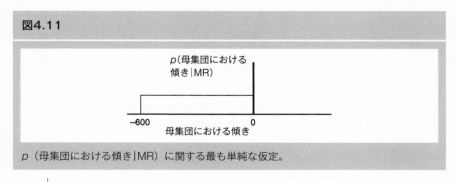

図4.11

p（母集団における傾き｜MR）に関する最も単純な仮定。

156

いる。データはこの点の周りに分布する。そのため、形態共鳴理論を仮定すると、母集団の傾きの各々は標本の傾きよりも小さいこともあれば大きいこともある。したがって、母集団の傾きが−599ミリ秒のときに、標本の傾きが−601ミリ秒となることもある。母集団の傾きが−599ミリ秒の場合、約2標準誤差を超える値の標本の傾きが得られる確率は低くなる。標本の標準誤差は約1ミリ秒なので、ここで除外される部分はごくわずかである。すなわち、標本の傾きが−601ミリ秒よりも小さい値となることはほとんどない。この場合、$p(D|MR)$ は p(母集団の傾き|MR) とほぼ等しくなる。

図4.11の分布を仮定し、標準誤差を1.09として値を除外して、$p(D|MR)$ が得られる。これをどのくらい正確に行うかということについてはあまり気にする必要はない。提供されたプログラムを使えばよい。あなた自身のデータに対してプログラムに入力すべきものについては、後で説明する。分布が非常に長く（600ミリ秒の長さ）、取りうる値が非常に多いので、任意の1ミリ秒区間、たとえば、2ミリ秒から3ミリ秒の区間の傾きが得られる確率は、実際には非常に低い。実際の標本値は2.8ミリ秒であった。p(観測された傾き＝2.8ミリ秒|形態共鳴理論のモデル)＝0.0017である。$p(D|H_0)$ は0.014であると定めたので、ベイズファクター ＝ $p(D|M)/p(D|H_0)$ ＝0.0017/0.014＝0.12となる。

事後オッズ＝ベイズファクター×事前オッズであることを思い出してほしい。ここで求められたベイズファクターは0.12である。このベイズファクターは、データを踏まえると形態共鳴理論に対する確信が減少し、帰無仮説に対する確信を高めるべきということを意味している！　この事例にネイマン−ピアソンを適用した場合と対比してみると、p＝0.018なので、帰無仮説は棄却される！　これは、ベイズ分析の反直感的な結果の1つである。ネイマン−ピアソンアプローチの分析では有意な結果が得られる、すなわち、帰無仮説をカテゴリカルに棄却すべきときに、ベイジアンアプローチでは、データを踏まえると、帰無仮説に対する確信を高めるべきということが実際にあるのである（常にではなく、時々ではあるが）。ここで、（その内容いかんにかかわらず）ネイマン−ピアソンアプローチの分析では、ある結論に対して別の結論よりも高い確信を直接割り当てることはできないということを覚えておいてほしい。さまざまな統計的結論に対してどれだけ確信をもってよいかを知りたい場合は、確信がどの程度かを扱うために設計された統計学、すなわちベイズ統計学を使う必要がある。アプローチの違いは、哲学的な問題だけにあるのではなく、その違いによって、研究の決定が根本的に異なってしまうことがある。ネイマン−ピアソンアプローチによって行動が認められるのに対して、ベイズ分析によって仮説に対してどれほど確信をもってよいかがわか

る。

　なぜ、ベイズ分析から帰無仮説の方により確信をもつべきだと言えるのだろうか？　それは、我々が検証した理論ではさまざまな結果を許容し、曖昧であったためである。ベイズ分析では、有意性検定で有意な結果が得られたとしても、十分に特定されていない理論よりも帰無仮説を支持することを好むことがあるということである。この考え方を確認するために、図4.12の分布 p（傾き|MR）を対比してみよう。分布のうちの１つは、これまで検討してきた600ミリ秒の幅の分布である。しかし、何らかの理由で、形態共鳴理論では150ミリ秒（塗りつぶされた分布）を超える傾きは生じないと判断したとしよう。形態共鳴理論のこの説明はより正確であり、より多くの可能性が除外される。分布は４分の１の幅となる。ここで、確率密度分布の下の面積は１でなければならないことを思い出してほしい。したがって、塗りつぶされた分布はより高くならなければならない。理論がより正確であるため、塗りつぶされた分布の各傾きは、もう一方の分布よりも高い確率密度をもつ。

　証拠は、それを最も強く予測した理論を最も支持する。漠然とした理論から今回観測されたデータが生じることもあるが、その理論がほぼすべてのデータを許容する場合、データはその理論を支持しているとは言えない。これは、0.12というベイズファクターから直感的にわかることである。非常に曖昧な理論の場合、帰無仮説が真であると仮定したときのデータの確率密度が低い場合でも、その証拠は帰無仮説よりもその理論を支持することはない。曖昧な理論であるなら、データの確率密度はさらに低くなる（図4.13を参照。この図は、図4.10と4.11を同じ

図4.12

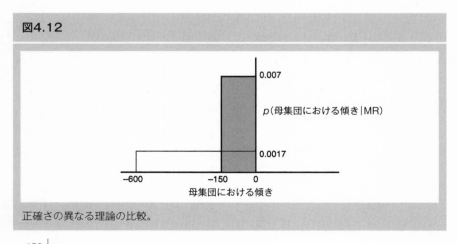

正確さの異なる理論の比較。

158

図4.13

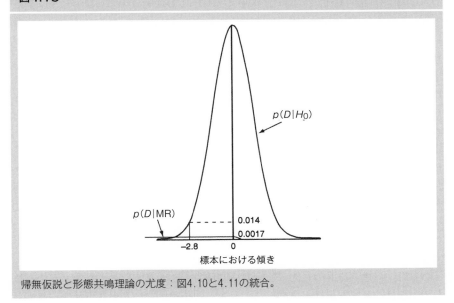

帰無仮説と形態共鳴理論の尤度：図4.10と4.11の統合。

スケールにしたものである）。このように直感的にわかることをこの技法の中心に組み込むことで、ベイズ分析では曖昧な理論が不利になるのに対して、有意性検定ではそうなっていない。

　これまでの例では、形態共鳴理論に不利な扱いをしてきた。この理論は、この例で示したほど十分に特定されていないわけではない。形態共鳴理論によると、「共鳴者」1人につき0から600ミリ秒のすべての傾きの値が等しく起こりうると仮定することは妥当ではない。シェルドレイク（Sheldrake, 1988）は、形態共鳴理論を学習と記憶に関するデータに適用することについて議論している。形態共鳴理論の最も印象的な例として取り上げられているのが、マクドゥーガル（McDougal, 1938）である。この研究では、各世代で課題成績のより低い個体を選択して次の世代を産ませたにもかかわらず、世代が進むにつれて、ラットの選択課題のエラー率が徐々に低下することが示された。わずか500匹のラットであっても課題を学習した後、1個体あたりの平均エラー数は215から27に減少した（McDougal, 1938, p. 331）。つまり、ラットの個体間の共鳴によって、各ラットが（その個体自身と共鳴して）生涯で達成するのと同程度の学習を生み出すのに、約

500匹のラットでよいということである。異なる領域を結びつけ、ある領域のデータを使って別の領域の予測を制約することで、形態共鳴理論は精度を高めることができる。これにより、我々の研究において、参加者間の効果が参加者内の効果の1/500を大きく越える可能性はかなり低いと予測される。つまり、母集団の傾きが「共鳴者」1人につき600ミリ秒/500＝約1ミリ秒を大きく越える可能性はほぼないと言えるだろう。そうだとしても、長方形の分布は我々の直感をうまく捉えていない。おそらく、大きな効果が生じる確率は小さな効果が生じる確率よりも小さいはずである。全体として、「共鳴者」1人あたりの効果が1ミリ秒より小さい確率は1ミリ秒を越える確率よりも高くなるはずである。p（母集団の傾き|MR）は、図4.14に示すように、0を中心とし、その半分を除いた正規分布として表すことができる。もし、形態共鳴理論によって生じうる真の母集団の傾きが「共鳴者」1人につき（絶対値で）4ミリ秒を越えることはないと95％確信しているのであれば、その正規曲線に対して、2ミリ秒の標準偏差を割り当てることができる。

　他の領域に適用して得られた知識を使って、人間の反復プライミングの領域で予測される値の範囲を合理的に制約することで、形態共鳴理論はより正確な理論となった。一般性をもつことで、理論は精度を高めることができるのである。精度の向上はベイズファクターに反映される。この理論に関して新たに置いた仮定により、ベイズファクターは12となった。データが収集される前に形態共鳴理論を支持するオッズがどの程度であっても、その事前オッズに、データに照らした12を掛ける必要がある（我々が置いた仮定のもとでは）。これが、データから導か

図4.14

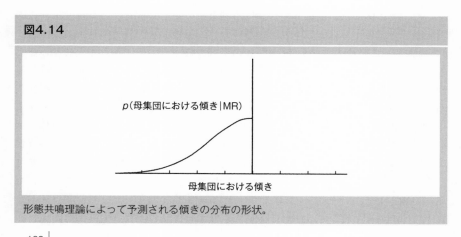

形態共鳴理論によって予測される傾きの分布の形状。

れる合理的な結論のように思われる。我々は白か黒かの決定を行っているのではない。データを収集する前に形態共鳴理論がまったく妥当ではないと考えていたのであれば、データに照らしても妥当ではないと考えるかもしれない。それは、あなたのオッズが微調整されたというだけである。前もって理論を支持するオッズをもっていたならば、結局、その理論を別のものよりありうると考えるかもしれない。すべての人が賛成するまでには、さらに多くのデータが必要になる。そして、それはあるべき姿である。

　形態共鳴理論の例から、ネイマン - ピアソン分析とベイズ分析の間のさらなる違いが浮かび上がってくる。形態共鳴理論は効果が任意の0に近い値となりうるので（図4.14に示すように）、その場合帰無仮説が真であると仮定すると、有意性検定では、標本がいくら大きくても、形態共鳴が存在しないという結論は得られないことになる。意味があると見せなせる最小限の効果量を検出するのに十分な検定力がある場合にのみ、帰無仮説を採択することができる。そして、この場合は0より大きい効果が生じる可能性があるということになる。それに対して、ベイズ分析では、データが示す結果に応じて、帰無仮説に対する確信度を高めることも低めることもできるということに注意してほしい。ベイズ分析では、有意性検定では何も言えなかった点について、データから結論を導くことができる。

　私は、類似の実験計画でさらに2つの研究を実施した。1つめの研究（実験2）では、実験1から以下の変更を行った。まず、各「共鳴者」間に9人ではなく20人の「ブースター」を配置した（合計200人の「ブースター」が参加した）。また、各「ブースター」のセット後に1人ではなく2人の「共鳴者」が参加した。もう1つの研究（実験3）では、サセックスだけでなく、スーツバート・アーテル教授によってゲッティンゲンでも「共鳴者」が参加した。彼の任務は、私がサセックスでブーストしている刺激のセットがどれかを答えることだった。すべての結果はパンケーキのように平らだった。上記の最初の実験でベイズファクターが12となった際に使用したのと同じ仮定を置いたところ、非単語に関する新しいデータのベイズファクターは0.49（実験2）、0.14（実験3、ゲッティンゲンデータ）、1.58（実験3、サセックスデータ）となった。したがって、これらの追加実験に関しては、非単語の全体的なベイズファクターは0.49×0.14×1.58＝0.11となる。これらの新しいデータは、形態共鳴理論を排除するものではなく、白か黒かの決定を行う必要はない。データは私たちのオッズを変えるだけである。最初の実験を含めたデータを合わせて考えると、形態共鳴理論を支持するオッズはほぼ変化しないはずである（12×0.11は約1である）。非単語のデータに加えて、単語のデータを考慮し、単語への効果が非単語への効果の半分であると仮定すると（つま

り、標準偏差は 1 ミリ秒）、全体的なベイズファクターは0.5になる。さらにデータがあれば、ベイズファクターは上下に変動し、ある時点では、データに照らして図4.17に示されている決定境界線のどちら側に理論が落ちるかが、人によって変わってくることになる。

　あなたのデータがほぼ正規分布していると仮定できる場合には、ここまでの議論から、そのデータをベイズ分析で検討するのに必要な概念が揃ったはずである。提供されているプログラムを使って、あなたのデータのベイズファクターを計算するには、標本の平均と標準誤差を入力する必要がある。また、以下の点を決定する必要がある。まず、あなたの理論から予測される母集団の効果は、長方形の分布なのか（図4.11のように）、正規分布なのか。また、長方形だとすると、限界値はいくつか？　正規分布の場合、平均と標準偏差はいくつか？　さらに、正規分布の場合、その理論は正と負の両方の効果が予測されるか？　それともどちらかの方向の効果だけだろうか？　これらの質問に答えることで、プログラムを使ってベイズファクターを計算できる。計算方法を知る必要はなく、その背後にある概念だけわかっていればよい。

　最後に、ある理論、たとえば、形態共鳴理論に対するあなたの個人的確率について、ベイズファクターが何を示しているのかについてコメントしておく。ベイズファクターは、データに照らして、**帰無仮説と比較して**、形態共鳴理論を支持する方向に事前確率をどれだけ増加させるのかを示している。もし、考えられる理論がこの 2 つしかない場合には、形態共鳴理論の個人的確率は、（事後オッズ）を（事後オッズ＋ 1 ）で割ることで与えられる。ここで、事後オッズは、事前オッズにベイズファクターをかけることで求められる。しかし、実際には、データを説明する上で競合する他の理論が存在する。形態共鳴理論は、帰無仮説に比べてオッズが増加するかもしれないが、データをより強く予測する他の理論に比べるとオッズが減少するかもしれない。データが形態共鳴理論の確率に及ぼす最終的な効果は、他のすべての関連理論を細かく述べることができるかどうかに依存する。しかし、これは不可能である。まだ考慮されていない理論があるはずである。したがって、事後確率は、実際に検討された理論の条件付き確率として扱うのがよい。まだ夢にも思っていない理論のために、個人的確率をとっておく必要があるのである。

まとめ

　ベイズファクターによって、データに照らして、（帰無仮説よりも）実験理論を支持する方向に事前確率をどれだけ増加させるかが示される。ベイズファクター

を使って実験で得られたデータを分析する利点は、一般的な状況では、感度が低いときにはベイズファクターは1に近い値となるということである。しかし、実験の感度が低いという理由だけで、帰無仮説を採択したくはないだろう。ベイズファクターは、また、曖昧な理論が不利となるようになっている。その場合、帰無仮説と有意に異なるデータが、実際には帰無仮説を支持することがありうる。さらに、実験を組み合わせたり、すべてのデータのベイズファクターが十分に極端な値となるまでデータを収集し続けたりすることができる。

　ベイズファクターの不利な点は、p（母集団における効果|MR）、ここでは $p(D$|MR）を決定する際に、やや恣意的な方法が用いられることである。$P(D$|MR）には、データだけでなく、形態共鳴理論とその他の既知のことの両方を考慮して、何がありうるのかについての主観的な判断も反映されている。その意味で、$p(D$|MR）は、データだけでなく、形態共鳴理論自体も反映していることになる。そうなると、これは真の尤度ではなくなる。残念なことに、形態共鳴理論、もしくは心理学におけるほぼすべての理論の論理的分析からは、関連する先行研究を合わせたとしても、p（母集団における効果|理論）に関して一意に定まる分

図4.15

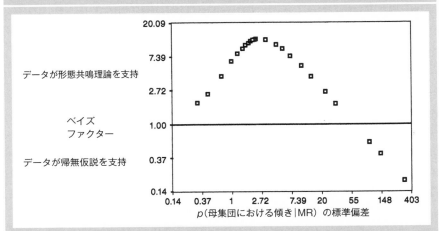

p（母集団における傾き|MR）の分布とベイズファクターの関連。
（注：軸は対数を使用している。各点は以前の点よりも2.72倍大きいが、2.72はこの目的のための任意の値である。）

布は生成されない。1つの解決策は、たとえば、p（母集団における効果|理論）の分布の標準偏差が変わると、ベイズファクターがどのように変化するかを報告することである。図4.15は、最初の実験の非単語のデータでベイズファクターがどのように変化するかを示している。これにより、支持する仮定に基づいてベイズファクターを選択することができる。最も単純には、分析で許容されるベイズファクターの最大値と、関連する仮定を報告すればよい（この場合、図4.15のピークから、p（母集団における効果|理論）の標準偏差が約3のときに、ベイズファクターは最大値12となることがわかる）。

停止規則

　尤度（そして、事後分布、確信区間、およびベイズファクター）は、多くの停止規則の影響を受けにくい。たとえば、前章では、Gスポットオーガズムを経験した女性の比率を見極めるための架空の研究を検討した。あるサンプルサイズ（たとえば、合計30人の女性）に達したときにデータの収集を停止するか、Gスポットオーガズムを経験した女性がある数（たとえば、6）に達したときに停止するかを事前に決定することがある。たとえ、どちらの場合とも、合計30人の女性に質問をしてそのうちの6人がGスポットオーガズムを経験したと主張する結果になったとしても、古典的なネイマン－ピアソン分析では、推定される母集団比率は2つの場合で異なる（6/30 対 5/29）。それに対して、ベイズ分析ではどちらの場合も同じ答えが得られる。どちらの場合も、重要なのは、女性に1人ずつ質問をしていくことによって得られる、まさにそのデータなのである。彼女たちは、いいえ、いいえ、いいえ、はい、いいえ…のように回答していき、合計30個の回答が得られる。これらはまさにデータである。ある仮説、たとえば、母集団比率＝0.3の下でこれらのデータが得られる確率は、停止規則に関係なく等しい。その確率はどちらの停止規則のときも同じで、$0.7 \times 0.7 \times 0.7 \times 0.3 \times 0.7 \times \cdots$のように、30個の回答のそれぞれが得られる確率をかけたものとなる。尤度も、どの停止規則が用いられるかによる影響を受けない。したがって、事後分布、確信区間、そしてベイズファクターは影響を受けない。

　ネイマン－ピアソンアプローチでは、「t検定が5%水準で有意となったときにデータの収集を停止する」のような停止規則を使用できないことを思い出してほしい。たとえば、t＝平均/SE の、標本が1つの t検定について考えてみよう（母平均＝0という帰無仮説の場合）。ほどほどの数の参加者のデータに対しては、tの臨界値は2である。つまり、平均が0から標準誤差約2つ分離れているとき

に5％水準で有意となる。参加者数が多くなればなるほど、標準誤差はますます小さくなり、標本平均は0付近でより狭い範囲に分布する。たとえ帰無仮説が実際に真であったとしても、いつかは、標本平均は0から標準誤差2つ分を偶然に越えてしまうだろう。このとき、標本平均は0に極めて近い値である可能性があるが、標準誤差が非常に小さいため、t値は2になってしまう。いつかはそれが必ず起こってしまうのである（実際、いつかは、平均は0から任意の数の標準誤差分を越えてしまうだろう。そうなるには十分長く待てばいいだけなのである）。後述するように、ベイズファクターの挙動はこれとは大きく異なっている。

ベイズファクターは、別の理論（たとえば、形態共鳴理論）の尤度 $p(D|\text{MR})$ を、帰無仮説の尤度 $p(D|\text{帰無仮説})$ で割ったものである。参加者数が多くなり、標本の標準誤差が小さくなるにつれて、帰無仮説が真であると仮定したときの標本平均はだんだん0付近に散らばるようになる。しかし、この理論では母集団値が0付近の領域を含む範囲の値となることが許容されているため、参加者数がより多くなったとしても、$p(D|\text{MR})$ はほぼ一定である。これらの値の確率密度は、単に参加者数が増えたからといって変化することはない。では、$p(D|\text{帰無仮説})$はどうだろうか？　曲線の下の面積が1のままであるので、参加者数が多くなる

図4.16

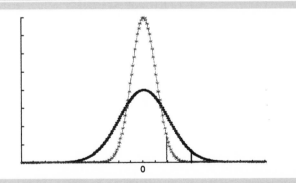

$p(D|\text{帰無仮説})$は、n人の参加者（●の曲線）と$4n$人の参加者（×の曲線）に関して収集されたデータである。高いほうの縦線は$4n$個のデータの曲線において、平均から標準偏差2つ分離れた値の高さを表しており、低いほうの縦線はn個のデータの曲線において、平均から標準偏差2つ分離れた値の高さを表している。この2つの線の高さが違うことに注目してほしい。

ほど標準誤差が小さくなるため、$p(D|帰無仮説)$ の分布は 0 付近でピークがより高くならないといけない。このことは、$p(D|帰無仮説)$ についての図4.16に示されている。

図4.16では、×の曲線は、●の曲線の 4 倍の参加者数の場合に対応している（たとえば、参加者数が $4n$ 対 n）。したがって、$4n$ 曲線の標準誤差は n 曲線の標準誤差よりも小さい（実際には半分となる）。0 から標準誤差 2 つ分離れた平均値の高さ（つまり、$p(D|帰無仮説)$）を $4n$ 曲線と n 曲線とで比較してみよう。$4n$ 曲線のほうが高くなることがわかるだろう。

帰無仮説が真であると仮定すると、より多くのデータが収集されるに従い、平均は 0 付近の値となり、ほとんどの場合、0 から標準誤差約 2 つ分以内に値が保たれるが、それを越える値となる場合もある。平均が標準誤差 2 つ分離れた値のときには、$p(D|帰無仮説)$ は、参加者数が少ないときよりも多いときにより高くなる。これは、任意の数の標準誤差分離れたときに当てはまる。つまり、参加者数が増えるにつれて、$p(D|帰無仮説)$ は大きくなると予想される。$p(D|帰無仮説)$ が大きくなると、ベイズファクターは小さくなる。帰無仮説が真であると仮定すると、参加者数が増えると、t 値は 0 付近をランダムウォークする、すなわち、ランダムに 0 より大きい値となったり小さい値となったりする。それとは対照的に、ベイズファクターは、参加者数が増えるにつれて 0 に近づく。参加者数が無限であっても、ベイズファクターが 4 などの特定の値を越えるという保証はない。それに対して、「有意な結果が得られるまで」データを収集するのであれば、帰無仮説が真であると仮定していたとしても、いつかはそうなることが保証されている。ネイマン－ピアソン統計学は、停止規則の影響を受けやすいのに対して、ベイズ統計学は比較的影響を受けにくい。これは、明らかにベイジアンアプローチの利点である。重要なのは実際に得られたデータであり、いつデータの収集を停止するかについてどのような意図があったかではない。ベイズ分析が停止規則の影響を受けにくいという点についてコメントする中で、サベージ（Savage, 1962, p.72）はこう述べた。「永久機関を構築することが不可能であるのと同様に、データが不当な結論を正当化するまでサンプリングに確信をもつことは不可能である。結局のところ、我々［すなわち、古典的統計学者とベイズ統計学者］は意見が一致しているいないにかかわらず、ベイズの定理はそれが適用される場合にはそれが真であることに、確かに合意しているのである。」

尤度が停止規則の影響を比較的受けないという点において、ベイズ統計学は従来の有意性検定よりも有利である。もし、ジャーナルが、たとえばベイズファクターを標準の統計ツールとして採用したとすると、「ベイズファクターがその理

論を支持する場合には4、帰無仮説を支持する場合には1/4」のように、公刊にあたっての基準を導入することになるだろう[4]。これにより、「ベイズファクターが4または1/4のときにデータの収集を停止する」という完全に適切な停止規則が提供されることになる。30人の参加者のデータを集めて、まだその値に達していない場合はさらに集めなさいということになる。一方、30人の参加者のデータを収集し、結果が有意でなかった場合、5％水準に到達するまで、さらにデータを収集することはできなかった。しかし、現在のシステムでは、以前のやり方を蔓延させてしまう。30人の参加者を集めて何も結果が得られなかった場合、そのすべての作業を捨てることは悲劇的な無駄になる。その利点はどこにあるだろうか？　また、現在のシステムは、不正行為を招くと考えられる。

確信区間が事前に設定された幅になるまでデータを収集すれば、よくある邪悪な誘惑を回避できる（前章と比較してほしい）。95％信頼区間に0が含まれなくなるまでデータを収集することにした場合、上記とまったく同じ理由で、帰無仮説が真であっても常に有意となることが保証される。したがって、信頼区間に0が含まれなくなるまでデータを収集するというのは、ネイマン－ピアソン統計学の妥当な停止規則ではない。同様に、95％**確信**区間に0が含まれなくなるまでデータを収集することにした場合も、成功が保証される。ただし、ベイズ推定から示唆されることは、古典的な推測とは異なっている（Mayo, 1996と対比してほしい）。ネイマン－ピアソンアプローチでは、信頼区間に0が含まれないようにすることは、帰無仮説を棄却する決定に相当する。それに対して、ベイジアンアプローチでは、事前分布と事後分布が確率密度関数であるため、どれだけデータを収集したとしても、また、その前なのか後なのかにかかわらず、帰無仮説の確率は0である。我々は、事後分布を使って、真の母集団値が任意の**区間**に含まれる確率を計算することができる。真の母集団値が0の場合には、停止規則に関係なく、事後分布の面積の大部分が0付近の区間に含まれるようになる。

ベイジアンアプローチの弱点

ベイズ分析の長所は、また、その短所でもある。その強みは、個人的確率を更新する方法を直接扱っていることと、明らかに恣意的なさまざまな状況から統計

---

[4]　ジェフリーズ（Jeffreys, 1961, p. 432）は、ベイズファクターの値が1から3の間であったときには「ほぼ言及する価値がない」、3から10までのときに「十分（substantial）」、10以上のときに「強い」とすることを提案した。

的結論が影響を受けにくいことにある。しかし、これから説明するように、これら2つの点が最大の弱点にもなっている。

　まず、我々の主観的確信は、本当に、正確な数値を割り当てることができるものなのだろうか？　そして、それらは本当に確率の公理に従っている、あるいは従うべき種類のものなのであろうか？　論文では、結果のセクションにおいて我々の確信の強さを考慮すべきなのだろうか、あるいは意見を変えた客観的な理由についてのみ気にかけるべきなのだろうか？　我々の確信は、まるであてにならないもののように思われることがある。誰かの小さなコメント、アナロジー、ランダムな思考、つながりの発見、あるいは、あなたが正しいと信じているものとの様式的不一致によって、データがなくても、理論のもっともらしさがすっかり変わってしまうことがある。確信に対して正確な数値を割り当てようとすることに不安があるのであれば、1つの解決策としては、尤度にのみ焦点を当てるとよいだろう。結局のところ、データがさまざまな仮説のどれを相対的に支持しているのかということを知るには、尤度がわかりさえすればよいのである。尤度のみを使用する人々は、尤度理論家と呼ばれる。これにより、ベイズ統計学の多くの利点が得られるとともに、それが陥りやすい主観的確率を特定することに関わる問題が回避される（詳細については、次章とOakes, 1986を参照。尤度推測が持続的に行ってきた防御については、Royall, 1997を参照してほしい）。一方、ベイジアンは、尤度理論家に対して、「ベイジアンの道を少しでも進むのであれば、最後まで行かないのは中途半端ではないか」と言うかもしれない。尤度は事後分布に大きく影響するので、尤度は事前分布よりもいくらか正確であると仮定して、尤度の影響が完全に大きくなるように、一様もしくは情報のない事前分布を仮定すれば、多くの科学的事例における人々の確信の大半をほどよく近似できる（デフォルトで情報のない事前分布を使用する人々は「客観的ベイジアン」と呼ばれる）。次章では、一様事前分布について説明し、尤度推測についてさらに詳しく検討する。

　ベイズ統計学の2つ目の（少なくとも明らかな）弱点は、特に多重検定の際に、第一種および第二種の誤りを犯す確率を抑えることが保証されていないことである（Mayo, 1996）。これが弱点であるかどうかは、ベイジアンアプローチと古典的アプローチの論争の的となっている。私は双方に関する直感を促したいので、これが弱点であるかどうかは、読者の皆さんに判断してもらいたい。

　ネイマン－ピアソン統計学では、第一種および第二種の誤りを犯す確率は、最適な方法で抑えるように設計されている。採択か棄却かの決定を行う他の方法は、その点において最適とは言えない。ベイズ統計学では、白か黒かの決定をすることはできないが、人生において、我々はそのような決定を行わざるを得ない。そ

のようなとき、我々は自分の知識に基づいて、何らかの形で行動しなければならない。ジャーナルのエディターは、そこで報告されているベイズファクターが4より大きい、もしくは、1/4より小さい論文のみを公刊すると言うかもしれない。これによって決定ルーチンができ、長期的な第一種および第二種の誤りを犯す確率について問うことができるようになる。

　初期のトイレットトレーニングに関する10の測定値が、成人のパーソナリティに関する10の測定値と相関していると想像してほしい。これらの100個の相関のうち、3個は通常の5％水準で有意であったとする。すなわち、これら3個の95％信頼区間には0が含まれない。ネイマン－ピアソン統計学を用いる人が「偶然でも5個程度が有意になると予測される。これは弱いデータであり、トイレットトレーニングがパーソナリティに影響を及ぼすという仮説を採択することにはならない」と述べているとする。では、ベイジアンはどのように進めるだろうか？点帰無仮説の評価に実際に関心があるのであれば、100個の仮説のそれぞれについてベイズファクターを計算できる。平均が0の母集団から1000回サンプリングすることにより、1000個のベイズファクターを計算するシミュレーションを行う[5]。それぞれの場合の対立仮説の下では、正と負に対称に母集団値を取りうる（正規分布は0を中心にしている）。もちろん、ベイズファクターの中には、単に偶然によって閾値を越えるものもある。たとえば、これらの1000個のベイズファクターのうちの78個、つまり7.8％は2より大きくなる。さらに、2.8％は4よりも大きな値となる。したがって、100回の検定のうち、単なる偶然で2つもしくは3つのベイズファクターが4を越える値となると予測される（これは固定されたエラー率ではなく、考慮される対立仮説の内容によって異なる）。有意性検定を解釈するネイマン－ピアソン統計学者とは異なり、ベイジアンによれば、これらのベイズファクターのいずれか1つを解釈する際に、合計100回の検定を実行したという事実は考慮されない。メイヨー（Mayo, 1996）は、これをベイジアンに反対する事例として取り上げている。ベイジアンは、帰無仮説が真であったとしても実験仮説を支持する可能性が非常に高くなるのである。

---

[5]　各標本は平均が0で標準偏差が0.1の正規母集団から無作為抽出された。対立仮説の事前分布は、平均が0で標準偏差は0.2であった（最適なものを見つけるために、標本ごとに独立して事前分布の標準偏差を変化させて、各標本で取りうるベイズファクターの最大値を決定すれば、ベイズファクターが4より大きくなる割合はもう少し高くなるだろう）。標本平均の標準偏差は、各標本のデータ数に依存する。各標本が標準偏差が0.01の母集団から抽出されるように、各標本でさらに多くのデータを収集すると、エラー率は減少する。たとえば、1000個の研究のシミュレーションで、ベイズファクターが2を越える値となる割合はわずか4.4％となる。

ベイジアンは、トイレットトレーニングとパーソナリティに関するグランドセオリーを評価する際に、他の97個の結果のすべてを無視しているわけではない。たとえば、フロイト理論が検定されてすべての関連を予測したとすると、その100個の相関に照らしてベイズファクターは非常に低くなる！　しかし、ベイジアンはさらに多くの検定を続けて、ベイズファクターがある閾値を越えた１つの結果を取り上げているのだと批判する人もいる。この１つの検定で支持された対立仮説に対する確信は、他の検定が行われているからといって低下「すべき」ではないのではないか（それが異なる仮説に関するテストであったとしても）？　しかし、なぜ他のことをやったりやらなかったりが重要なのだろうか？　他の検定は、それ自体は、検討中の仮説とは関連がない。他の検定では、別の仮説がテストされているのである。それらがどうして重要だろうか？

　あなたがジャーナルのエディターなら、100個の具体的な仮説の１つに対して「十分な」支持（ベイズファクター＝4など）があるからといって、その論文を公刊するだろうか？　もし著者がその１つの仮説の検定だけを報告し、そのためにもっともらしい理論を構築して序論のセクションに入れていたとしたらどうだろうか。その著者が他の検定を行ったことについて言及していなかったとしたらどうだろうか。ベイジアンによれば、それは何も悪いことではない（他の検定は実際にはその理論に直接関係しないと仮定する）。しかし、古典的統計学によると、それは明らかに不正行為である。あなたはこれをどう考えるだろうか？

　別の例では、補正なしで多重検定を行うことが、より強く不正行為にかかわっていると直感的にわかるだろう。これはまた、ベイジアンが具体的にどのように反応するのかを知ることにもなる。すなわち、この例からは、古典的統計学を用いる場合、多重検定の補正をしないことは不正行為であるが、ベイジアンの方法を用いればそうならないことが直感的にわかる！

　チベットの僧院は、最近亡くなったラマ僧の生まれ変わりを見つけたいと思っている。僧侶たちは、似たような物体の中から亡くなったラマ僧のお気に入りの物体を選ぶ子どもの能力を調べる予定である。彼らは、亡くなったラマ僧の杖を、僧院の他の僧侶の20本の杖の中に入れた。近くの学校でのフィールドテスト（僧侶たちはそこには生まれ変わりはいないと確信している）の結果、子どもが21本の杖から亡くなったラマ僧の杖を選ぶ確率は、ちょうど1/21であった。その後、彼らはテストを実施した。もし、ある候補の子どもが亡くなったラマ僧の杖を選んだとすると、$p = 1/21 < 0.05$となる。つまり、古典的アプローチを用いて、その候補の子どもがテストに合格した場合、その子どもがランダムにその杖を選択したという帰無仮説を棄却できる。考えられる他の仮説（検査者が意識的もしくは無意

Box 4.6 どの理論を検証すべきか？

　ネイチャー誌の編集後記において、ジョン・マドックス（Maddox, 1981）は、シェルドレイクの最初の著書について、「この本は、久しぶりの焼却処分の最有力候補である…シェルドレイクの議論は疑似科学である…仮説はすべての側面を検証可能な場合にのみ、理論として認められる」と述べた。この最後のコメントは素朴すぎるが（良い科学が形而上学的な要素を含むことを認識しているポパー（1934）と比較して）、ルイス・ウォルパート（Wolpert, 1984）は「…検証可能な馬鹿げた理論をもつことはありうるが、検証できることがその理論を科学たらしめるわけではない。詩の女神が肉に含まれる小さな粒子の中に存在するという仮説を考えてみよう。この仮説は、ハンバーガーをたくさん食べることで詩の質が向上するかを見てみることで検証できる」と述べた。

　すべての検証可能な理論が実際に検証する価値があるわけではないという考え方を、図4.17に示されているように、理論の事前確率という形で捉える方法がある。影響力が大きく、シンプルで、他の望ましい特徴をもつ理論を検証したいと考えるだろう。たとえば、「今私が手を放すとペンは地面に落ちるだろう」という理論が真だとわかったとしても、誰にも影響を与えない。その一方で、影響力の大きい理

図4.17

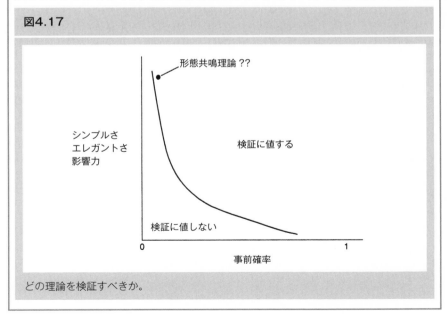

どの理論を検証すべきか。

Box 4.6 つづき

論でも、それがとんでもなくありえそうにない場合には、検証に注力しても意味が
ない。形態共鳴理論は、もしそれが確証されれば、科学のあらゆる分野に多大な影
響を与える理論である。しかし、ウォルパートのように、一部の人は、それがあま
りにもありえそうにないので、検証する価値がないと考えている。あらゆる理論は、
その確率が本質的には0であるという主張（たとえば、ポパーによる）があるにも
かかわらず（結局のところ、あらゆる理論のうちごく一部だけが真である）、形態
共鳴理論に関する議論が示すように、我々はある理論を別の理論よりももっともら
しいものとして扱っている。我々は、その理論を追求するかどうかを決定する際に、
その理論のもっともらしさを考慮に入れている。図4. 17は、個人の空間を表してお
り、影響力と事前確率の2軸によりプロットされている。各理論はこの空間に配置
される。曲線は決定境界を表している。もっともらしさが低い、もしくは、取るに
足らない理論は検証する価値がない。もっともらしさと想定される影響力がともに
十分な理論は、検証するに値する。なお、ここは個人の空間であり、それぞれが理
論を配置する空間であることを思い出してほしい。さまざまな理論を支持するオッ
ズがどれだけか、そして、決定境界がどこにあるのかに言及することができるのは、
あなた自身だけである。形態共鳴理論を支持するあなたの主観的オッズはどのくら
いだろうか？　また、形態共鳴理論は図4. 17の空間のどこに配置されるだろうか？

識的な手がかりを与えたなど）を首尾良く排除できたと仮定すると、その子どもが
生まれ変わりであるという仮説を採択することができる。亡くなったラマ僧は、
亡くなる前に、ある地域で生まれ変わるだろうと述べていた。さまざまな兆候に
より、その地域の21人の子どもが候補として絞り込まれたとする。僧侶たちはそ
の子どもたち全員にテストをし、1人の子どもがテストに合格したとする。僧侶
たちはこの子どもが生まれ変わりであると結論づけてよいだろうか？　答えは
「いいえ」である。このテストでは、1回限りのテストとして実施された場合に
のみ、第一種の誤りを十分に抑えたことになる。21回のテストでは、すべての子
どもがランダムに選択したと仮定しても、そのテストのうち少なくとも1回で肯
定的な結果が得られる確率は$1-(20/21)^{21}=0.64$となる。これは、「検定群」と
見なされるテストの第一種の誤りの確率が0.64であるということである。明らか
に、この検定群は信頼できる意思決定手順となっていない。よって、21人の子ど
もの中に生まれ変わりが1人でもいることを示す上での適切な方法としては使え

ない。この例は、多重検定を考慮する必要があることを示している。十分な数の子どもにテストすると、いつか、子どもは偶然にテストに合格してしまう。しかし、すでに説明したように、ベイジアンアプローチには多重検定の補正はない。したがって、この種の例から、ベイジアンアプローチが間違っているに**違いない**と言えないだろうか？

　この考えに対して、ベイジアンは同意しない。ここでの帰無仮説は、「どの子どもも生まれ変わりではなく、全員ランダムに選択している」というものである。この帰無仮説の尤度は、帰無仮説が真である場合にまさにそのデータ系列が得られる確率であり、尤度（帰無仮説）＝$(20/21)^{20}(1/21)$ となる。ここで、亡くなったラマ僧の杖を選んだのが10人目の子どもだったとしよう。生まれ変わりなのであれば確実にその杖を選択すると仮定すると、10番目の子どもが生まれ変わりであるという仮説の尤度（10番目）は、$(20/21)^{20} \times 1 = (20/21)^{20}$ となる。したがって、10番目の子どもが生まれ変わりであるという仮説の帰無仮説に対する事前のオッズがどのくらいであっても、これらのデータに照らすと、事後のオッズは、尤度（10番目）/尤度（帰無仮説）倍、すなわち、21倍大きくなるはずである。古典的統計学者は笑って「はっ！　あなたは何の根拠もないところから証拠を作り出したのだ！　多重検定の問題を無視することによって、単にたくさんの子どもにテストしたというだけで、子どもが生まれ変わりであることを支持する強い証拠を見つけたと言っている！」と言うかもしれない。実際には、他のすべての子どもたちにテストをしたという事実によってその子のベイズファクターの値は変わることはなく、21のままである。

　しかし、そのベイジアンは辛抱強く続けるだろう。「1人目の子どもが生まれ変わりである」という仮説の尤度は0である。なぜなら、もしその子が生まれ変わりなのであれば、亡くなったラマ僧の杖を選んだはずだからである。同じことが、ラマ僧の杖を選択しなかった20人の子どもたちにも当てはまる。彼らのうちの誰かが生まれ変わりである確率は0になる。また、10番目の子どもが生まれ変わりである確率が21倍に増加することも確認した。これは、ラマ僧の杖を選択しなかった20人の子どものそれぞれに関連づけられた確率が、その杖を選んだ子どもに関連づけられた確率に引き継がれたものと考えられる。すなわち、**いずれかの**子が生まれ変わりである確率は、これらのデータに照らしたときの確率を変化させない。データを収集する前の、いずれかの子どもが生まれ変わりである確率を π（「パイ」と読む）としよう。すると、「どの子も生まれ変わりではない」という帰無仮説の確率は $(1-\pi)$ となる。21人の子どもたちのそれぞれが生まれ変わりである事前確率が等しい場合、それぞれ $\pi/21$ となる。データを収集した後

に、これらの確率のうちの20個は0になり、残りの1つがπになったのである。それらの合計はπのままである。帰無仮説の事後確率は依然として、（1−π）である。データを収集する前に帰無仮説が偽であると確信している場合は、確信をもって生まれ変わりを選択できる（10番目の子どもが生まれ変わりである）。逆に、データを収集する前に帰無仮説に高い確信をもっている場合には、データ収集後にもその確信を保っているはずである。そして、あなたがそれについて考えるならば、これはあるべき姿である。ベイジアンは次のように言うだろう。ベイジアンの解は多重検定のために補正する必要はない。なぜなら、その解がすでに正しいのであれば補正する必要がないからである。

　この例は、ベイジアンが検定群をどのように考慮しうるかを示している。実際、より多くの帰無仮説が真であることを検証すると、すべての帰無仮説が真である事後確率は通常増加する（事前確率と比較して）。なぜなら、事後確率が減少する帰無仮説もあるが、大半は増加するからである（Box 4.7で例を検討している）。また、まさに、より多くのデータを収集する（より多くの帰無仮説が真であることを検証する）につれて、すべての帰無仮説が真である確率が高まるはずと感じているがために、多重検定の際に補正が必要と感じている可能性がある。ベイジアンアプローチは、この直感を尊重する。

　最後に、帰無仮説の事前確率が非常に高い場合に多重検定に関する問題が発生することが多いということに留意してほしい。データ浚渫（データの泥をさらってかき集めるようなこと）は、まさに、ほとんどの帰無仮説が真であると予測することを意味している。多重検定の補正をしたいと考えるとき、古典的統計学者は、すべての帰無仮説が真であること、すなわち、帰無仮説が真であると確信していることを想像するよう求める。もちろん、ベイズ分析では、データを収集する前に帰無仮説が真であると確信している場合には、データ収集後にも確信すべきであると示される。たとえ帰無仮説について完全に確信しているわけではなくても、1つでも中程度のベイズファクターがあれば、帰無仮説が真であると扱いたくなるほど、帰無仮説に対する事後確率が高くなることは依然としてないだろう。

　以上の説明で、多重検定の問題が解消されたと安心できただろうか？

Box 4.7　検定群のベイズ分析

　ある超能力をもっていると主張する20人の有名な超能力者を集めたとする。他の人が見ているものがわかる特別な能力をもっていると主張する超能力者をテストするために、他の人に写真を見てもらい、超能力者に20枚の写真の中から1枚を選ぶよう求めた。偶然合格する確率が1/20になるよう、超能力者ごとに同様のテストが作られた。超能力者は100%の確率で正しく反応できるとは言っていないが、テストの条件と本人の主張による能力を考慮すると、超能力をもっている人がそのテストに合格する確率は0.90となる（偶然にも、どの超能力者も同じとする）。そのため、1人の超能力者につき、$\alpha = 0.05$、検定力$=0.90$でテストを行う。20人に対してテストを実施するので、単なる偶然でも1人の超能力者がテストに合格すると予想される。このように、古典的な説明では、1つの合格と19の不合格という結果は、超常的な活動が起こったと主張するための根拠にはならない。それでは、ベイズ分析ではどのようなことが言えるだろうか？

　たとえば、15番目の超能力者がテストに合格したとしよう。帰無仮説に対して、その超能力者が超能力をもっているという仮説に対する事前のオッズは、尤度の比、つまり$0.90/0.05 = 18$により、変更されるはずである。よって、この超能力者が超能力をもっているという強い証拠があることになる。他の19人の超能力者がテストされたという事実が、この超能力者が超能力をもっているという主張とは無関係と考えるならば、19人がテストに合格しなかったということは考慮されない。依然として、証拠は強いままである。繰り返しになるが、生まれ変わりの例のように、我々は（多くの人にテストをすることで）偶然を利用して証拠を**作る**ことができるように見える。全体として、この状況は偶然から予測されるものと同じであるが、ベイズを使うと、1人が超能力者であるという強い証拠を手に入れることになる。きっと、ベイズは誤解をしている！

　しかし、我々がこの例において、一連のテストを「群」として扱いたいと考えるのは、ある意味において、それらが同じ問題を扱っていると考えているからである。どのテストも同じ問題に対応しているのであるから、1つのテストだけを個別に考えたくないのである。テストに合格しなかったある超能力者に関して、帰無仮説の尤度は0.95で、その人が超能力をもつという仮説の尤度は0.10である。帰無仮説の事前のオッズがどの程度であったとしても、この超能力者に関する事後のオッズは、$0.95/0.10 = 9.5$倍増加させなければならない。すなわち、「**どの人も**超能力をもっていない」という帰無仮説の事前のオッズがどの程度であっても、データに照らし

Box 4.7 つづき

て、$9.5^{19}(1/18) = 2 \times 10^{17}$倍されなければならない。このデータは、彼らが「全員超能力をもつ」という仮説よりも帰無仮説のほうを天文学的に高く支持している。実際には、そのデータは「超能力が存在し、超能力者の1/20だけが実際にそのような力をもっている」という仮説よりも帰無仮説を十分に支持している。

　以上をまとめると、検定群を全体として見ると、20回のテストのうち1回のテストに合格するということは、完全な帰無仮説が真である確率を高める。この分析から、帰無仮説と1人が合格するという仮説を比較したオッズが増加するとともに、すべての帰無仮説が真であることに関するオッズも増加することが示される。最初は矛盾しているように見えるかもしれない。しかし、実際には、ベイズ分析が示すように、これらの主張は整合しているのである。この分析は、多重検定の例を扱う際に我々がもつ直感同士の、一見矛盾したせめぎ合いを説明してくれているのかもしれない。一方では、検定のまとまりを群として考えるときには、テストの総数が重要であると主張する古典的統計学者が正しいと認識している。その一方で、古典的統計学を用いている人の多くは、常に検定の数に対して補正をするわけではない。というのも、その検定が検定群の一部であるかどうかにかかわらず、ある仮説の証拠がその仮説の証拠であることに変わりはないと考えるからである（ほんの一例として、相関行列の中にアスタリスクを入れて$p < 0.05$を示すという一般的な慣習を考えてみよう。そこでは、多重検定の補正は行われていない）。ベイズ分析は、この双方の直感を尊重している。我々の例では、完全な帰無仮説の確率は増加するが、ある1つの帰無仮説の確率は減少する。

　ある状況において多重検定のために補正が必要であると直感的に考えることは、追加の暗黙の仮定を反映しているのかもしれない。そしてこの仮定はベイジアンの方法で分析できる。データ浚渫をしているように見える研究（たとえば、宗教心と、強く理論駆動されていない他の20個の変数との相関を分析する）において「変数を選択するために用いられる手続きは帰無仮説を排除するのに適している」ということに関する我々の事前確率は、多くの弱い結果が存在することで変わるかもしれない。この場合、多くの弱い結果は、「帰無仮説が真である」ということに関する我々の事後確率に影響し、「変数が軽率な方法で選択された」ということに関する確率を高めるかもしれない。

ベイジアンアプローチを使用して研究論文を批判的に評価する

　論文の序論のセクションを読んで、実質的な理論に基づくその論文の主な予測が何であるかを特定しよう。ここでは、t 検定で検証できる予測に限定して話をする。正規分布が直感から逸脱していないものと仮定して、予測される効果に関する個人的な事前分布を描いてみよう。データから尤度分布を決定し、個人的な事前分布を使って事後分布を決定して、事後分布をうまく描いてみよう。そして、著者の理論を検討しよう。著者は、条件間に何らかの差があるはずだと予測しているかもしれないが、どの程度の差なのかについては明示していないかもしれない。事前分布でも事後分布でも、**何らかの違いがある確率は100%になる**。ほとんどの場合、差があるという予測はあまりにも明らかであるため、ほぼ予測と見なされない。その著者はおそらく怠惰なのであろう。しかし、その著者は、実際には、ある最小量よりも大きな差があると言いたいのかもしれない。著者がその最小量がどの程度であるかを述べていない場合は、先行研究で通常見られる効果に基づいて、あなたが推定してほしい。たとえば、意味があると見なせる最小限の効果は、0 ± 5 ミリ秒であるとしよう。あなたが描いた事前分布において、−5 ミリ秒から ＋5 ミリ秒までの値の範囲の曲線の下の面積はどのくらいだろうか？　つまり、効果があるということに関するあなたの事前確率があまりに小さい場合には、著者の理論が偽であるか、もしくは無関係であるということである。効果が −5 ミリ秒から ＋5 ミリ秒の間の値である事後確率はどのくらいだろうか？　それは事前確率から増加しただろうか、それとも減少しただろうか？　増加した場合、データは著者の理論を支持していないということである。それに対して、減少した場合には、データは著者の理論を支持していることになる。しかし、仮説を採択するか棄却するかについて、カテゴリカルな決定を行う必要はない。あなたの結論は、著者の結論と比較してどうなっただろうか？

　別のアプローチとして、ベイズファクターを使う方法がある。著者の理論を絶対的に信じていると仮定しよう。理論（著者の理論、ここでは「理論A」と呼ぶ）の下での事前分布を再度描いてみよう。これは p（母集団における効果|理論A）にあたる。前の段落では、事前分布には正規分布を仮定していたので、効果量が 0 を含む特定の値となる確率は 0 となった。もし、「効果がない」という帰無仮説に 0 以外の確率を割り当てたい場合は、本書で提供しているプログラムを使用してベイズファクターを計算できる。ベイズファクターによって、データが与えられたときに、帰無仮説よりもその理論に関する確率をどれだけ高められるかが

わかる。この結論は著者の結論と比較してどうなっただろうか？

　ここで、帰無仮説に0以外の確率を割り当てたいと思っているかどうかにかかわらず、ベイズファクターを使用して、著者の理論と、著者もしくはあなたが主な競合であると考える実質的な理論とを比較することができる。この理論（ここでは「理論B」と呼ぶ）を特定し、この理論が絶対的であると仮定し、この理論の下での事前分布を描いてみよう。これはp（母集団における効果|理論B）にあたる。この理論のベイズファクターを計算してみよう。このとき、プログラムから「理論の尤度」が求められる。理論Aの尤度（最後の段落の練習問題から得られる）を理論Bの尤度で割ってみよう。これが、主な競合理論と比べたときに著者の理論を支持するベイズファクターである。データは、競合理論よりも著者の理論をどの程度支持しているだろうか？　これは、著者自身の結論と比べてどうだろうか？

　ベイズ分析は、ときに、ネイマン–ピアソン統計学が個人的な信念を更新する方法であると解釈する論文の著者の直感を支持することがある。しかし、ベイズ分析ではまったく異なる答えが得られることもある。というのも、個人的確率を、一貫して、つまり確率の公理に従って更新することを求めるのは、ベイジアンアプローチだけだからである。多くの場合、理論が曖昧であるときに、想定しているよりも厳しいペナルティを受けるはずである。

まとめ ── ネイマン–ピアソン 対 ベイズ

　表 4.1は、ネイマン–ピアソン統計学とベイズ統計学の対比をまとめたものである。古典的統計学では、どのような文脈で検定が行われたかが重要である（100個の他の検定からなる検定群の一部としてなのか、あるいは5個の他の検定からなる検定群の一部としてなのか、それとも単独で実施されたのか？）。それに対して、ベイズ統計学では、仮説が支持されているかどうかは、その仮説に直接関連するデータにのみ依存する。古典的統計学では、検定を実施する前に、その効果の説明を考えているか、後に考えたのかが重要となる（計画的 対 事後検定）。それに対して、ベイズ統計学では、仮説を立てたのが水曜日なのか金曜日なのかは関係がない。説明の**タイミング**は、そのデータの説明としてそれがどれだけ優れているかや、データがどれだけそれを支持しているかには関係がないと考える。たとえば、ポパーとラカトシュ（第1章と第2章を参照）によって支持されているよくある考え方、すなわち、予測の新奇性が、どれほど多くの確証によってその理論が支持されているかにとって重要であることと対比してほしい。ベイジアンの立場か

表4.1 ネイマン－ピアソン 対 ベイズ

	確率の意味	目的	推測	長期エラー率	影響するもの
ネイマン－ピアソン	客観的頻度	長期的なエラー率を抑えて信頼性の高い意思決定手続きを提供する	白か黒かの決定	抑えられる	停止規則、検定群としていくつの検定があるか、説明がデータの前か後か
ベイズ	主観的	事前確率がデータによってどのように変更されるかを示す	連続的な値をとる事後の信念	コントロールされることは保証されていない	事前の意見

らは、タイミングと新奇性は尤度の大きさとは明らかに無関係であり、データが理論を支持しているかどうかを判断する際に知るべきことは尤度だけである。したがって、説明とデータのタイミングは関係がない。

　以上をまとめると、ネイマン－ピアソンアプローチでは、科学者が望んでいるのは、仮説を採択するか棄却するかに関する一般的に信頼できる手続き、すなわち、長期的なエラー率がどの程度であるかがわかっており、それが抑えられている手続きであると想定されている。それに対して、ベイジアンアプローチでは、科学者が望んでいるのは、データがさまざまな仮説を支持する相対量を知って、自らの確信を調整することだと想定している。

　あなたは統計学に何を望んでいるだろうか？

　前章において、おそらく開示してはいないだろうけれども、あなたは無意識のベイジアンであることを証明した。ここにきて、あなたは問題を認識している。さて、あなたはベイジアンであることを開示したいだろうか？　すなわち、古い暗黙の信念を捨てて、改革された人生を送りたいと考えるだろうか？

　最終的な結論を出す前に、最後の主要な推測の立場である尤度推測について検討してみよう。これについては次章で説明する。

ふりかえりと議論のための質問

1. 次の確率に関する主要な用語を定義しなさい：確率密度、事前確率、尤度、

事後確率、確信区間、ベイズファクター。
2. 尤度原理について述べなさい。ネイマン－ピアソンの仮説検定は、どのような点で尤度原理に反しているか述べなさい。
3. 最近読んだ論文の中で検証されていた帰無仮説について考えてみよう。それらの帰無仮説に0以外の事前確率を与えることはどの程度意味があるか考えてみよう。
4. 確信区間と信頼区間の違いについて述べなさい。同じデータセットを用いて両方を計算し、それぞれから得られる結論を比較しなさい。
5. ネイマン－ピアソンアプローチとベイジアンアプローチのうち、より客観的な結論が導かれるのはどちらかについて論じなさい。
6. ベイジアンアプローチで多重検定を補正することが理にかなっているかどうかについて論じなさい。

理解を深めるための文献案内

　ベイズの視点を提供しており、平均的な心理学の学部生程度の数学的能力をもつ人々に適した統計学の教科書は多くはないが、その1つとして、ベリー（Berry, 1996）が挙げられる。ベリーは、心理学を学ぶ大学1年生の統計学の授業に適した内容を提供しており、正規分布するデータと比率の確信区間の求め方について順を追って示している。しかし、ベイズファクターは扱われていない。

　客観的確率と主観的確率に関する優れた導入、およびそれぞれに続く統計的推測の考え方については、ハッキング（Hacking, 2001）を参照してほしい。

　ハウソンとアーバック（Howson & Urbach, 1989、特に第1章、第10章、第11章を参照）では、標準的な哲学的議論によって、ゆるぎない信念をもってベイズが提唱されている。ネイマン－ピアソンの擁護とベイズの批判は、メイヨー（Mayo, 1996）の特に69-101ページと第9章と第10章でなされている。ハワード、マクスウェル、フレミング（Howard, Maxwell, & Fleming, 2000）は、ベイズとネイマン－ピアソンが比較されている、短く読みやすい書籍である。オークス（Oakes, 1986）は、さまざまな統計学的アプローチの優れた概説書である（残念ながら、現在は絶版になっている）。さまざまな研究計画のベイズ分析について知りたい場合は、マッカーシー（McCarthy, 2007）が、極めて柔軟にデータ分析ができる無料のオンラインソフトウェア、WinBUGSの使用方法を紹介している。

　最後に、数学的な背景知識がある場合は、たとえそれが単に高校で良い成績だったという水準であっても、「客観的ベイジアン」アプローチの強力な議論をし

ているジェーンズ（Jaynes, 2003）を強くお勧めする。

Box 4.8 分散分析に関してはどうすればよいか？（すでに分散分析に触れたことがある読者向け）

　心理学者が最も頻繁に使用する統計ツールは、分散分析（ANOVA）である。この Box では、さまざまな実験計画の ANOVA に利用可能なベイジアンアプローチを簡単に紹介する。ネイマン－ピアソンアプローチでは、2つ以上の条件があるときに、いずれか1つの条件が他の条件と異なるかどうかという疑問に答えるために F 検定が実施される。この疑問は、実際には、あなたが一般的に答えを知りたいと思っている疑問ではないことがわかるだろう。あなたが知りたいのは、ある条件が他の条件とどのくらい違うのか、あるいは、ある2つの条件の平均が他の3つの条件の平均とどのくらい違うのか、というような、具体的な疑問のはずである。全体的な F 検定を実施するのは、単に多重検定の結果、第一種の誤りが生じる確率が上昇することを防ぐためである。3群ある状況では、2つの群を比較するには3つの t 検定が関係する。古典的統計学では、3つの検定が一度に実施されるという事実を気にかけなければならない。そのため、一般的な手続きは、最初に全体（「オムニバス」）F 検定を実施し、「すべての群の平均が等しい」という帰無仮説を棄却できるかどうかを検定することである。それが有意である場合にのみ、一対比較のための事後検定を行う。しかし、ベイズの観点からは、多重検定を気にせず、差の大きさに関する事前の確信を調整することができる。オムニバス F 検定は必要なく、関心のある疑問を直接扱うことができる。

　一組の独立変数が与えられると、ある疑問（主効果または交互作用を含む）は、一般的に、第3章の Box 3.7で説明されているように、対比、すなわち、群間の平均の差として定式化できる。たとえば、群1と群2を比較することは対比にあたる。群1と群2の平均と群3と群4の平均を比較することも対比である。実験計画が完全に反復測定（すべての参加者がすべての条件の得点をもっている）であれば、関心のある任意の対比について、すぐにベイズ分析を実施できる。

　各参加者について、関心のある対比（たとえば、条件1と2の平均値から条件3と4の平均値を引いたもの）を計算すると、各参加者について数値が得られる。この数値の平均が尤度の平均であり、標準偏差が尤度の標準偏差である。これで、上述の Box 4.3～4.5で行ったように、事前確率、尤度、事後確率を決定できる。関心のある疑問に応じてこの方法で対比を行ってほしい。

Box 4.8 つづき

　参加者間計画に関しては、第3章の Box 3.7の式を使用できる。平均値がそれぞれ m_1, m_2, m_3, m_4の4群があるとしよう。ここで対比を数字の集合 a_i として表すことができる。たとえば、群1と群2の差は、$C = (1) \times m_1 + (-1) \times m_2 + (0) \times m_3 + (0) \times m_4 = m_1 - m_2$である。この場合、$a_1 = 1$、$a_2 = -1$、$a_3 = 0$、$a_4 = 0$となり、群1と群3の平均と群2と群4の平均を比較したい場合は、$C = (0.5) \times m_1 + (0.5) \times m_3 + (-0.5) \times m_2 + (-0.5) \times m_4 = \frac{1}{2}(m_1 + m_3) - \frac{1}{2}(m_2 + m_4)$ となる。この場合、$a_1 = 0.5$、$a_2 = -0.5$、$a_3 = 0.5$、$a_4 = -0.5$である。各群内で大まかに正規分布したデータについては、C は大まかに正規分布し、その標準誤差は $\sqrt{(\sum a_i^2)} \times \mathrm{SDp}/\sqrt{n}$ となる。ここで n は各群の参加者数、$\mathrm{SDp} = \sqrt{(1/4 \times (\mathrm{SD}_1^2 + \mathrm{SD}_2^2 + \mathrm{SD}_3^2 + \mathrm{SD}_4^2))}$ である。これで、参加者間計画の関心のある対比について、事前確率、尤度、事後確率を求めることができる。

　ベイジアンとして、ANOVA に永遠の別れのキスをすることができる。あなたは悲しいだろうか？

ベイズファクターを計算するための Matlab のプログラム

　下記のプログラムを用いてベイズファクターを計算するには、標本の平均と標準誤差を入力する必要がある。また、次のことを決定する必要がある。まず、理論から予測される母集団における効果は長方形の分布（図4.11に示すような）となるのか、あるいは正規分布となるのか？　もし、長方形の場合は、限界値はいくつか？　正規分布の場合は、平均と標準偏差はいくつか？　さらに、正規分布の場合は、その理論から正と負の両方向の効果が許容されるか、それとも一方向の効果しか許容されないか？　これらの質問に答えることで、プログラムにより、その理論と帰無仮説のそれぞれの下での今回得られたデータの尤度、およびベイズファクターを求めることができる。

注

1. 理論からは一方向の効果しか許容されず、なおかつ、その理論の下での母集団における効果の分布として正規分布を指定する場合は、正規分布の平均として0を入力してほしい。また、この場合には、プログラムはその理論が

正の効果を予測することを前提としている。

2．帰無仮説は、「母平均が 0 である」と仮定される。

3．尤度は正規分布で表すことができると仮定される（事前分布は正規分布か長方形で表すことができる）。結果が十分かどうかは、その仮定がどの程度もっともらしいかによる。Box 4.8 で説明されているように、対比に関連した仮説を検証できることに注意してほしい。

コンパイルされたバージョンは、以下で入手できる。

http://www.lifesci.sussex.ac.uk/home/Zoltan_Dienes/inference/

```
normaly = @(mn, variance, x) 2.718283 ^(-(x - mn)*(x -mn)/(2*variance))/
realsqrt(2*pi*variance);

        sd = input('What is the sample standard error? ');
        sd2 = sd*sd;
        obtained = input('What is the sample mean? ');

    uniform = input('is the distribution of p(population value|theory)
uniform? 1 = yes 0=no ');

    if uniform == 0
            meanoftheory = input('What is the mean of p(population value |
theory)? ');
            sdtheory = input('What is the standard deviation of p(population
value |theory)? ');
            omega = sdtheory*sdtheory;
            tail = input('is the distribution one-tailed or two-tailed?
(1/2)');
    end

    if uniform == 1
        lower = input('What is the lower bound? ');
        upper = input('What is the upper bound? ');
    end
```

```
    area = 0;
    if uniform == 1
        theta = lower;
    else theta = meanoftheory - 5*(omega)^0.5;
    end
    if uniform == 1
        incr = (upper- lower)/2000;
    else incr = (omega)^0.5/200;
    end
for A = -1000:1000
    theta = theta + incr;
    if uniform == 1
        dist_theta = 0;
        if and(theta >= lower, theta <= upper)
            dist_theta = 1/(upper-lower);
        end
    else %distribution is normal
        if tail == 2
            dist_theta = normaly(meanoftheory, omega, theta);
        else
            dist_theta = 0;
            if theta >0
                dist_theta = 2*normaly(meanoftheory, omega, theta);
            end
        end
    end

    height = dist_theta * normaly(theta, sd2, obtained);
    %p(population value=theta | theory)*p(data|theta)
    area = area + height*incr; %integrating the above over theta
end

Likelihoodtheory = area
```

```
Likelihoodnull = normaly(0, sd2, obtained)
Bayesfactor = Likelihoodtheory/Likelihoodnull
```

付録1　個人のオッズを直接得る

　ある理論が真であることがわかったら、誰かがあなたに1単位のお金を喜んで
支払うとしよう。賭けをしたいのであれば、その理論が偽であることがわかった
ときに、指定された金額を支払うことでお返しをする必要がある。このとき、あ
なたが支払ってもかまわないと思う最高額は具体的にいくらだろうか？　この最
大額は、その理論を支持するオッズと呼ばれる。あなたが賭けをしており、賭け
が有利であるか、あるいは、ちょうど公正であると思うなら、私は常に賭けると
仮定する。「次のコイントスでは表が出る」という理論を検討してみよう。次の
トスが表なら、私はあなたに1ポンドを払おう。もし、次のトスで裏が出たら、
あなたが私に50ペンスを払うことが必要だとして、あなたは私と賭けをするだろ
うか？　ほとんどの人はやるだろうが、正しい答えはない。それはあなた次第で
ある。次のトスが裏のときに90ペンスが必要な場合は、賭けをするだろうか？
1ポンドのときは？　1.50ポンドのときは？　あなたが喜んで支払える最高額
が1ポンドであると仮定すると、「次のトスで表が出る」ということを支持する
あなたの個人的なオッズは1である（つまり、1：1、50：50、または等しいオッ
ズである）。
　次のことを念頭に置いて、オッズを確率に変換できる。

　　　オッズ（理論が真である）＝確率（理論が真である）/確率（理論が偽である）

したがって、

　　　確率（理論が真である）＝オッズ/（オッズ＋1）

したがって、この場合にオッズが1とすると、

　　　確率（次のトスで表が出る）＝1/（1＋1）＝0.5

となる。
　ここで、「私の研究室のドアの後ろに双頭の翼のあるモンスターがいる」とい
う理論を考えてみよう。ドアを開けてモンスターを見つけたら、私はあなたに1
ポンドを払おう。モンスターがいなかったらあなたが私に50ペンス支払う場合、
あなたは賭けるだろうか？　25ペンスだとどうだろうか？　0ペンスだったら？

最高額として０を選択したとすると、その理論が真であることを支持するオッズは０である。したがって、その理論が真であるという個人の主観的確率も０となる。

「明日雪が降る」という理論を考えてみよう。明日雪が降ったら私はあなたに１ポンドを払おう。雪が降らなかったら、あなたが私に50ペンスを払う必要がある場合に、あなたは賭けるだろうか？　雪が降る可能性が非常に高いと思われる場合、これはあなたにとって非常によい賭けである。雪が降って、私があなたに１ポンドを支払い、あなたは私に何も支払わないことが見込まれる。雪が降らなかったときにあなたが１ポンドを払う必要がある場合に、あなたは賭けるだろうか？　雪が降る可能性が非常に高いと思われる場合は、それでも良い賭けである。雪が降らなかったときに、あなたが２ポンドを払う必要がある場合に、あなたは賭けるだろうか？　ここが判断の分かれ目になるかもしれない。その場合、オッズは２（つまり、２：１）であり、明日雪が降るということに関する個人的確率は$2/(2+1) = 0.67$となる。

最後に、極端な例を考えるために、「明日ロンドンに渋滞がある」という理論を考えてみよう。渋滞があれば私があなたに１ポンドを払う。渋滞がなければあなたが私に１ポンドを払う必要がある場合に、あなたは賭けるだろうか？　おそらく、これは魅力的な提案であり、愚か者から１ポンドをむしりとる良い方法である。渋滞がなければあなたが10ポンドを払わないといけない場合はどうだろうか？　おそらく、あなたはロンドンで渋滞が発生すると確信しているので、それでもひるまずにこのゲームを受け入れるだろう。実際、渋滞がない場合は、任意の高額を払わなければならないとしても、おそらく喜んでゲームをするだろう。「明日ロンドンに渋滞がある」という理論を支持するあなたの個人的なオッズは非常に大きい。したがって、明日ロンドンで渋滞が発生するということに関する個人的確率は、（非常に大きな数）／（非常に大きな数＋1）であり、これはほぼ１である。

5 フィッシャーと尤度
── 科学的知見への王道

　ロイヤル（Royall, 1997）は、データに照らして問うことができる以下の3つの
まったく異なる問いがあると指摘した。

(1) 今、何をすべきか？
(2) 今、何を信じるべきか？
(3) 別の理論よりもその理論を支持する証拠としてデータを扱うにはどうすべ
　　きか？

　これらの問いはそれぞれ別のものである。たとえその理論を信じていなくても
（質問2の答え）、それが真であるかのようにふるまうべき場合がある（質問1の答
え）。たとえば、タイのジャングルの奥地で蚊に刺されたと想像してみよう。そ
こで蚊に刺された人のほとんどはマラリアにかからないが、その地域の蚊はマラ
リアを運ぶことがある。マラリアは命にかかわるものであり、薬の副作用がほと
んどないことを考えると、その病気にかかる可能性は低くても、あなたは抗マラ
リア薬を服用するかもしれない。ある理論が偽であると信じていても、その理論
が真であるかのようにふるまうべきときがあるのである。
　ネイマン－ピアソンアプローチは、何をすべきかについて答えようとする試み
である。データに照らして、どの理論を採択したり、棄却したりすべきだろう
か？　ネイマンによれば、そのような採択と棄却は単なる「行動に関する」決定
であり、長期的な相対頻度を計算することができる二値的な事象であるが、そこ
に信念を反映させる必要はない。それに対して、ベイジアンアプローチは、何を
信じるべきかに対する答えを提供する。これにより、さまざまな理論について、
どのくらい強く信じるべきかが示される。前章では、問いが異なればそれに対す
る答えも根本的に異なりうることを確認した。ネイマン－ピアソンアプローチで
帰無仮説を棄却すべきことが示されている場合でも、ベイズ分析では、データに
よって帰無仮説をより強く信じるべきと示されることがある。もちろん、それら
のアプローチは答えている問いが異なるので、一見異なる答えが出されても不思

議ではない。しかし、ネイマン－ピアソンアプローチを使って、何を信じるべき
か、あるいは、どの程度確信をもって信じるべきかについて答えることはできな
い。

　データの証拠としての強さについての問いも、何を信じるべきかについての問
いとは別物である。いくつかの証拠がある方向を示しているからといって、その
ように信じるべきということではない。それとは反対の内容を信じる理由をあら
かじめもっているかもしれない。ベイズの理論体系によると、事後の信念＝尤度
×事前の信念である。得られたデータに照らした信念は、尤度と事前の信念の両
方に依存する。ベイズの理論体系によると、尤度がデータの証拠としての重みを
決定する。事後の信念には、その証拠としての重みと事前の信念の両方が反映さ
れる。「ピラミッドパワーを信じない」という信念を事前に強くもっていたら、
「ピラミッドパワーが存在する」という理論を支持する証拠が１つの実験で示さ
れたとしても、その理論を強く信じないままでいることがありうる。

　論文の読者は、その論文の著者の事前もしくは事後の信念に特に関心がないか
もしれない。きっと、読者は、データが別の理論よりもその理論を支持する証拠
であるかどうかのほうにより関心があるだろう。ここで、統計的推測のアプロー
チの１つとして、尤度に基づいて推測することが挙げられる（事前確率も事後確
率もなく、有意性検定もない）。そうすることで、確率を客観的なもの（ネイマン－
ピアソンの長期的な行動結果の頻度）とすべきか、主観的なもの（ベイズの信念に対
する確信度）とすべきかについての議論をまるごと回避することができる。とい
うのも、どちらの場合も尤度を使用できるからである。本章では、推測において
尤度を重視する立場について説明する。最初に、我々が本当にその答えを知りた
い問い、すなわち、データが別の理論よりもその理論を支持する証拠としてどれ
だけ強いと言えるのかに対して、既存の立場では答えが提供されない理由を示す。

有意性が証拠とならないのはなぜか

　現在、科学者たちは、帰無仮説に反する証拠の強さを示すのに p 値を使ってい
る。これは、（ネイマンでもピアソンでもなく）フィッシャーによって提案された
やり方である。すなわち、p 値が小さいほど帰無仮説に反する証拠として強いと
見なされる。多くの場合、このやり方で得られる結論は理にかなっている。科学
者たちがこのようなやり方で p 値を使い続けているのは、おそらくそのためであ
ろう。しかし、ロイヤル（1997）は、有意水準は一般に証拠の強さの良い指標で
はないと主張している。証拠の強さとその証拠が得られる確率を混同している人

がいるが、これら2つは別物である。これから論じるように、証拠が得られる確率は、証拠の強さ自体とは別の要因によって決定される。

p値で計算される確率は、起こる可能性があったけれども実際には起こらなかった事柄の集合によって異なる。起こる可能性があったことが何なのかは、実験者の意図などの主観的な要因によって異なる。たとえば、実験者が30人の参加者のデータを得た時点でデータの収集をやめるつもりだったのが、この時点でのp値が$p = 0.07$で、彼女はさらに20人の参加者のデータを収集することにするかもしれない。この実験の有意性を計算するには、実験者がたとえ、実際には30人の時点で停止しなかったとしても、停止する可能性があったことを考慮する必要がある。たとえば、pが0.05未満だったら、実験者は30人の参加者の時点でデータの収集を停止したとしよう。「30人の参加者のデータを収集し、検定を行う。$p = 0.05$で有意でない場合は、さらに20人のデータを収集し、再度検定を行う」という決定手続きを無限回繰り返したとすると、$n = 30$の場合、そのうちの5％で第一種の誤りが生じる。実験者がデータの収集を継続する残りの95％でも、さらに第一種の誤りが生じうる。よって、第一種の誤りが生じる確率は、全体として、長期的に見れば5％より大きくなる。**後で追加される参加者数に関係なく、また、さまざまな仮説を支持したりそれに反したりする証拠がどれほど強くても、5％水準で一度検定した場合、有意水準が0.05を下回ることはありえない。**有意性は、長期的に第一種の誤りが生じる確率の指標であり、一般に、証拠の強さと同じではない[1]。たとえ有意水準に反映できないとしても、原理的には、より多くの観察を行うことによって、常により強い証拠を得ることができることは明らかである。

全体的な第一種の誤りが生じる確率を抑えるために、停止規則に応じて有意水準を調整する必要があることは明らかであるけれども、証拠の強さの指標として、調整されていないp値を使うことができるのではないかと言う人もいるかもしれない。すなわち、50人全員のデータが入力されたときにSPSSが提供するp値を使うだけでよいのではないかということである。しかし、p値はそのように使えない。「p値が0.05未満の場合にデータの収集を停止する」という停止規則を使用して得られた場合には、$p < 0.05$は帰無仮説に反する証拠とはなりえない。こ

---

[1] これはフィッシャーが認識していた点である。彼は、第一種の誤りが生じる確率という概念は科学の大部分には関係ないと考えていた。しかし、現在のやり方では、p値は、第一種の誤りが生じる確率と証拠の強さの両方に関連づけられている。さらに、長期的なエラー率としてp値を解釈しないのであれば、それが何の確率であるかについて、首尾一貫した説明が必要になる。

のルールの下では最終的に$p < 0.05$となることが保証されているため、何の意味もなさない。p値が意味をもつためには、停止規則に従って調整する必要がある。また、多重比較についても調整する必要がある。

　ある治療法（高速で目を動かしながら痛みを伴う出来事を語ることから構成される）が心的外傷からの回復を促すかどうかについての検定を考えてみよう。p値は0.04である。しかし、同じ実験の別の治療法（乱数を生成しながら痛みを伴う出来事を語る）を受けた患者群を含む別の検定が行われたとする。ここでは2つの検定からなる検定群を実施していることになる。ここで、検定群全体での第一種の誤りが生じる確率を抑えるためには、最初の比較の確率を計算するために用いる、起こりえた結果の集合に、別の比較の結果が含まれることになる。ボンフェローニの補正を行うと、最初のpは5％水準では有意でなくなる。眼球運動療法の結果に関するデータは、たまたま**別の**治療法について検定を行ったかどうかとは独立に、**その**治療法の効果の証拠であると考えるかもしれない。しかし、そうであるなら、証拠の指標として有意性を捉えることをやめるべきである。

　同様に、p値は、検定が両側なのか片側なのかでも異なる。片側検定とは、平均の差が予測とは逆の場合には、それがどんなに大きくても「有意ではない」と報告することを意味する。逆の方向であった場合に、平均の差が非常に大きくても「有意ではない」と本当に報告するだろうか？　あなたがそうするかしないかを誰が決めるべきなのだろうか？　ロイヤルは、次のように述べている（p. 117）。p値は、「実験者が何をしたかや、何を観察したかだけで決まるわけではない。それは、もし観察が異なっていたとしたら、実験者が何をしただろうかということにも依存する。これは、実験者が何をしたと言っているかや、何をしたと考えているかではなく、実際に何をしただろうかということに依存する（もちろん、それは知りえないのだが）」。

　あるpの値、たとえば$p = 0.04$は、帰無仮説に反する証拠として常に同じ強さを示しているのだろうか？　それとも、証拠の強さはサンプルサイズに依存するのだろうか？　統計学者の中には、サンプルサイズに関係なく、$p = 0.04$は常に同じ強さの証拠であると主張する人もいる。その一方で、サンプルサイズが小さければより強い証拠となると主張する人もいる。また、サンプルサイズが大きいほどより強い証拠となると主張する人もいる。教訓としては、p値は原則的には証拠の強さを測る方法ではないということである（Royall, 1997の第2、3、および5章を参照）。

　ここで、直感的には証拠の強さが異なるにもかかわらず、同じp値が得られる例を示す。男性がセックスの直前に服用するピルが、妊娠可能期間中の妊娠を防

ぐのに100％効果的かどうかを検証していると想像してほしい。「妊娠の確率が0である」という帰無仮説と、「妊娠の確率が無防備なセックスの場合と同じである」という対立仮説（たとえば、標本を抽出した母集団で仮に20％とする）を使用する。1人の男性がピルを服用し、妊娠可能期間に女性のパートナーとセックスをしたとする。その結果、妊娠しなかった。これらのデータの p 値はいくつだろうか？　妊娠の確率が0の場合、1回の試行で妊娠しない確率は1である。つまり、帰無仮説が真であると仮定すると、これと同じかそれより極端な結果が得られる確率は明らかに1である（これより極端な結果はありえない）。このときの p 値は1である。対立仮説よりも帰無仮説を支持する証拠がどのくらいあるとあなたは考えるだろうか？　ここで、500組の男女のカップルに同じ手続きを繰り返し、どのカップルでも妊娠しなかったと想像してほしい。証拠についてどう考えたとしても、確かに、対立仮説よりも帰無仮説を支持する証拠の強さが増加している。しかし、p 値は同じ、すなわち1のままである[2]。

ベイズの事後分布が証拠とならないのはなぜか

　前章では、パラメータの値の事後分布を計算する方法を説明した。科学的なジャーナルの読者は事前分布にはほとんど関心を示さないが、あなたの事後分布は、あなたの事前分布の特異性に部分的には依存している。ベイジアンの反応の1つは、情報のない事前分布、つまり完全に知識がない状態を反映する事前分布を使用することである。そうすれば、事後分布は尤度によってのみ決定される。つまり、証拠のみが反映されるのである。問題は、情報のない事前分布のようなものは存在しないことである。ブライトンにおける宗教的な人に対する無神論者の比率を見極めるための研究を考えてみよう。図5.1(a)に示すように、すべての比率に等しい確率密度を与える、つまり事前分布を一様分布とすることによって、知識のない状態を示すことができると考える人がいるかもしれない。これにより、比率が0と1の間にある確率は、比率が1と2の間にある確率と等しくなる。次に、逆比率、すなわち無神論者に対する宗教的な人の比率の意味を考えてみよう。前者の比率が0から1の間にある場合、後者は1から無限大の間にある。また、前者が1から2の間にある場合、後者は1/2から1の間にある。したがって、（無

---

[2]　「ピルを服用したときに妊娠する確率が0.2である」という仮説を帰無仮説とすると、2つのシナリオで p 値が変化する（1組のカップルの結果を得たときは0.8、500組のカップルの結果を得たときには 0.8^{500} となる）。不思議なことに、一方の帰無仮説の証拠の強さは変化するが、もう一方では変化しない。

図5.1

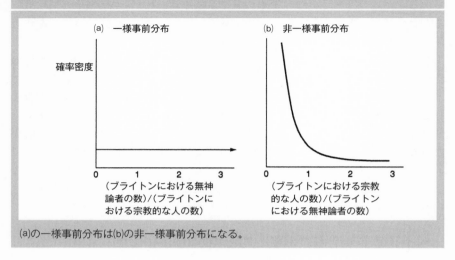

(a) 一様事前分布

確率密度

0　　1　　2　　3
（ブライトンにおける無神
論者の数）/（ブライトンに
おける宗教的な人の数）

(b) 非一様事前分布

0　　1　　2　　3
（ブライトンにおける宗教
的な人の数）/（ブライトン
における無神論者の数）

(a)の一様事前分布は(b)の非一様事前分布になる。

神論者の数）/（宗教的な人の数）という比率の事前分布として一様分布を採択すると、逆比率である（宗教的な人の数）/（無神論者の数）が1/2から1の間にある確率は、その比率が1より大きい確率と等しくなる（図5.1(b)を参照）。そうなると、逆比率の事前分布は知識がない状態を反映しているとは言えない。これは一般的に成り立つことである。ある変数に対して、事前分布において確率もしくは確率密度が等しいときに、その変数を非線形変換（たとえば、比率をその逆数に変換する、反応時間を速度に変換する、もしくは長さを面積に変換する）したものの事前分布は一様分布とはならない。したがって、変換された変数の事前分布は、明確な先入観を反映することになる。よって、元の変数の事前分布もまた、理想的な知識のない状態ではなく、確実に明確な先入観を反映している。ロイヤル（1997）は、確率にいずれかの数値を割り当てることで、変数が取りうる値についての知識がないことを反映させることはできないと主張した。これは、どんな数値も割り当てることができないことを意味している。もちろん、十分なデータがあれば、事前分布よりも尤度の影響が大きくなり、事前分布がどのような形状であるかということはますます関係がなくなる。しかし、これがベイジアンの主張だとすると、事前分布と事後分布をまったく気にかけることなく、尤度だけを扱うことにしないのはなぜなのだろうか？

ともに統計学者であり、数理物理学者でもあった、ケンブリッジのハロルド・ジェフリーズ卿（Harold Jeffreys: 1891-1989）とワシントンのエドウィン・ジェインズ（Edwin Jaynes: 1922-1998）は、変数の変換によって矛盾が生じないように事前分布を指定することに関して、重要な進展をもたらした。図5.1に示されているように、比率とその逆数の両方が平らな事前分布になることはない。これは文字通りの矛盾である。しかし、比率とその逆数の事前分布が同じ形となり、両方の事前分布が相互互換であるように比率を割り当てることができる場合がある。これを行うための数学的ツールの開発は大きな前進であり、独特で説得力のある「客観的ベイジアン」アプローチが定義された（Jaynes, 2003を参照）。そのアプローチでは、事前分布は明確に指定できる情報のみを反映することが意図されている。しかし、これらのツールによって、適切なふるまいをする事前分布を生成できる場合もあるが、反映される先入観を最小にするように事前分布を指定する、あるいは実際に設定したい客観的な制約のみを反映するにはどうしたらよいかという一般的な問題は解決されていない。

尤度比が証拠となるのはなぜか

　フィッシャーは1921年に「尤度」という用語を造り出し、その後、さまざまな出版物において、それを使用した推測の根拠を簡単に示した。しかし、尤度それ自体は、推測に関するフィッシャーのアプローチの中核をなすことはなかった。彼の教科書の例は、有意性検定で埋め尽くされており、科学者たちはそこに焦点を合わせることとなった。エドワーズ（Edwards, 1972）のように、フィッシャーの尤度の使用法を発展させた者もおり、忠実な支持者はいるものの、尤度推測は明らかに少数派のアプローチとなった。数学的実体としての尤度は、実際には統計学者や応用科学者によって広く使用されているが、通常はネイマン－ピアソンおよびベイズの伝統内での技法という文脈で使用されている。しかし、尤度理論家は、尤度を、単に誤りが生じる確率やベイズ推測の学派内のツールを提供するものとしてではなく、これまでのアプローチに代わりうるものと見なしている。ジョンズ・ホプキンス大学の統計学者であるリチャード・ロイヤルは、1997年の著書において、尤度推測そのものに関する明確な事例を示している。実際、本章の多くはロイヤルの本に触発されている。ロイヤルの仕事はまた、生態学者、統計学者、哲学者が科学的証拠の性質について議論する一連のシンポジウムに影響を与え、その結果は、テイパーとレル（Taper & Lele, 2004）が編集した本となった。その本は、（すべてではないが）一部の科学者の関心が、尤度学派に集まって

きていることを示している。その本はまた、科学的・統計的推測の性質は、科学者が十分な情報に基づいて立場を明確にすることができ、またそうすべきトピックであることを示している。

　ロイヤル（1997）は、簡単な例を使って尤度推測を説明し、これを用いることを促している。2つのボールが入った壺を考えてみよう。1つの壺には白いボールのみが入っており、もう1つには白と黒のボールが同数ずつ入っている。あなたの素敵な助手がコインを投げて壺を選び、そこからたくさんのボールを取り出すとする。白いボールしか入っていない壺が選ばれる事前確率は0.5であり、その壺が選ばれることを支持する事前確率はp(白のみの壺)/p(白と黒が混ざった壺)＝0.5/0.5＝1である。助手が3つのボールを取り出し、すべて白だったとしよう。白と黒が混ざった壺の尤度は、白と黒が混ざった壺から3つの白いボールを取り出す確率、すなわち、p(白いボールを3つ取り出す/白と黒が混ざった壺)＝$1/2^3$となる。白いボールしか入っていない壺の尤度は、白いボールしか入っていない壺から3つの白いボールを取り出す確率である$1^3＝1$となる。したがって、白いボールしか入っていない壺を支持する尤度比は、p(白いボールを3つ取り出す/白のみの壺)/p(白いボールを3つ取り出す/白と黒が混ざった壺)＝$1/(1/2^3)＝2^3＝8$となる。前章で示したベイズの定理により、白のみの壺を支持する事後オッズ＝尤度比×白のみの壺を支持する事前オッズで求められる。確率論の数理から、確率の更新におけるデータの影響は、尤度比のみに依存する。さらに、尤度比によって、どの程度確率を更新すべきかが正確に示される。もし、尤度比を証拠の強さの指標と見なすなら、確率論によって、ある方向に確率を更新するよう示されているときに、証拠が別の方向を勧めることはありえない。証拠の指標として、確率論と一致するという望ましい特性をもっている。

　もちろん、一般的に、理論に確率を割り当てることができるかどうかは議論の余地がある。壺の事例は、「ある壺が選択された」という理論に客観的確率を割り当てることができるように設定されていた（どの壺が選ばれるかはコイントスに依存していたため）。しかし、「高麗人参と偽薬の条件間の平均値差は50ミリ秒である」という理論に確率を割り当てることができるかどうかは別問題である。ベイジアンアプローチではできるが、ネイマン－ピアソン（およびポパーの）アプローチではできない。尤度理論家は、尤度比をある理論と別の理論を比較したときの相対的な証拠として扱うことによって、その問題を回避することを提案している。これは、一般的な「法則」、いわゆる「尤度の法則」と呼ばれるものであり、ハッキング（Hacking, 1965）によって造られた用語である。そうすることで、理論に確率が割り当てられる場合とそうでない場合の両方で、尤度比は、一貫し

て相対的な証拠の指標となりうる。2つの理論の相対的な証拠という意味が、何らかの理由で、理論に確率を意味ある形で割り当てることができると考えたり、できないと考えたということだけで変わるとしたら、それはおかしなことである。

　尤度の法則は、最も強く結果を予測した理論を最も強く支持するという直感に一致している。最も極端な状況としては、ある理論では「その結果が起こるに違いない」と予測し、別の理論では「その結果は起こらない」と予測しているときに、その結果が得られたとすると、後者の理論よりも前者の理論が明確に支持される。尤度の法則はこれを0と1の間の確率に一般化する。逆に言うと、尤度の法則では、0と1を限界値として、明らかに合理的な結論が出せるということは心強いことである。

　これらの議論のいずれも、尤度の法則が絶対に正しいということを意味してはいない。しかし、ロイヤルは、この法則によって、証拠の強さを、その証拠が得られる確率から分離できるという、さらに望ましい結果がもたらされると指摘している。さらに、ある点においては、これらの確率は、ネイマン－ピアソンの α および β よりも望ましい形で機能することがある。これについては、次節で説明する。証拠によって誤った結論につながることはありうるが、実際にそうなることはあまりなく、さらに、サンプルサイズが大きくなると、その確率はほぼ0になる。

　ロイヤルの2つの壺の例で、尤度比が示す証拠の強さについて実感できただろう。これまで見てきたように、3つのボールを取り出したときにすべて白いボールであったときには、尤度比は8となる。これは、白と黒が混ざった壺よりも、白のみの壺であったことを支持するやや強い証拠である。一般に、連続して n 個の白いボールを取り出すとすると、尤度比は 2^n となる。もし、白いボールを1つだけ取り出した（そして黒は取り出していない）場合、尤度比は2になる。これはある程度は証拠となるが、白と黒の混ざった壺よりも白のみの壺であったことを支持する証拠としてはあまり説得力がないということに同意してもらえるだろう。白いボールを2つ取り出した場合の尤度比は4となるが、これもまだあまり強い証拠ではないことに同意してもらえるのではないだろうか。ロイヤルは、一般に8を「やや強い」証拠、32（2^5、白いボールを5つ連続して取り出すことに相当）を「強い」証拠とすることを提案している。もちろん、これらは彼が提案している恣意的な慣習である。白いボールを連続して取り出す回数をいろいろ変えてみることによって、白と黒の混ざった壺よりも白のみの壺であったことを支持する証拠の強さがどの程度感じられるかを検討して、自分自身で数を調整してほしい。

ネイマン－ピアソン統計学は、尤度の法則と矛盾している。尤度は得られたデータにのみ依存し、他の得られたかもしれないものには依存しないが、有意性は後者に依存しているからである。たとえば、サムがイングランドに住んでいるのかスコットランドに住んでいるのかを知りたいとする。なんとかして、サムの身長が６フィートであることがわかったとする。尤度の法則によれば、ここで関連があるのは、イングランドの人の身長が６フィートである確率と、スコットランドの人の身長が６フィートである確率だけである。それに対して、ネイマン－ピアソンアプローチでは、たとえば6.5フィートである確率など、他の身長である確率も必要となる（サムの測定値は、実際にはそうではなかったけれども、6.5フィートであった可能性もあるため）。また、身長が６フィートを越える米国のバスケットボール選手に、スコットランドへの移住の波があったかどうかということによっても、ネイマン－ピアソンアプローチの計算結果は変わってくるが、尤度比はそのような関連のない情報の影響を受けない。逆に、身長が６フィートのスコットランドの人を俳優として必要とするドラマをシドニーで制作しているテレビ会社において変わった仕事の機会が増え、スコットランドから身長がちょうど６フィートの人全員がいなくなった場合、p(身長が６フィート|スコットランド出身)＝０は尤度推測において重要な事実となる。それに対して、有意性検定の場合に関連する事実は、p(身長は６フィート以上|スコットランド出身)＝0.21であり、これは推測とは関連がない。

　ネイマン－ピアソンアプローチが尤度の法則にどのような点で違反しているかをさらに説明するために、図5.2を見てほしい。ここでは、帰無仮説と対立仮説のそれぞれで予測される結果の分布が示されている。これらの分布は偶然、正規分布をしている。垂直線は我々の決定基準である。この線よりも大きい値の標本平均は対立仮説を採択する結果になり、この線よりも小さい値の標本平均は帰無仮説を採択する結果となる。線の位置は、誤りが生じる確率 α および β を抑えるように選ばれる。図5.2(a)では、α と β が0.05に設定されている。尤度比は、観測された標本平均に対する２つの曲線の高さの比である。２つの曲線が交わるところの比は１であり、この例ではここに基準が置かれている。この場合に限って言えば、採択と棄却の決定が常に尤度比の方向に対応する。対立仮説の採択は常に対立仮説を支持する尤度比に対応し、同様のことが帰無仮説にも当てはまる。しかし、１に非常に近い尤度比であったとしても、この値に基づいてカテゴリカルな決定が行われる場合があることに注意してほしい。もし結果が有意であったとしても、対立仮説を支持する証拠は非常に弱い。同様に、結果が有意とならなくても、帰無仮説を支持する証拠は非常に弱い。ネイマン－ピアソンは、これら

の場合にカテゴリカルな決定を下す。しかし、現実的にはほとんどの場合がこれに当てはまるのだが、βが0.05を越えると（つまり、検定力が0.95未満になると）、状況はさらに悪化する。図5.2(b)は、αを0.05に、βを0.20に設定した場合を示しており、これは一般的に推奨される状況である。ここで、実験が帰無仮説を確証するものと見なされる場合にも、尤度比が2.7までは対立仮説を支持すること

図5.2

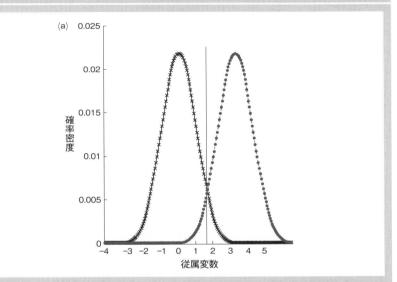

(a) ×の曲線は、「母平均が0である」という帰無仮説を仮定したデータの確率密度であり、●の曲線は、「母平均が3.28である」という対立仮説を仮定したデータの確率密度である。標準誤差は1に尺度化されている。2つの曲線は、各分布の平均から標準誤差1.64個分のところで交差している。垂直線で表される基準は、2つの曲線が交差しているところに置かれている。線の右側で標本平均が観測されれば帰無仮説を棄却し、左側で観測されれば帰無仮説を採択する。αは、基準の右側にある帰無仮説の曲線の下の面積である。βは、線の左側の対立仮説の曲線の下の面積である。この例では、αとβはともに5%である。尤度比は、従属変数の標本の平均値に対する曲線の高さの比である。この場合、採択/棄却の決定は、尤度比によって示される証拠の方向と常に一致する。しかし、基準に近い値の標本平均については、尤度比が一方の仮説を他方より支持している程度は弱いにもかかわらず、カテゴリカルな決定が行われる。

図5.2 つづき

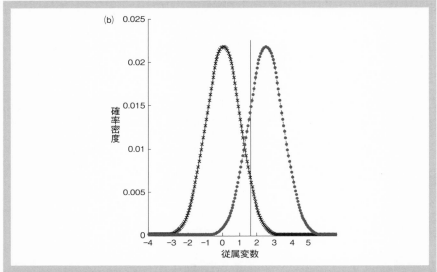

（b）今回の対立仮説は、「母平均が2.48である」というものである。αが５％に抑えられた状態を保つために、ここでも基準は1.64に設定されている。対立仮説の平均が(a)よりも帰無仮説の分布に近いため、対立仮説の曲線の面積の大部分が基準の左側となる。今回のβは20％である。基準は２つの曲線が交わるところではなくなったため、この場合、証拠が示す方向（尤度比によって示される）とは逆の決定を行うことがありうる。基準のすぐ左側では、帰無仮説が採択されたとしても、証拠は対立仮説を支持している。基準の位置では、対立仮説を支持する尤度比は2.7になる。

になる。実際、βを0.20に設定することは推奨されている状況であり、よくある状況ではない。コーエン（Cohen, 1977）は、心理学のトップジャーナルから任意に選択した号において、βは平均0.5であると推定した。このより一般的なシナリオでは、たとえネイマン－ピアソンアプローチで対立仮説を棄却する状況であっても、対立仮説を支持する尤度比が3.9までになる可能性がある。この数字は、片側決定の手続きに関するものである。より一般的な両側検定の場合、ネイマン－ピアソンによって、帰無仮説を支持して対立仮説が棄却される場合にも、尤度比は対立仮説を支持する方向で6.8までになる可能性がある！　以上をまとめると、有意性検定は、やや強い証拠であっても、証拠が示している方向とは逆の決定に

つながる可能性がある。

　ネイマン－ピアソンにおいて、採択の決定と証拠の方向との間に矛盾が生じるのは、α と β を設定することで推定される第一種の誤りと第二種の誤りの間に、相対的なコストの違いがあるためである。通常、α の値が β よりも小さいのは、第一種の誤りが第二種の誤りよりもコストがかかるという仮定を反映しており、より厳しく抑える必要があるためである。問題は、実際には、実験者がコストを考慮して、情報に基づいて α と β を選択していないことである。実験者はただ慣習に従っているだけであり、コストについて考慮したとしても、その論文のすべての読者が同じコストを選ぶと考える理由はどこにもない。おそらく、読者が知りたいのは、証拠が示す方向と強さであって、他の研究者の主観的なコストを反映した決定ではない（また、あまりよく考えられていない慣習を反映する決定でもない）。尤度比は相対的な証拠を反映しているが、一般には、有意性検定に基づく決定ではそれは反映されていない。

誤った結論につながる証拠や弱い証拠の確率

　２種類の瞑想のうち、どちらが気分を高揚させるのにより適しているかを知りたいとする。そこで、すべての参加者に、ある日は朝の30分間、他の人を助けるイメージについて瞑想し、別の日には朝の30分間、心を空にして瞑想するよう求めたとする。参加者が他の人を助けるイメージをもって瞑想した日と心を空にして瞑想した日のどちらでより幸せに感じたかを答える、二者択一の形で結果が得られるとする。先行研究では、人々が、両方の瞑想が同程度にうまく機能すると予測しているとわかっているとする。もし結果が予測によってのみ決まるのであれば、「イメージ」の日が選択される比率の期待値は（これを θ と呼ぶ）は0.5になる。その一方で、「他者を助けることは幸せになるのに特に役立つ」という理論に基づくパイロットスタディでは、割合 θ が0.8になるかもしれない。あなたは、これらの見解のうちのどちらかを他方よりも支持するやや強い証拠を得て、２つの見解を弁別できるようにしたいと考えているとしよう。

　ある人が、より幸せな日として「イメージ」瞑想を選択したら、この１回の観察に基づく仮説「$\theta = 0.8$」の尤度は、p（まさにその結果を得る $\mid \theta = 0.8$）$= 0.8$ で求められる。尤度の有用な特徴として、連続する独立したデータの尤度を単にかけるだけで、全体的な尤度を求められる[3]。２人目の人に関する「$\theta = 0.8$」

---

[3]　確率の公理では、独立事象の共起確率はそれらの確率の積である。

という仮説の尤度はp（2人目の参加者の結果を観測する$|\theta=0.8$）$\times p$（1人目の参加者の結果を観測する$|\theta=0.8$）によって求められる。したがって、m人のうちのn人がイメージの日により幸せである（そして$m-n$人が「心を空にした」日により幸せである）と答えた場合には、「$\theta=0.8$」という仮説の尤度は$0.8^n 0.2^{m-n}$によって求められる。たとえば、20人のうち14人がイメージの日を選び、6人が心を空にした日を選んだ場合、尤度は$0.8^{14} 0.2^6 = 2.8 \times 10^{-5}$となる。予測理論では、どちらの選択であっても、各観測が生じる確率は0.5である。m人の参加者の後の「$\theta=0.5$」という仮説の尤度は0.5^mとなる。この例では、「$\theta=0.5$」という仮説の尤度は$0.5^{20} = 9.5 \times 10^{-7}$となる（一般に、確率が固定された二値の独立な試行の実験計画の尤度は$\theta^n(1-\theta)^{m-n}$である）。この$m=20$、$n=14$の場合の尤度比は2.95であり、「$\theta=0.5$」よりも「$\theta=0.8$」を支持する弱い証拠が示されただけである。

　尤度比が8のときに、やや強い証拠と言えるだろう。n人の参加者の後、尤度比、（「$\theta=0.8$」の尤度）/（「$\theta=0.5$」の尤度）が8以上もしくは1/8以下であれば、目標を達成したことになる。いずれの場合でも、一方の仮説が他方よりも支持されているという強い証拠があると言える。逆に、2つの点で問題となる可能性がある。まず、尤度比が1/8から8の間にあるときは、その結果は弱い証拠しか提供していないという問題である。もちろん、その問題が生じているかどうかはわかることである。しかし、問題が生じる可能性の2つ目としては、尤度比が真の仮説ではなく偽の仮説を支持する強い証拠を提供していて、誤った結論につながる場合が挙げられる。これは当然ありうることである。というのも、もし証拠が決して誤った結論につながらないのであれば、我々は常に1回の観察に基づいて確実に真実を知ることができるはずだからである。ロイヤルが述べているように、尤度アプローチでは、我々は証拠を常に正しく解釈するが、証拠自体が誤った結論につながる可能性はある。ここで、尤度推測の重要な特徴、すなわち、誤った結論につながる証拠が得られる確率に行き当たる。初期の重要な結果（Birnbaum, 1962など）によると、誤った仮説を支持する尤度比kを得る確率は、試行回数が無限であっても$1/k$以下である（これは上限である。実際、この確率は、後で説明するように、$1/k$よりかなり小さいことが多い）。これは、特に有意性検定の伝統で育った私たちにとっては注目に値する。さらに、悪意のある研究者が、比率がkになるまでデータを収集しようとしたとしても、試行回数が無限であっても、成功する確率は最大で$1/k$である。p値によって定義される確率と大きく結果が異なっていることに注意してほしい。p値は、データを収集し続ければ、最終的には必ずある値が得られることが保証されているのである。

ロイヤル（1997, 第4章）は、弱い証拠や誤った結論につながる証拠が得られる確率を抑えるために、何人の参加者からデータを収集するかを計画する方法を示している。たとえば、瞑想研究で20人の参加者を計画した場合、イメージの日を選択する人数 n が15であるなら、「$\theta = 0.5$」よりも「$\theta = 0.8$」を支持する強い証拠が得られる。このときの尤度比は8よりも大きくなるが、$n = 14$の場合にはわずか2.95となる。「$\theta = 0.5$」という仮説の下で、n が15以上である確率は0.02である。つまり、予測理論が真であるとすると、誤った結論につながる証拠が得られる確率はわずか0.02である。同様に、「$\theta = 0.8$」の場合、20人の参加者で、誤った結論につながる証拠が得られる確率はわずか0.003である。仮説間の差が大きいほど、誤った結論につながる証拠が得られる確率と弱い証拠が得られる確率を低く保つのに必要な参加者数が少なくなる。「$\theta = 0.2$」という仮説と「$\theta = 0.8$」という仮説を比較したい場合、8人の参加者だけで誤った結論につながる証拠が得られる確率は0.01となる。さらに、弱い証拠の確率はわずか0.046である。

　弱い証拠や誤った結論につながる証拠が得られる確率は、第一種の誤りが生じる確率とは異なる動きをする。第一種の誤りが生じる確率は、その実験で計画されている参加者数に関係なく、設定されたレベルで一定のままである。それに対して、弱い証拠や誤った結論につながる証拠が得られる確率は、参加者数が多くなるほど、0に極限まで近くなる（Royall, 1997）。

　誤った結論につながる証拠や弱い証拠が得られる確率は、最初に研究を計画するときにのみ重要である。一度、データが収集されると、その確率は重要ではなくなる。すなわち、その確率とは独立に、単に証拠を見ればいいだけである。証拠が弱い場合は、十分強くなるまで好きなだけデータを収集すればよい。

尤度区間

　「$\theta = 0.2$」という仮説と「$\theta = 0.8$」という仮説を考慮して研究を計画しているとき、図5.3に示すように、θ のすべての値の尤度を確認することができる。この架空の例では、20人中14人が心を空にしたときよりも人助けのイメージをもって瞑想した日のほうがより幸せであると答えている。このグラフは、各 θ について $\theta^{14}(1-\theta)^6$ を計算することによって作成されている。尤度はこの数値に比例するが、この数値は任意の定数で尺度化できる。尤度の法則により、相対的な証拠を示すのは尤度比のみであり、比をとると定数は消える。そのため、便宜的に、尤度比は最も高い値が1になるよう尺度化される。

図5.3

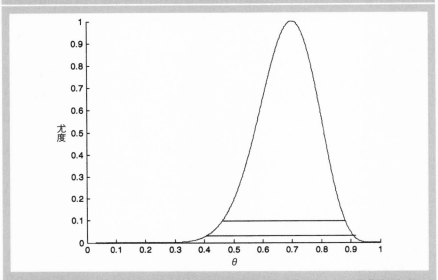

20回の試行のうち14回の成功を観察したときの母比率 θ の尤度関数。θ の最尤値は0.70である。下の水平線は、1/32尤度区間で0.41から0.91までとなる。その上の水平線は、1/8区間で0.48から0.87までとなる。

図5.3は、信頼区間および確信区間に相当する尤度を計算する方法を示している。これが尤度区間である。尤度が1/8($=0.125$)を越えるすべての値の範囲として1/8尤度区間が定義され、図中に示されている（ここでは最も高い尤度が1に尺度化されている場合）[4]。この例の1/8尤度区間は、$\theta=0.48$から$\theta=0.87$までとなる。尤度が最も高い値は$\theta=0.7$である。しかし、この値は、1/8区間に含まれる他の値に比較してやや強い証拠によって支持されているわけではない。したがって、区間内の他の値よりもやや強い証拠をもっている値ではないという、まさにその意味において、区間内の値はほぼ同等に支持されているものとして扱う

---

[4] ロイヤル（Royall, 1997）は1/8および1/32の区間を推奨した。エドワーズ（Edwards, 1979）は、尤度比の自然対数の2単位をとることを慣習とすることを提案した。これにより、ロイヤルの1/8に近い1/7.4区間が求められる。

ことができる。このように定義された区間は、確率区間ではない。（確信区間とは違って）主観的確率の区間ではなく、（信頼区間とは違って）真の母集団値を得る長期的な相対頻度でもない。3つの区間の意味は根本的に異なるが、実際にはそれらの数値の幅はかなり近くなることが多い。1/8尤度区間は、正規分布の（停止規則などを考慮して補正していない）96％信頼区間に相当する。1/32尤度区間は、補正していない正規分布の99％信頼区間に相当する。したがって、提案された1/8および1/32という慣習は、既存のネイマン－ピアソン推測の慣習と非常によく一致している。しかし、信頼区間は、真の母集団値を含む確率に影響を与えるあらゆるものについて補正する必要があるのに対して、尤度区間は、（尤度比によって定義される）相対的な証拠について述べたものであり、そのような証拠が得られる確率とは独立である。ここで、尤度区間と停止規則、多重検定、および検定が計画されたものか事後のものかということの関係について触れておこう。

　前節では、尤度はそれぞれ独立した観測の尤度の積であることを見てきた。したがって、尤度、つまり証拠は、停止規則の影響は受けない。尤度は、各事象の確率の積にのみ依存する。この積は、実験者がこれまでのデータに照らしてデータの収集を停止するかしないかを判断したとしても、明らかに変化しない。それに対して、信頼区間は当然、停止規則の影響を受ける。たとえば、同じデータでも、ある成功数に達したときにデータの収集を停止する場合と、ある合計観測数に達したときに停止する場合とでは、異なる信頼区間が得られる（第3章を参照）。尤度区間は、どちらの場合もまったく同じになる。

　第3章では、ある値が区間に含まれなくなるまでデータの収集を続ければ、その値を含まない信頼区間を作ることができることを見てきた。最終的には、その選ばれた値は区間の外側になる。また、上では、ある2つの母集団値を選択したときに、尤度比がある量だけ、一方の値を他方よりも支持するまでデータの収集を継続するようなことはできないことを示した。真の仮説よりも偽の仮説を支持する強い証拠を得ることはできないのである。それでも、尤度比が特定の値よりも値が特定されていないほうを支持するまで、たとえば、値がいくつかはわからないが、$\theta = 0.5$よりも支持されるまでデータの収集を続けることはできる。つまり、尤度区間は、ある値が限界値を越えるまでデータの収集を続けられるという点で、信頼区間のようなふるまいをする。たとえば、尤度比が$\theta = 0.5$を含まないようになるまでデータの収集を継続することができ、たとえ$\theta = 0.5$が真の値であっても、最終的にはその値を含まないようにすることができる。一見すると、この点は尤度推測の課題を提示しているように見える（Mayo, 1996）。

　区間に$\theta = 0.5$が含まれなくなったときにデータの収集を停止することを選ん

だとしても、結果として得られる尤度区間の意味が損なわれることはないと主張する人がいるかもしれない。たとえば、その時点の最良の証拠は、単純に $\theta = 0.5$ よりも $\theta = 0.506$ を強く支持しているということである。もし、$\theta = 0$ が真の場合には、停止規則に関係なく、データが蓄積されるにつれて、尤度区間は $\theta = 0$ の周りにより密に集まるようなる。しかし、たとえば、実験が超常現象について検討している場合に、適切な停止規則を使用することによって、小さな超常現象の効果を支持する証拠がいくらでもあると主張できるのである（事前に効果量を気にしない限りにおいては）。

　覚えておくべき点は、尤度推測は、別の仮説と比較したときの、ある仮説の**相対的な証拠**に関するものであり、この点で、フィッシャー流の推測やネイマン－ピアソン流の推測のどちらとも異なるということである。フィッシャー流の証拠に関しては、（p 値による）帰無仮説に反する証拠を得て、それで終わりである。ネイマン－ピアソンアプローチでは、信頼区間に0が含まれていない場合に帰無仮説を棄却し、それで終わりである。それに対して、尤度推測では、推測に使用されるのは尤度比であるため、証拠は常に**別の仮説と比較したときに**ある仮説をどの程度支持するかということになる。したがって、帰無仮説が尤度区間に含まれていないということは、帰無仮説に反する証拠ではない。実際、その証拠は別の仮説よりも帰無仮説を支持するだろう。その証拠は0.500より0.504を支持しているかもしれないが、0.55と比較すると、圧倒的に0.500を支持しているかもしれない。したがって、信頼区間とは異なり、ある値を尤度区間が含んでいないことは、それ自体がその値を棄却する理由にはならない。研究者たちが尤度推測を使うようになるのであれば、考え方を変えて、フィッシャー流やネイマン－ピアソン流の結果に対応しているかのように尤度の結果を使うのをやめなければならない。

　尤度区間は、関連して実施された比較の数に合わせて調整されることはない。統制条件に比較して、ある治療法を支持する証拠は、他のさまざまな治療法についてテストされたとしても、明らかに変わらない。もし、100種類の治療法を統制条件と比較したとしたら、尤度区間の中には、偶然、帰無仮説を支持しない強い証拠を示すものがあるのではないだろうか？　そして、その場合に何かする必要があるのだろうか？　もちろん、証拠が誤った結論につながる場合もあるが、尤度アプローチにおける統計学の仕事は、証拠自体が何を示しているかを解釈することである。ある治療法の効果がないことよりもその治療には何らかの効果があることを証拠が強く示しているとすると、そのことこそが証拠が示していることなのである。尤度区間と、その区間が誤りである確率の推定値とを一緒に報告

することはできる（たとえば、Evans, 2000によって推奨されているように）。しかし、この誤りが生じる確率を用いて、そのデータを証拠として解釈することに影響を与えたいと思ったのだとすると、最初に扱った p 値を証拠として用いるという問題に戻ってしまうだろう。

　尤度を証拠として解釈することを、誤りが生じる確率によって調整しようとすると、証拠の強さとそれが得られる確率を概念的に本当に分離できるのかという疑問が生じることになる（Mayo, 1996, 2004を参照）。しかし、それが誤った方向を示していたとしても、証拠は証拠のままである。強い証拠という基準を用いたとしても、ある比較に対して間違った方向を示すことがときにある。その比較は、過去や未来の世界において評価された、あるいは、評価される可能性のある、すべての他のさまざまな比較の一部として存在している。ある研究者が心の中で他のさまざまな比較をグループ化したとして、それらがなぜあなたにとって問題となるのだろうか？　おそらく、それは証拠の強さには何も影響しないはずである。後で説明するように、実際には、尤度アプローチでも、同じ問いにかかわる比較を統合することができる。

　尤度は、検定が計画されていたものか、事後的に行われるものかの影響は受けない。ある仮説の下である値が観測される確率は、その仮説が定式化されたのがその観測を行う前なのか後なのかの影響は受けないのである。ポパーの用語では、証拠とデータの間の客観的な（世界3の）関係は、最初にどちらかを意識したかという時期には影響されない（その意識は別の世界、すなわち世界2に属する）。しかし、不思議なことに、ポパーは理論と観測のどちらが先かということが、理論を評価する上で重要と考えた。第2章で述べたように、予測の新奇性は理論を評価する上で重要だと考えられることが多い。もし、その理論が新奇な予測を生み出さないとすると、データ浚渫、スヌーピング、フィッシング、トローリングなどの蔑称的な用語が用いられる。尤度理論家は、そのような侮辱は自分たちとは無関係と感じるはずである。この問題については、後ほど、より一般的な科学哲学の文脈で議論する。

　以上をまとめると、尤度比や尤度区間を求める際に、停止規則や他に実施した分析の数、あるいは、分析が計画されたものなのか事後的なものなのかについて注意を払う必要はない。この意味で、尤度推測は、古典的なネイマン－ピアソンの手続きよりも主観的ではない。尤度推測では、データがどうなっているかを見るだけでよい。実験者の個人的かつ知られざる意図は関係ないのである。

　尤度には、さらに望ましい特性がある。ある変数の尤度は、その変数を一対一変換した場合には変化しない（Edwards, 1979）。たとえば、1回のボタン押しに

かかる時間（T）の1/8尤度区間が２秒から３秒である場合、限界値を直接変換するだけで速度（$1/T$）の区間を求めることができる。速度の1/8尤度区間は、１秒あたり1/3から1/2回になる。信頼区間と確信区間はこのようにはならない。すなわち、時間の信頼区間を求めても速度の信頼区間を直接知ることはできない。しかし、反応時間が１押しあたり２〜３秒の間にあるという証拠は、速度が１秒あたり1/3〜1/2回の間にあるという証拠とまったく同じ強さである。信頼区間と確信区間では、この自明の理が守られていないということは、これらは、我々が望んでいるものを完全には測定していないことを示しているのかもしれない。

　ここで、読者が遭遇しそうな尤度推測の簡単な具体的適用事例を紹介する。ネイマン－ピアソンアプローチやベイジアンアプローチと比較して、尤度の法則を推測に厳密に適用するやり方は少数派であるため、今後この哲学がより徹底的に探求されることで、より詳細な技法やさまざまな解決策がもたらされるだろう。

カテゴリカル変数の例

　カテゴリカル変数の最も単純な事例、すなわち、同一の独立した試行からなる２値の結果変数を用いた事例（「ベルヌーイ試行」と呼ばれる。たとえば、瞑想研究がこれにあたる）についてはすでに紹介した。最も単純な事例でよく用いられるのがクロス集計である。たとえば、ある形の瞑想が別の形よりもどの程度よいかだけでなく、たとえばその効果が、その人のイメージが鮮明か貧弱かによって異なるかどうかを知りたい場合がある。イメージが鮮明か貧弱かという２値コードに従って人々を分類でき、上述の研究と同じように２種類の瞑想を受けたと想像してみてほしい。参加者は、最も幸せに感じたのがどの日かを回答するものとする。下の表に示すようなデータを得たとする。

	人助けをイメージした瞑想を選好	心を空にしたときの瞑想を選好
貧弱なイメージ	5	10
鮮明なイメージ	14	6

　この問題は、２つの母集団比率を比較することとして考えることができる。その２つの母集団比率とは、すなわち、貧弱なイメージをもつ人において、心を空にしたときよりも人助けをイメージして瞑想することを好む人の割合 θ_{poor} と、鮮明なイメージをもつ人において、心を空にしたときよりも人助けをイメージし

図5.4

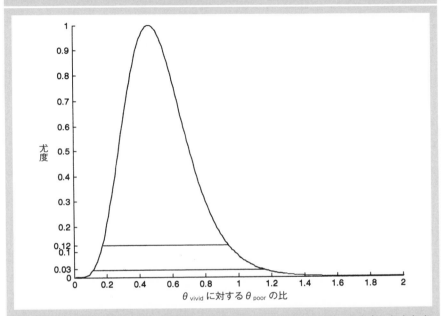

$\gamma = \theta_{poor} / \theta_{vivid}$ の尤度関数。θ_{poor} は、貧弱なイメージをもつ人が、心を空にしたときよりも人助けをイメージして瞑想することを好む確率であり、θ_{vivid} は、鮮明なイメージをもつ人が、心を空にしたときよりも人助けをイメージして瞑想することを好む確率である。データから、γ の最尤値は0.46であり、1/8尤度区間が0.18から0.94で、1/32尤度区間が0.12から1.14であることが示される。

て瞑想することを好む人の割合 θ_{vivid} である。上述のように、それぞれの比率の尤度関数を個別に求めることができる。また、明示的に2つを比較するための尤度関数を求めることもできる。ロイヤル（1997, p.165）は、比率 γ（ガンマ）$= \theta_{poor} / \theta_{vivid}$ の尤度関数の方程式を示しているが、それを Matlab コードに変換したものが付録2にある。このプログラムによって尤度関数が求められ、1/8区間および1/32区間の2つの具体的なガンマの尤度比が得られる。図5.4には、この例のデータの γ の尤度関数が示されている。

　γ の最尤値は約0.5である。つまり、最もありうる仮説は、貧弱なイメージをもつ人が、心を空にしたときに行う瞑想よりも人助けをイメージして瞑想を行う

ことで恩恵を受ける確率は、鮮明なイメージをもつ人の半分程度であるということである。しかし、この値は、0.18から0.94の範囲の他の値よりもやや強い支持を受けているというわけではないため、このデータによって、1にかなり近い値（貧弱なイメージをもつ人と鮮明なイメージをもつ人の差がほぼない）と、適度に小さい値（イメージに関する2群の間にはっきりとした差がある）は弁別されていない。帰無仮説との比較の検定分析では、$\chi^2 = 4.64$、$p < 0.05$であるため、「貧弱なイメージをもつ人と鮮明なイメージをもつ人の間で瞑想の選好は等しい」という帰無仮説は棄却される。もし、抑うつの治療法として瞑想に実践的な関心があるときに、「帰無仮説が棄却された」ことを知るのと、1/8区間と1/32区間が示されている尤度曲線全体を見るのであれば、あなたはどちらを希望するだろうか？

ほぼ正規性をもつデータの例

　どちらの瞑想スタイルがより幸福度を高めるかを検証するための、より感度の高いデザインは、参加者に二者択一を求めるのではなく、たとえば、ある尺度に対して、「5：中立」として、「1：最も深い抑うつ」から「9：至福」までの値で幸福度を評価するよう求めるやり方である。参加者はそれぞれのタイプの瞑想を実践した日の2つの評価（もしくはそれぞれのタイプの瞑想を行った日の平均値）を提供する。よって、参加者ごとに、2つの値の差、すなわち、（人助けをイメージして瞑想した日の幸福度）−（心を空にして瞑想した日の幸福度）を求めることができる。ここでのデータは、この差得点により構成されている。連続する標本平均がほぼ正規分布すると仮定できる場合、適切な尤度関数は正規分布となる。しかし、ここには問題がある。正規分布には、平均と標準偏差という2つのパラメータがある。平均の尤度を計算するための母集団の標準偏差はわかっていない。これは、妨害パラメータの問題として知られている。あるパラメータ（この場合は平均）がさまざまな値であることを支持する証拠に関心があるが、尤度関数は別のパラメータ（この場合は標準偏差）の影響も受ける。この問題に対する一般的な解決策は存在していない。

　1つの解決策としては、**推定された尤度**を用いるという方法がある。標本から標準偏差の最良の推定値を求めて、母集団における標準偏差が実際に既知であるかのように先に進むということである。この場合、尤度の標準偏差は、差得点の標準誤差によって推定される。しかし、この方法では尤度分布が過度に狭くなってしまう。というのも、実際にはその値が未知であり、推定しただけであるにもかかわらず、標準偏差が既知と想定されているためである。この母集団の標準偏

差が未知であるという点は尤度に反映されるべきである。これに関しては、ベイズ推測が解決してくれる。前章では、便宜上、推定された尤度を使用したが、標準偏差が未知であるときに事前分布を設定し、この事前分布を使って、母集団の標準偏差が未知であることを平均の尤度に伝える方法について述べた。実際、これは、ベイジアンならどの妨害パラメータにも使っている、洗練された解決策である。具体的には、事前分布を設定し、「統合」するというものである（ベイズファクターに対してこれを行った）。しかし、尤度理論家は、確率の主観的な解釈に依存する確率分布を使用することを望まないかもしれない。真の尤度、すなわち、データと仮定された統計モデル（確率は実際の標本における頻度を反映する）だけを反映させることを望むかもしれない。というのも、真の尤度であれば、モデルが与えられると、客観的な証拠のみが反映されるためである。

　残念ながら、推定された尤度を尤度推測に使用すると、誤った結論につながる証拠が得られる確率がどの程度抑えられるかが変わってくる可能性がある。尤度推測の売りの1つは、誤った結論につながる証拠が得られる確率が抑えられることであったことを思い出してほしい。誤った方向の大きさ k の尤度比を見出す確率は最大で $1/k$ となるという普遍限界が存在する。実際、分散が既知の正規分布の場合、この限界値ははるかに小さくなる。たとえば、$k = 8$ のときに、誤った結論につながる証拠が得られる確率は最大で0.021であり、$k = 32$ のときは最大で0.004である（Royall, 2004）。つまり、分散が既知の正規分布から永久にサンプリングされるとして、尤度比8で表されるほどの強さで、平均に関して誤った方向の証拠を得ることが一度もない確率は、0.98ということである。これが尤度を用いた方法を使用するわかりやすい理由であるが、推定された尤度を用いることによって事態は変わってくる。推定された尤度を用いることで、誤った結論につながる証拠が得られる確率の最大値は、0.5まで大きくなる可能性がある（同様に、事前確率を用いて妨害パラメータを統合するベイズ尤度でも、誤った結論につながる証拠が得られる確率の普遍限界値が保たれることは保証されていない。Royall, 2000, p.779）。

　妨害パラメータという問題に対する別の解決策を見つける必要がある。その1つとして、**プロファイル尤度**を用いるという方法がある。その場合、関心のあるパラメータの値（ここでの議論では母平均）ごとに、妨害パラメータ（たとえば、母集団における標準偏差など）が取りうるすべての値を調べ、その最尤値を選択する。このようにして、取りうる母平均の値ごとに標準偏差の最尤値を求める。その結果、各平均に対して用いるべき標準偏差は、その平均に関する標本の標準偏差であることがわかる。また、この場合、プロファイル尤度が t 分布に従うこと

もわかる[5]。便利なことに、この場合、平均のプロファイル尤度の式が指定できる（非常に複雑な計算を用いる必要がある場合もある）。重要なこととして、プロファイル尤度は真の尤度ではないが、サンプルサイズが十分である場合には、誤った結論につながる証拠が得られる確率は、真の尤度と同じ限界値となるということである（Royall, 2000）。さらに、すべてのプロファイル尤度がモデルの失敗に対して頑健であるとは限らないが、スチューデントの t 尤度は、正規性の逸脱に対して頑健である（Royall & Tsou, 2003）。これらの点を考慮して、分散が未知の正規分布から標本を抽出する場合は、プロファイル尤度を用いることが強く推奨される。

　付録2には、母平均を推定したいが母集団における標準偏差が未知の場合にプロファイル尤度を計算するための Matlab コードが記載されている。標本の平均と標準誤差が与えられると、プログラムから1/8と1/32の尤度区間および任意の2つの母平均の尤度比が求められる。母平均の最尤平均はちょうど標本平均となる。

　「人助けをイメージして行う瞑想のほうがより幸福を高めることに効果的である」という仮説を支持し、2つのタイプの瞑想の効果には「差がない」ということと「3単位の差がある」ことを区別したいと考えているとしよう。30人の参加者に2つのタイプの瞑想を行うよう求め、評定された幸福度に関して、心を空にしたときの瞑想よりも人助けをイメージしたときの瞑想で、平均1.9単位、標準誤差1.2単位のアドバンテージがあったとする。「アドバンテージが0単位である」という仮説と比較した「アドバンテージが3単位である」の尤度比は2.1であるため、この証拠はどちらか一方の仮説を他方よりも強く支持してはいない。1/8尤度区間は−0.7から4.5までであり、意味ある結論を導くには十分なデータが収集されていないことが明らかである。単純に「効果はなく、条件に差はないと考えられる」と結論づけるのではなく、この場合には、より多くのデータを収集する必要があると結論づけることになる。真の差が2単位であるならば、さらにデータを収集すれば、「差が0である」という仮説よりも「3単位の差がある」ことを支持する証拠が蓄積される。というのも、真の値である2には、0よりも3のほうが近いためである（真の差が2つの理論のちょうど中間、つまり、この例においては1.5である場合には、参加者数がどれだけであっても、尤度比によってどちらの理論に対しても十分な支持は示されないと考えられる。尤度区間を見れば、実

---

[5]　もちろん、これは偶然にも、古典的統計学において、標準偏差が単なる推定の場合の平均の検定（t 検定）に用いられる分布と完全に同一である。

験者はその理由がわかるだろう）。

　一般的に、このプログラムは、同じ参加者が複数の条件に参加している場合であればいつでも使用できる。複数ある瞑想条件のすべてと、複数ある薬条件のすべてとを比較したいとする。そのときは、各参加者について、瞑想条件の平均と薬条件の平均の差を求め、上記のようにこれらの差得点を分析すればよい。あるいは、薬を同時に使用したときに瞑想の有効性が変わるかどうかを知りたいのであれば、それに関連した条件間の対比を分析するだけでよい（対比の詳細については、第3章のBox 3.7を参照してほしい）。

　第3章のBox 3.7では、異なる参加者群の平均の間の対比を紹介し、関心下のさまざまな問いに対応する対比とその標準誤差を計算するための式を示した。第4章では、そのような対比に関して、確信区間を計算する方法を説明した。そして、そうすることで、従来理解されていたようなANOVAをやめられると述べた。同様に、参加者間の対比に関して、尤度区間（および関連する尤度比）を計算できる。これにより、ANOVAの実験計画における主効果、交互作用、あるいは単純主効果に関する問いに尤度を用いた方法で答えられる。尤度は多重比較の影響を受けないため、追加で補正をせずに、関心のある問いの数だけ対比を評価できる。付録2には、そのような対比の尤度を求めるのにt分布を使用するためのプログラムが提供されている。

　また、第3章のBox 3.7で示した式を用いて、相関の尤度区間と尤度比を求めることができる。フィッシャー変換された相関はほぼ正規分布しているため、正規分布表を使用して尤度を求めることができる。このとき、正規分布の高さが尤度にあたる。

証拠を積み重ねる

　上では、確率が固定された2値の独立試行を用いた実験計画の尤度は、$\theta^k(1-\theta)^l$であると述べた。ここで、kは成功数、lは失敗数である。ある研究で$k=10$、$l=5$となり、別の研究で$k=19$、$l=13$となったとき、すべてのデータ（29回の成功と18回の失敗）に基づく尤度は$\theta^{29}(1-\theta)^{18}$、つまり$\theta^{10+19}(1-\theta)^{5+13}=\theta^{10}(1-\theta)^5\theta^{19}(1-\theta)^{13}$である。これは、1つ目の研究の尤度に2つ目の研究の尤度をかけたものである。一般に、（同じ実験計画と変数を用いた）異なるデータセットに関しては、それぞれの尤度をかけることで、全データの尤度を求めることができる。尤度パラダイムでは証拠を積み重ねることは簡単である（実際のデータの核心を扱う作業は残っているが、少なくとも原理的には）。この状況と帰

無仮説検定を比べてみよう。通常、人々は、有意ではなかったという結果が2回得られたときは1回得られたときの2倍の強さで帰無仮説に反する証拠であると完全に誤解している。この思考の習慣はいたるところにはびこっており、そのような誤った推論の後に、研究の方向性や理論の位置づけに関する誤った決定がなされているのかと思うと気が滅入る。もちろん、ネイマン－ピアソンの原理に基づくメタ分析は、この習慣を修正するツールとなるが、この習慣は非常に魅力的であり、根付いてしまっている。このような誤りが生じないで済むということは、間違いなく、尤度パラダイムの利点である。

前章で検討したベイズファクターは一種の尤度比であるが、「真の」尤度ではない。それを求める際には、パラメータの値（傾きの平均）を支持する尤度だけでなく、理論（形態共鳴理論）を支持する尤度を求めるために、事前の信念を統合することの影響を受けた。したがって、形態共鳴理論によって予測される傾きの値の確率分布を知る必要があった。この事前の確率分布を使用することには利点があった。たとえば、分析の直接の結果として、形態共鳴理論に関する我々の信念について何某かの主張をすることができる。それに対して、ベイズファクターは、真の尤度と同じように証拠を積み重ねることが保証されていない。あるデータセットのベイズファクターは、そのデータの半分のそれぞれで計算されたベイズファクターの積である必要はない。ベイジアン分析では、内的一貫性を確保するために情報の更新に注意を払わなければならない。

これまで検討してきた尤度分析は、モデルのパラメータが別の値ではなくその値であることを支持する証拠にのみ関係している。ここで、別のモデルではなく、その**モデル**を支持する証拠を見極めるにはどうすればよいのかという疑問が生じる（たとえば、傾きの分布として、別の分布ではなく正規分布を支持したり、あるいは心理学的現象に関するモデルとして、別のモデルよりもある計算モデルを支持したりするといった場合がこれにあたる）。さらに、尤度理論家として、ある傾きの**値**に関して、別の値よりもその値を支持する相対的な証拠を求めることはできるが、帰無仮説よりも形態共鳴理論を支持することはできない。ある値やモデルを支持する証拠は、実質的な理論（たとえば、形態共鳴理論）を支持する証拠とどう関連するのだろうか？

モデルを選択する[6]

上記の尤度の計算では、データが2値の独立した試行であるとか、連続量で正規分布しているなどの統計モデルを想定していた。このモデルの文脈においての

み、尤度比は、モデルのパラメータが別の値よりもその値であることを支持する証拠となっていた。このような手続きでは、モデルが絶対的に真であることは想定されていない。もしモデルが真であれば、サンプルサイズが極限まで大きくなると、尤度関数は真のパラメータ値でピークに達する。しかし、モデルが現実の近似にすぎない場合は、やはり尤度関数は現実を最も良く近似できるパラメータ値でピークに達する（ここでは詳しく述べないが、「近似」の正確な数学的意味については Royall & Tsou, 2003を参照）。それにもかかわらず、我々は常に、現実の近似としてモデルがどれだけふさわしいかを知りたいと望んでいる。統計学的な意味で、さまざまな種類の誤りが生じる確率は、現実を近似するモデルの適合度の影響を受ける。そして重要なことには、科学的な意味において、データを収集する目的は、多くの場合、まさに現象についてどのモデルを用いるべきかを知ることである。

図5.5

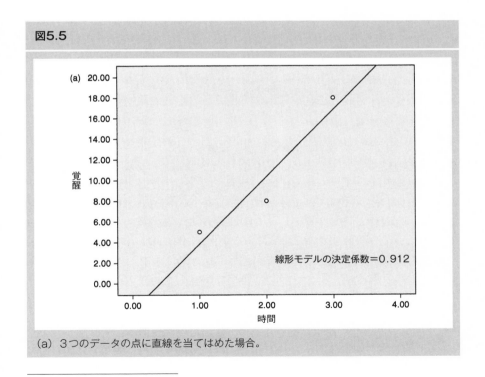

(a) 3つのデータの点に直線を当てはめた場合。

---

[6] この節は難しいかもしれない。飛ばして先に進んでも流れは損なわれないだろう。

図5.5 つづき

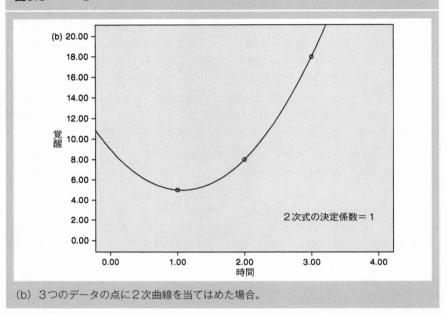

（b）３つのデータの点に２次曲線を当てはめた場合。

　モデルによって、変数間の構造的関係が特定される。たとえば、線形モデルは変数同士が直線によって関連づけられていることを示し、２次モデルはある変数が別の変数の２乗として関連づけられていることを示している。比較的良いモデルであれば、あるパラメータ値の下で、そのデータが得られる可能性が比較的高くなる。すなわち、モデルをデータに当てはめることができる。したがって、一見すると、モデル１とモデル２のどちらをより支持するのかに関する相対的な証拠を見極める１つの方法は、尤度比 p（データ｜最適なパラメータ値をもつモデル１）$/p$（データ｜最適なパラメータ値をもつモデル２）を検討することであるように思えるかもしれない。これは、あるモデルにおいて、あるパラメータ値を別のパラメータ値よりも支持する証拠を見極めるために使用してきた方法とまったく同じである。しかし、簡単な例からその方法には問題があることがわかる。図5.5（a）は、ある線形関係から生成された３つの観測値にランダムノイズが追加されたものを示している。最適な直線は、当然、データを生成した現実とほぼ一致する。その直線を当てはめるためには、その直線の切片と傾きという２つのパ

ラメータ値を見つける必要がある。もちろん、2つの変数間の関係にはノイズがあるため、直線はデータに完全には当てはまらない。近似は完全ではないため、最適なパラメータ値をもつ線形モデルの下でこれらのデータを生成する尤度は1未満となる。図5.5（b）は、3つのパラメータ（切片、線形、2次項）をもつ2次式で、これらの点を完全に近似できることを示している。もちろん、3つのパラメータを使用すると、3つのデータの点を完全に当てはめることができる。この当てはめは完全であるため、尤度は1となる。よって、尤度比は、線形モデルよりも2次モデルを支持することになる。

　最も当てはまりのよいパラメータ値をもつ尤度比は、線形モデルよりも2次モデルを支持しているが、線形モデルのほうが現実の構造をより良く反映することがある。線形モデルは、さらにデータを収集したときのデータセットによりよく一般化される。2次モデルはこのデータにはより当てはまっていたが、それはデータのノイズに当てはまっていたためである。つまり、2次モデルはデータに**過剰適合**していたのである。複雑なモデルは、一般に、後に真実から離れていくような場合でも、単純なモデルよりもデータに当てはまることがある。

　1つの解決策は、あるモデルと別のモデルを比較したベイズファクターを計算することである。前章では、ベイズファクターが曖昧な（または複雑な）モデルには不利に働くことを見てきた。最も当てはまりのよいパラメータ値だけでなく、モデルが**取りうる**パラメータ値の範囲を考慮してモデルを評価する。モデルが生成**できる**結果が多ければ多いほど、不利になる。たとえば、図5.5のデータ、つまり等間隔に配置された3つの時点での覚醒の変化について考えてみよう。直線の傾きは、時間3と時間1の覚醒の差によって決定される。この対比をLINと呼ぶ（＝時間3の覚醒−時間1の覚醒）。関係の曲率は、時間2における覚醒と時間1および3における覚醒の平均との差に影響を与える。この対比をQUADと呼ぶ。図5.6には、LINに対するQUADがプロットされている。この実験で使用された尺度が取りうる値には限界があるので、LIN、QUADともに±20が値の限界値となる。線形モデルでは、LINはこのすべての範囲で任意の値をとりうる。線形モデルは、覚醒と時間には線形関係のみが生成される。すなわち、QUADは0に近くなるはずである。しかし、ノイズのため、線形モデルにおいては、QUADが0からわずかに逸脱する可能性がある。線形モデルで取りうる値の集合は、黒い長方形で示されている。2次モデルは、大きな灰色の長方形の空間内の任意の点に当てはまる。長方形の面積が小さいほど、モデルは多くの値を除外していることになるため、そのモデルはデータが長方形内の任意の点にあるとより強く予測していることになる。

図5.6

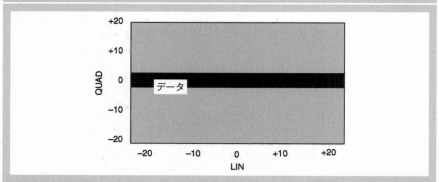

黒い長方形は線形モデルによる予測を表している。２次元空間全体（灰色の長方形）は２次モデルの予測を表している。

　得られたデータも示されている。どちらのモデルもデータにうまく当てはまっている。しかし、線形モデルはより多くの値を排除しているため、データは２次モデルよりも線形モデルによってより強く予測されている。実際、ベイズファクター、すなわち、２次モデルよりも線形モデルを支持する尤度比（取りうるすべてのパラメータ値を考慮）は、おおよそ灰色の長方形の面積を黒い長方形の面積で割ったものとなる。ここでの考え方は、ポパーについて議論しているときに、第１章で学習モデルを評価するために用いたものと同じであることに注意してほしい（図1.4～1.7を参照）。

　上記の分析は、データがそれを最も強く予測するモデルを最も強く支持するという尤度の直感に従っている。すべてのパラメータ値を考慮すると、線形モデルは２次モデルよりもデータを強く予測した。この分析では、LIN のすべてのパラメータ値が線形モデルにおいて同程度の確率で得られ、LIN と QUAD のすべてのパラメータ値が２次モデルにおいて同程度の確率で得られると暗黙のうちに仮定していることに注意してほしい。ここでは一様の事前分布を用いているが、そうであったとしても、これは主観的な事前分布である。ベイズファクターが純粋な尤度理論家によって避けられるのは、主観的な事前確率のためである。事前分布を用いることをよしとするのであれば、ベイズファクターを柔軟に用いて、科学全体にわたる広範囲のモデルを評価できる。しかし、尤度の計算に何らかの事前分布を用いることにためらいがある場合には、どうしたらよいだろうか？

この簡単な例では、すでに上で検討した尤度法を使用することもできる。QUAD の値が意味があると見なせる最小限の値よりも 0 となることを支持する証拠が十分に強い場合には、QUAD を無視できるものとして扱えるため、線形モデルに焦点を当てて検討することができる。この方略はモデルが**ネストされているために可能となっている。線形モデルは、2 次項のパラメータが 0 に設定されている 2 次モデルの特殊な場合である。しかし、ネストされていないモデルから選択することに直面することがしばしばある。さらに、ネストされたモデルでは、10 個のパラメータをもつモデルのほうが 1 つのパラメータしかないモデルよりも常にデータへの当てはまりがよくなるだろう（後者が完全には当てはまらないと仮定して）。より複雑なモデルを選ぶ前に、パラメータが 1 つのモデルよりも 10 個のモデルを支持する証拠はどの程度強くあるべきだろうか？　ここで、証拠の強さの通常の基準（8，32 など）を使用することはできない。というのも、たとえ、過剰適合のために生じているにすぎないとしても、パラメータを追加すれば必ず当てはまりがよくなってしまうためである。証拠がある強さとなるために求められる尤度比は、モデル間のパラメータの差が大きくなるにつれてある程度増加しなければならない。

　尤度の枠組みで、さまざまなモデルの相対的な証拠を評価するための非常に一般的な方法（あるいは一連の方法）が、日本の数学者、赤池弘次により提供されている。彼の 1971 年の論文はよく引用される古典となり、それ以来さまざまな論文でさらに発展して、彼の方法は、自然科学と社会科学の両方で広く使用されてきた。赤池は、近似モデルと実際の真のモデルとの間の距離（正確な数学的意味での）は、そのモデルの下でデータが得られる確率を最大化するパラメータ値を見つけることで推定できることを示した（これを L、すなわち、モデルの尤度と呼ぶ）。また、それは、$-\log(L) + k +$ 定数によって求められることを示した。ここで、k はデータから推定されるパラメータの数である（対数は e を底とする、つまり 2.718 である）。一般的にそうなのであるが、真のモデルがわからない場合、当然ながら、定数がいくつかはわからない。しかし、同じデータで異なるモデルを評価する場合（つまり、それらのモデルから同じ真のモデルまでの距離を測る場合）、定数は等しくなる。したがって、モデルを比較する際に、定数がいくつかを知る必要はない。$-\log(L) + k$ はさまざまなモデルで比較でき、値が小さいモデルほど現実に近いと推定される（絶対的な意味でどれだけ近いかはわからない。あくまで検討中の他のモデルよりも近いことを示しているだけである）。歴史的な理由から、赤池は距離の測度に 2 を掛けている（こうしたとしても、明らかにモデル間の比較に影響はない）。よって、以下の式で求められる。

赤池情報量規準（AIC）$= -2\log(L) + 2k$

　これまで、尤度比 L_1/L_2 によって相対的な証拠を評価してきた。$\log(L_1/L_2)$ $= \log(L_1) - \log(L_2)$ であることに注意してほしい。したがって、対数変換した尤度の差をとることは、変換前の尤度比を求めることと等しくなる。AIC には対数が含まれるため、さまざまなモデルの AIC 得点の差をとってモデルを比較できる。パラメータの数が同じモデルを比較する場合には、AIC は尤度比の対数となる。上では、尤度比 8 をやや強い証拠、32 を強い証拠と捉えた。尤度比 8 と 32 は、パラメータの数が同じモデル間の AIC の差 4.1 と 6.9 に対応する。実際、慣例によれば、4 から 7 という AIC の差は、別のモデルよりもあるモデルを支持するやや強い証拠と見なされる（たとえば、Burnham & Anderson, 2002）。モデル 1 がモデル 2 よりもパラメータの数が 1 つ多い場合は、AIC によると、尤度比 8 は、モデル 2 よりもモデル 1 を支持するやや強い証拠とは言えなくなる。パラメータが増えることに対してペナルティを適用する必要があるからである。この場合、尤度比は 20 となる必要がある！（AIC の式からこれが可能かを確認してほしい。）以上をまとめると、赤池は、別のモデルよりもあるモデルを支持する相対的な証拠を評価する際に、パラメータ数の差に対して尤度比をトレードオフする原理的な方法を提供したと言える。

　AIC は、相対的な証拠の指標である。したがって、推奨される規準（たとえば、AIC の差が 4 の場合、別のモデルよりもあるモデルを支持する相対的な証拠がやや強い）は、厳密な採択や棄却の規準を意味するものではない。これらは、証拠の相対的な強さを示すだけであり、我々はこれに基づいて最も適切だと思われる行動をするだけである。AIC を用いたやり方は、ネストされたモデルにもそうでないモデルにも適用できるという点で一般的である。元の論文以降、利用可能なさまざまな規準を決定する試みが数多くなされてきた（たとえば、Burnham & Anderson, 2002; Taper & Lele, 2004 を参照）。AIC もしくはその変形は、データの分布が正規分布なのか、別の分布なのかということや、別の式よりも重回帰式がどのくらい支持されるのか、あるいは、別のモデルよりもある計算モデルがどのくらい支持されるのかということを見極めるために用いることができる。さまざまなモデルの相対的な証拠に関心があるのであれば、これらの状況で帰無仮説検定は必要ないし、望ましくもない。

　実際には、2 つのモデルを比較する際に、AIC とベイズファクターはほぼ同様の結果をもたらすが、異なることもあるということに注意してほしい。たとえば、パラメータの数が等しく、いくつかのパラメータの値でデータセットに完全

に当てはまる2つのモデルを想像してみてほしい。AICをもとに、それらのモデル間で選択することはできない。それに対して、ベイズファクターは、すべてのパラメータの値において、データの領域に予測が集中する傾向があるモデルのほうを支持する（図5.6と比較してほしい）。

　最後に、統計モデルは実質的な理論から切り離して考える必要がある。最尤法は、別のモデルよりもあるモデルを支持する証拠が多いことを示しているかもしれないが、この主張から、別の心理学的理論ではなくその心理学的理論を支持する証拠があると主張するまでには、いくつか推論のステップが残されている。ある平均値は別の平均値よりも強い証拠をもっているかもしれないが、これが理論（認知的不協和理論など）を支持するかどうかは、その変数が測定しているはずのものの指標として妥当かということや、実験がどれだけうまく統制されているか、また、他にどのような説明が可能かといったことに影響される。同様に、ある計算モデルが別の計算モデルよりも支持されているかもしれないが、モデルは心理的原理（たとえば、忘却が生じるという原理）と、モデルを実装するために必要となる任意の決定（たとえば、忘却関数の正確な数式）の両方を例示化している。モデルがデータに当てはまるかどうかは、原理的なものから任意のものまで、すべての操作的な仮定に依存している。しかし、どの理論に取り組むかに影響を与えるために、コアの仮定であれ、補助仮定であれ、ターゲットとなる具体的な仮定に照準を合わせ、証拠を示す必要がある。そして究極的には、最初に触れた問題、たとえば、理論の選択と進展のより一般的な基盤に関するポパーとラカトシュのアイデアに立ち戻ることになる。

真実を知る

　モデルは一般的には真実を近似したものである。実際には、シンプルでありながら良く近似しているという理由だけで、偽であるとわかっているモデルを好んで用いることがしばしばある。シンプルなモデルは、完全に当てはまりはしないとしても、一見すると、多くのさまざまな状況に適切に適用できるように見える。一般的な原理をより明確に理解するために、つまり、理論の世界3の特性を（ポパーの意味で）探索するために、シンプルなモデルを用いることがしばしばある。我々は、このようなシンプルな考えが、特定のデータセットの詳細を説明するときに、どこで破綻するのかを知りたいのである。というのも、最終的には、より完全なモデルで、それらの詳細を探索したいからである。

　ポパーは、より真実に近似することを追求するために、科学者たちに、他の知

識からは生じにくい予測をする理論を探し出すよう促した。したがって、ポパー的に、別のモデルよりもあるモデルを確証することは、多くの場合、尤度の意味において（この場合、少なくとも尤度を計算できる）、別のモデルよりもそのモデルが多くの証拠をもっているということになる。さらなるアナロジーとして、相対尤度は確率分布と真の分布の間の距離の推定値、つまり非常に限定された意味での真実らしさの推定値である。真実らしさはより一般的な概念であるが、ポパーのアイデアと尤度のアイデアが多くの点で対応しているのは興味深い（Taper & Lele, 2004）。

尤度理論とポパーおよびラカトシュのアイデアでは、新奇性の扱いが異なっている。ポパーとラカトシュはともに、新奇な予測に価値を置いている。それに対して、尤度は、データを認識したことと、モデルもしくは理論を考えたことのどちらが先かという相対的なタイミングには影響されない。しかし、そのことで違いが生じるという直感は、科学者の間に根強くある。バーナムとアンダーソン（Burnham & Anderson, 2002）は、モデルを評価するための最尤法に関する教科書の中で、データ浚渫を「些細」ではなく、場合によっては「致命的」な活動と見なし、「重大なデータ浚渫は、応用領域の文献で常態化しており、それに伴う推論の問題に関して警告することが必要にもかかわらず、なされないまま、統計学のコースで頻繁に教えられたり、示唆されたりしている」（p. 41）と警鐘を鳴らしている。しかし、バーナムとアンダーソンが推奨したモデルの評価のための証拠に基づく指標には、検討したモデルの数やそれらについてどう考えたかを反映したものは存在していない。 AIC には、実施された比較の数や、モデルが事後的であったかどうかについての項はない。だからといって、AIC は不完全だろうか？ もちろん、ファミリーワイズエラー率はデータ浚渫によって増大するため、ネイマン－ピアソンの統計学はそのことに敏感である必要があり、実際、敏感である（細かく見てみると、その問題にどう対処するかは恣意的ではあるが）。尤度指標はデータが浚渫されたかどうかには影響されない。というのも、単に証拠は証拠だからである。背中をナイフで刺された死体は、漁師たちによって湖から網で引き上げられたのか、事前の警察の取り調べによって見つけられたのかにかかわらず、確実に殺人の証拠なのである。

第2章で示したように、ラカトシュ自身が、時間的新奇性自体の重要性に見切りをつけ、使用的新奇性という概念を採用したことを思い出してほしい。証拠は、理論を構築する際に使用されない場合に限り、その理論を支持することができるのである。尤度は、この種の新奇性に関してすら関連がない。尤度理論を厳密な統計的仮説（たとえば、この実験における意見の変化量の平均は0単位ではなく2単

位である）に適用できるものと見なし、統計的仮説を生成する実質的な理論（た
とえば、認知的不協和理論）にラカトシュのアイデアを適用できると考えると、ラ
カトシュと尤度理論家の見解を調和させることができるかもしれない。そうなる
と、認知的不協和理論が新しい統計的仮説を生成する力はその進展に貢献するが、
統計的仮説の評価は、データのタイミングやその考えとは無関係となる。この立
場は魅力的かもしれないが、統計的仮説と実質的な理論を評価する方法の違いは
原理的ではないように見える。おそらく、個人的確率に基づくベイズの説明があ
る。一般に、統計的仮説とデータの関係は非常に緊密であり、一方が他方と関連
していることは明らかであるため、新奇性は無関係である。しかし、実質的な理
論とさまざまなデータとの関係は、通常、探究の作業が必要となる。以前は考慮
されていなかった証拠の中に、ある理論に関連しているものがあることに気づく
と、その理論に対する我々の個人的確率が高まるかもしれない（Howson &
Urbach, 2006）。もちろん、すでに考慮されていた証拠は、理論の構築に使用され
ているため、我々の個人的確率にすでに反映されている。ポパーもラカトシュも
このことを好んでいないが、これが使用的新奇性を用いることが重要となる理由
の1つである。サガード（Thagard, 1992）は、事後的な予測とは対照的に、新奇
な予測は、通常、単に補助仮説に依拠しているので、重要であるように見える
けであると主張した。説明と比較したデータの新奇性とそれに関して何をすべき
かは、おそらく引き続き議論の的であり続けるだろう。

ランダム化

　推測のさまざまな学派は、データ分析だけでなく、実験計画、特に、ランダム
化の役割についても対立している。フィッシャーは、剰余変数に対処する方法と
して、参加者を条件にランダムに割り当てることを提案した。通常は、この提案
はフィッシャーの最大の貢献の1つとして賞賛されてきた。たとえば、さまざま
な記憶方略の有効性を検証する実験では、ロマンチックな単語のリストを覚える
ための2つの方略のいずれか1つが参加者に割り当てられる。割り当てられた方
略とは関係なく、単語を記憶する能力に関連した参加者の特性があるかもしれな
い。おそらく、ジェンダーによって差が生じるだろう。たとえば、女性は男性よ
りもロマンチックな材料を覚えるのが得意かもしれない。各群における男性と女
性の数を等しくすることで、このような変数を統制できる。しかし、IQやイメ
ージの鮮明度など、結果に影響を与えうる変数は多数あり、他にも思いもよらな
いような多くの変数がある。それらすべてを統制することはできない。しかし、

参加者をランダムに各群に割り当てれば、それらすべてを統制する必要はなく、それらがどのような変数かということすら知る必要がない。その理由は以下のとおりである。これらの変数が合わさって、群間に異なる処遇を行う前であっても、個人間にあるパターンの違いが作られる。参加者をランダムに群に割り当てて、それぞれの人がそれぞれの群に入る確率が等しくなるようにすると、記憶能力の群間差の期待値は0になる。どんな差も偶然によってのみ生じる。その可能性は、まさに我々がp値で計算するものに一致している。そして、有意水準は、まさに、そのようなリスクを冒してもいいと我々が考える大きさへの事前の関与なのである。その意味で、我々は、それを知っているかどうかに関係なく、関連しうるすべての変数を説明してきたのである！　たとえば、群間でIQのレベルに違いがあり、そのことが結果を説明している可能性があるからといって、その研究を責めることはできないのである（学部生の実践報告で典型的に行われる演習：実践の批判として、統制されていない剰余変数を考えなさい）。その批判は有意な結果の妥当な説明ではない。というのも、そのような剰余変数はすべてランダム化の美学によって説明されているからである。

　ランダム化によって、実験者バイアスの問題も回避できる。実験者が、参加者が別の条件よりある条件に適しているという意識的もしくは無意識的な信念に基づいて、その参加者を割り当てたとすると、参加者のタイプに関して条件間に系統的な差が生じてしまう。そうなると、処遇ではなく、参加者のタイプの差が有意な結果を説明するかもしれない。フィッシャーがランダムな割り当てを推奨したとき、彼は実験者の気まぐれに基づく恣意的な割り当てではなく、文字通りのランダムな割り当てを意図していた。実験者が常に群1、群2の順序で参加者を割り当てたとすると、その割り当てはランダムではなく系統的であり、これにより系統的なバイアスが生じうる。たとえば、参加者がペアで実験者のところに来るときに、より外向的な人が先に来る傾向があるかもしれない。ランダムな割り当てをしたいのであれば、実験者は1と2のラベルが付いた2枚のカードを持ち、参加者の各ペアの前でそれらをシャッフルして、その結果の順に参加者を割り当てるというやり方がある。

　ランダム化は非常に重要であると認識されているため、それによって、真の実験と単なる観察研究の違いが定義されているほどである。真の実験においてのみ、参加者は条件にランダムに割り当てられる。臨床試験は、もしランダムな割り当てが用いられていない場合には、完全に無効と見なされることがしばしばある。

　しかし、ベイズ推測と尤度推測の立場からは、事態はそれほど単純ではなくなる。ランダムには2つの意味がある。1つは、「ランダムなプロセスによって生

成された」ということである。もう1つは、「本質的にランダムな性質をもっている」ということである。ランダムなプロセスでは、表が連続して10回出ることがあり、その系列はランダムなプロセスの結果であり、その意味では「ランダム」である。しかし、その系列は、ランダム性に関するテストに合格しないことがある。上記のランダム化の考えは、前者のランダム性に依拠している。p値を計算できたのは、各参加者を各群に割り当てることが**可能であった**からである。しかし、ベイジアンと尤度理論家は、「何が起こりえたのか」や「何が起こらなかったのか」には関心がない。彼らは「何が起こったか」だけに関心がある。参加者の条件への割り当てがまったく同じであっても、一方では実験者が慎重に各参加者を「適切な」条件に選ぶことによって行われ、他方では参加者がコインを投げて行われた場合、古典的統計学の立場をとる人にとっては、前者は妥当ではなく、後者は批判されないことになる。それに対して、ベイジアンと尤度理論家にとっては、データが同じであるなら、そのデータの証拠としての重要性はどちらの場合もまったく同じである。

　ベイジアンと尤度理論家は、ランダム化は望ましいかもしれないが、良い証拠の必須条件ではないと主張する。ランダム化が望ましいのは、条件間で剰余変数をバランス化する**傾向にある**ためである。これは、関連する変数のほとんどが何であるかがわからない場合に、変数を**ほぼ**バランス化する上で便利な方法である。しかし、実際にそうなることは保証されていない。ベイジアンのサベージ（Savage, 1962）は、毛皮をもつ32匹の動物をランダムに2つの群に割り当てて、毛皮を調整するビタミンの効果を検証することを想像するよう言っている。この動物には、若齢のものと高齢のもの、毛皮が黒いものと茶色いもの、太ったものと痩せたもの、野生のものと飼育されているものなどがいるとする。ランダムに16匹ずつ2つの群に割り当てる際には、これらの二分法のうちのどちらか一方の動物がすべて含まれる例ができてしまう。この小さな標本では、ランダムな割り当てにより、剰余変数に関して**必ず**不均衡が生じてしまう！「そのため、私が教えられ、そして確かに信じていたと思われることに反して、たとえランダム化の魔法を使ったとしても、小さな異質なグループに対して意味のある実験を行うことは不可能のように思われる」（p. 91）。

　サベージは次のことを明らかにしている。「私の疑念は、1952年の夏にロナルド・フィッシャー卿によってはじめて具体的な形となって現れた。『ある実験のためにラテン方格をランダムに描いていたら、それがたまたまクヌートヴィック方格を描いていたことになったとしたら、あなたはどうするんです？』と私は尋ねた。ロナルド卿は『また描くと思う』と言った」（p. 88）。つまり、ランダム化

は、剰余変数が最も適切に処理されていることを保証するものではない。満足するまで「何度も描く」としたら、その割り当てはもはやランダムなプロセスに基づくものではなくなる。それにもかかわらず、サベージは、実験がかなり大規模であるならば、「ランダム化は、ほとんどの場合、疑わしくない配置となる」（p.89）ため、ランダム化は有用であると述べた。

　ある議論の中で、グッドは、ランダム化の目的は「証拠の一部を故意に捨てることによって分析を単純化すること」（p.90）であると述べた。すべての剰余変数を知る必要はない。それらは、ランダムな割り当ての働きによって説明されていると見なせる。サベージは「証拠を捨てるとはひどい大罪だ」と言い返した。実際、振り返ってみると、ランダムな割り当てによって、すべての男性がある群に、すべての女性が別の群になったことがわかったとすると、統計的な立場に関係なく、その情報を無視する言い訳はできない。測定していないのに、交絡要因としてジェンダーを取り上げる理由はない。しかし、それを測定しているのに無

1920年代のケンブリッジでのアフタヌーンティーで、ある女性が、適切にテストをするためには、ランダム化が必要であるとフィッシャーは考えていると主張した。紅茶のテイスティングをしているこの女性の例は、彼の1935年の本に登場している。

視する理由もない（これらの問題のわかりやすい説明については、Senn, 2005を参照してほしい）。同様に、ロイヤル（1976）は、彼が「閉鎖」の原理と呼ぶ、「ランダム化すれば標本の実際の特性を調べる必要がない」という原理に従う、グッドのような人々を非難した。この原理では、まずランダム化して、その後は「目を閉じる」のである（「クロージュアライズ」と声に出してみてほしい）（訳者注「目を閉じて（Close your eyes）」と「閉鎖する（closurize）」は音が似ている）。それよりは、目を開いて、データが実際にどのようなものかを見たほうがよいだろう。ベイジアンおよび尤度理論家にとって、証拠は実際のデータの中にある。

尤度アプローチを使用して心理学研究を批判的に評価する

　論文の序論のセクションを読んでから、著者の理論の主な予測が何であるかを特定しよう。「平均のうちの少なくとも1つは異なっている」というような曖昧な主張ではなく、予測をある対比の形（たとえば、ネイマン－ピアソンの伝統における t 検定で検証できるもの）に変えられるはずである。そこで問題にしている対比では、どのくらいの値であれば、著者の理論にとって最小限意味のあるものとなるのだろうか？　帰無仮説にはどのくらいの値が期待されるのだろうか？　その対比に関して尤度区間を作成しよう。最尤値は著者の理論と一致しているだろうか？　帰無仮説と比較して、最尤値はどのくらい強く支持されているだろうか？　もし著者が帰無仮説を棄却するとしたら、帰無仮説に比較して、証拠はどのくらい強く著者の理論と一致した値を支持しているだろうか？　証拠が非常に弱くても、ネイマン－ピアソンアプローチでは帰無仮説が棄却されることがあることに注意してほしい。逆に、著者が有意でない結果を得た場合に、その証拠は、著者の理論にとって意味があると言える最小限の値に比べて、帰無仮説をどの程度強く支持しているだろうか？　もし、証拠が弱い場合には、その証拠がいずれかの方向で十分に強くなり、すべての人が満足できるようになるまで、さらに多くの参加者からデータを収集する必要がある。

　著者の理論が偽であるが、他の関連する背景知識が真であると仮定すると、予測されるパラメータの値はいくつになるだろうか？　背景知識と比較して、著者の理論で予測されるパラメータの値はどのくらい強く支持されるだろうか？　ポパーによると、テストが厳しくかつ、支持が強い場合にのみ理論が強く裏づけられる。その理論に基づく予測は、帰無仮説だけでなく、他のすべての関連する背景知識の下では、生じる可能性が低いものであるべきである。この直感をどのように具体化するかは、場合により異なる。たとえば、それは、それぞれの理論で

許容される値の範囲などの形をとる。

　同じ実験計画と変数を用いていくつかの実験を行った場合には、尤度をかけて実験全体の証拠を組み合わせることで、分析の感度を高めることができることを覚えておこう。つまり、すべての実験でパラメータの値がxである尤度は、実験1で得られた尤度×実験2で得られた尤度…で求められる。

　尤度分析を使用して研究を批判したときに、「公式のアプローチはネイマン‐ピアソンである。だからあなたの批判は関係がない」と反論されるかもしれない。そのときは、データが彼らの結論をどれだけ強く支持しているかに関心がないのかどうかを彼らに尋ねてほしい。

ネイマン‐ピアソン、ベイズ、尤度推測のまとめ

　統計的推測の3つの主要な学派を紹介してきた。その特徴は、表5.1にまとめられている。まとめると、ネイマン‐ピアソンアプローチでは、科学者は、仮説を採択したり、棄却したりするための一般的に信頼できる手続きを望んでいると想定されている。そして、その手続きに関しては、長期的なエラー率がどの程度であるかがわかっており、その値を低く抑えることが望まれている。ベイジアンと尤度理論家によると、科学者は、さまざまな仮説に対して、データがそれらをどの程度相対的に支持しているかを知りたいと考えている。ベイジアンは、支持されている程度を用いて自身の確信を調整し、また、支持されている程度を計算するために確信を用いることもある（たとえば、ベイズファクターの計算において）。尤度理論家は、単に、さまざまな仮説に対する相対的な証拠を知りたいと考えている。

　この違いは、信頼区間、確信区間、尤度区間を考慮するとわかりやすい。ほとんどの場合、これらの区間は非常に近い値となる。しかし、これらは目指す先が異なっており、細かな点において違いが生じうる。95％信頼区間には、長期的にはその区間の95％に真の母集団値が含まれるが、現在の区間に母集団値が含まれる確率についての情報は得られない。実際、信頼区間が信頼区間として完全に正当なものであったとしても、その区間に母平均が含まれていないことをかなりの程度で確信することがありうる。反応時間を用いた実験を開始し、1人目の人の平均反応時間が600ミリ秒、2人目の人の平均反応時間が602ミリ秒であることがわかったとする。ここで推定される標準偏差は1.4ミリ秒である。50％信頼区間は（600，602）であり、95％信頼区間は（588，614）である。反応時間を用いた実験に関する事前知識があれば、この種のデータの一般的な標準偏差を知ってい

表5.1 統計的推測の３つの学派

	確率の意味	目的	推測	長期エラー率	影響するもの
ネイマン - ピアソン	客観的頻度	長期的なエラー率を抑えて信頼性の高い意思決定手続きを提供する	白か黒かの決定	固定された値に抑えられる	停止規則、検定群としていくつの検定があるか、説明がデータの前か後か
ベイズ	主観的	データによって事前確率がどのように変更されるかを示す	連続的な値をとる事後の信念	抑えることは保証されていない	事前の意見
尤度	いずれの解釈でも用いられる	証拠の相対的な強さを示す	連続的な値をとる相対的な証拠	弱い証拠や誤った結論につながる証拠を得る誤りは抑えられる	上記のものには影響されない

るかもしれない。実際、このデータでは、標準偏差が小さく見積もられていると確信するだろう。最初の２人の参加者の値がかなり近いのは明らかに偶然である。そうだとすると、この区間ではなく、95％信頼区間に95％の確信をもてなくなるだろう。たとえ手続きが正確で、この方法で計算された区間の95％に真の平均値が含まれるとしても、特定の区間、特にこの区間に確信をもつことはまったく求められていないのである。確信区間はそれとは異なっている。ベイジアンは、事前知識を組み込むことが非常に有用であるのは、まさにそのような状況、すなわち、データが限られているが強い事前知識がある状況であると指摘している。母集団における標準偏差の値に関して、確信のもてる事前知識があるなら、事後の標準偏差は1.4ミリ秒よりおそらくはかなり大きくなるだろう。したがって、50％確信区間および95％確信区間は対応する信頼区間よりも大きくなり、確信しているものを反映したものとなるだろう。別の例を考えてみよう。母平均が負になることはないと信じる十分な理由があるにもかかわらず、信頼区間の大部分もしくはすべてが負の値となっているとする。ベイズの確信区間は、母集団の値が負になることはありえないことを考慮に入れて、この場合に合理的であると考えられることをより厳密に反映した区間を生成できる。ここでは正の値のみを含むか、

大半が正の値となる区間が生成される。尤度区間は、特定の長期的な確率で母平均を含むことも、最終的な意見を反映することもしない。尤度区間はあくまで証拠が示していることを反映するだけである。上記の2つの例のように、証拠が誤った結論につながることはあるけれども、常に証拠は証拠なのである。

　以上をまとめると、長期的なエラー率が適切に抑えられている決定手続きが必要であれば（おそらくは品質管理の場面）、ネイマン－ピアソンを選択しよう。何を信じるべきか知りたいのであれば（たとえば、訴訟の場合）、ベイズを選択しよう。そして、証拠がどのようなものかを知りたいのであれば（多くの場合、私はそうである）、尤度推測を選択しよう。みなさんがすべてのアプローチの目標を理解し、適切な場面で使えることを願っている。

ふりかえりと議論のための質問

1. 次の主要な用語を定義しなさい：尤度、尤度比、尤度の法則、尤度区間、推定尤度、プロファイル尤度。
2. 同じデータセットを用いて、信頼区間、確信区間、尤度区間を計算しなさい。また、それぞれの解釈を比較しなさい。
3. あなた自身が関心のある実証的な問題について次の点を考えなさい。その問題に関連している実質的な理論、統計的モデル、統計的仮説を区別しなさい。実質的な理論、統計的モデル、統計的仮説のそれぞれを評価する際に尤度推測はどのような役割を果たすだろうか？
4. 使用された停止規則は、尤度区間の解釈とその区間に基づく決定にどのように影響するだろうか？
5. ある治療法が別の治療法よりも効果的であると考えているときに、それらの治療法の有効性の違いを検証するために患者をランダムに割り当てることは倫理的と言えるだろうか？　他に有効なやり方はあるだろうか？（詳細については、Royall, 1991を参照してほしい。）
6. あなた自身が関心のある実証的な問題について次の点を考えなさい。その問題に関する推測は、ネイマン－ピアソン、ベイジアン、尤度アプローチのうちのどれに従って実施したいか？　また、それはなぜか？

付録2

A. 比率に関するプログラム
B. 2 × 2クロス集計表に関するプログラム
C. 分散が未知の正規分布の平均に関するプログラム
D. 参加者間の対比に関するプログラム

A. 比率に関するプログラム

このプログラムを使用するには、成功数と失敗数の値が必要である。変数likelihoodは尤度関数であり、θ（theta）（取りうる母比率）に対してプロットできる。1/8区間の限界値はbegin8とend8で与えられ、1/32尤度区間の限界値はbegin32とend32で与えられる。最尤値はθ max（thetamax）である。このプログラムでは、2つの仮説によって仮定されるθの値を入力する必要がある。その結果として、これら2つの値の尤度比が返される。この比は、停止規則として使用できる。たとえば、この比が8より大きくなるか1/8より小さくなるまでデータを収集する、のように使用できる。

```
suc = input ( 'What is the number of successes? ');
fail = input ( 'What is the number of failures? ');
thetamax = 0;
likelihoodmax = 0;

  for B = 1:1000
    theta(B) = B/1000;
    likelihood(B) = theta(B)^suc*(1 - theta(B))^fail;
    if likelihood(B) > likelihoodmax
        likelihoodmax = likelihood(B);
        thetamax = theta(B);
    end
  end
  for B = 1:1000
    likelihood(B) = likelihood(B) / likelihoodmax;
  end
```

```
  begin8 = 99;
  begin32 = 99;
  end8 = 99;
  end32 = 99;
  for B = 1:1000
     if begin8 == 99
        if likelihood(B) > 1/8
           begin8 = theta(B);
        end
     end
  if begin32 == 99
     if likelihood(B) > 1/32
        begin32 = theta(B);
     end
  end
  if and (begin8 ~= 99, end8 == 99)
     if likelihood(B) < 1/8
        end8 = theta(B);
     end
  end
  if and (begin32 ~= 99, end32 == 99)
     if likelihood(B) < 1/32
        end32 = theta(B);
     end
  end
end
  thetamax
  begin32
  end32
  begin8
  end8
```

B．2 × 2 クロス集計表に関するプログラム

各セルに入る度数が a、b、c、d である一般的な事例：

	成功	失敗
タイプX	*a*	*b*
タイプY	*c*	*d*

　θ_1（theta1）（タイプXの個体の成功率）がθ_2（theta2）（タイプYの個体の成功率）とどの程度異なっているかに関心があるとする。これは、比率γ（ガンマ）$= \theta_1 / \theta_2$で測定される。このプログラムでは、*a*、*b*、*c*、*d*のそれぞれの値が必要である。必ずこの順序で入力すること。変数Likelihoodは尤度関数であり、γに対してプロットできる。1/8尤度区間の限界値はbegin8とend8で与えられ、1/32尤度区間の限界値はbegin32とend32で与えられる。最尤値はγ_{max}（gammamax）である。このプログラムではまた、2つの仮説によって仮定されたγを入力する必要がある。その結果として、これら2つの値の尤度比が返される。この比は、停止規則として使用できる。たとえば、この比が8より大きくなるか1/8より小さくなるまでデータを収集する、のように使用できる。

```
a = input ( 'What is a? ');
b = input ( 'What is b? ');
c = input ( 'What is c? ');
d = input ( 'What is d? ');
m = a + b;
n = c + d;
k = a + c;
l = b + d;


gammamax = 0;
likelihoodmax = 0;
 for B = 1:10000
    gamma(B) = B/100;
    likelihood(B) = 0;
    for A = b:(m + n - d)
        likelihood(B) = likelihood(B) + nchoosek(A-1, b-1)*nchoosek
        (m+n-A-1,d-1) *gamma(B) ^ (A-m);
    end
```

```
        likelihood(B) = likelihood(B)^(-1);
        if likelihood(B) > likelihoodmax
            likelihoodmax = likelihood(B);
            gammamax = gamma(B);
        end
    end
for B = 1:10000
    likelihood(B) = likelihood(B)/likelihoodmax;
end
begin8 = -99;
begin32 = -99;
end8 = -99;
end32 = -99;
for B = 1:10000
    if begin8 == -99
        if likelihood(B) > 1/8
            begin8 = gamma(B);
        end
    end
    if begin32 == -99
      if likelihood(B) > 1/32
          begin32 = gamma(B);
      end
    end
    if and (begin8 ~= -99, end8 == -99)
        if likelihood(B) < 1/8
            end8 = gamma(B);
        end
    end
    if and (begin32 ~= -99, end32 == -99)
        if likelihood(B) < 1/32
            end32 = gamma(B);
        end
    end
```

```
end

gammal = input ( 'What is the gamma assumed by the first hypothesis? ');
gamma2 = input ( 'What is the gamma assumed by the second hypothesis? ');
likelihoodratio = likelihood(gammal*10) /likelihood(gamma2*10)


    gammamax
    begin32
    end32
    begin8
    end8
```

C. 分散が未知の正規分布の平均に関するプログラム

このプログラムを実行するには、標本の標準誤差、平均、参加者数の値が必要である。変数 Likelihood は尤度関数であり、θ（取りうる母平均）に対してプロットできる。1/8尤度区間の限界値は begin8と end8で与えられ、1/32尤度区間の限界値は begin32と end32で与えられる。このプログラムでは、2つの仮説によって仮定される θ の値を入力する必要がある。その結果として、これら2つの値の尤度比が返される。この比は、停止規則として使用できる。たとえば、この比が8より大きくなるか1/8より小さくなるまでデータを収集する、のように使用できる。

```
SEd = input ( 'What is the sample standard error? ');
meand = input ( 'What is the sample mean? ');
n = input ( 'How many subjects were run? ');

Vard = n*SEd^2;
SSd = Vard*(n-1);

likelihoodmax = 0;
theta(1) = meand - 5*SEd;
inc = SEd/100;

for B = 1:1000
```

```
        theta(B) = theta(1) + (B-1)*inc;
        likelihood(B) = (SSd + n * (meand - theta(B)) ^ 2) ^ (-(n - 2) / 2);

        if likelihood(B) > likelihoodmax
            likelihoodmax = likelihood(B) ;
        end
    end
end
for B = 1:1000
    likelihood(B) = likelihood(B) / likelihoodmax;
end


outofrange = meand - 6*SEd;

begin8 = outofrange;
begin32 = outofrange;
end8 = outofrange;
end32 = outofrange;
for B = 1:1000
    if begin8 == outofrange
        if likelihood(B) > 1/8
            begin8 = theta(B);
        end
    end
    if begin32 == outofrange
        if likelihood(B) > 1/32
            begin32 = theta(B);
        end
    end
    if and (begin8 ~= outofrange, end8 == outofrange)
        if likelihood(B) > 1/8
            end8 = theta(B);
        end
    end
    if and (begin32 ~= outofrange, end32 == outofrange)
```

234

```
        if likelihood(B) < 1/32
            end32 = theta (B);
        end
    end
end

thetal = input ( 'What is the population mean assumed by the first
  hypothesis? ');
theta2 = input ( 'What is the population mean assumed by the second
  hypothesis? ');
Bl = intl6 ((thetal - theta(l))/inc+l);
B2 = intl6 ((theta2 - theta(l))/inc+1);
likelihoodratio = likelihood(Bl)/likelihood(B2)
    begin32
    end32
    begin8
    end8
```

D．参加者間の対比に関するプログラム

　それぞれの平均が m_i と標準偏差が SD_i で、ほぼ正規分布をする k 個の参加者群があるとする。対比 $C = \sum a_i \times m_i$ であり、a_i は対比の重みである。ほぼ正規分布しており、各群内の分散が等しい場合には、平均対比値 C の標準誤差は $\sqrt{(\sum a_i{}^2)}$ $\times SD_p/\sqrt{n}$ となる。ここで、n は各群の参加者数であり、$SD_p = \sqrt{(1/k \sum SD_i{}^2)}$ である。また、自由度は $\sum(n_i - 1)$ である。各群の参加者数が等しくない場合は、n の調和平均（ $= k/\sum 1/n_i$ ）を使用する。対比が何かについては、第3章の Box 3.7を参照のこと。

　このプログラムを実行するには、対比の標準誤差、平均、自由度の値が必要である。変数 Likelihood は尤度関数であり、θ （取りうる母集団における対比平均）に対してプロットできる。1/8区間の限界値は begin8 と end8 で与えられ、1/32尤度区間の限界値は begin32 と end32 で与えられる。このプログラムでは、2つの仮説によって仮定される θ の値を入力する必要がある。その結果として、これら2つの値の尤度比が返される。この比は、停止規則として使用できる。たとえば、この比が8より大きくなるか1/8より小さくなるまでデータを収集する、のように使用できる。

```
SEd = input( 'What is the standard error of the contrast? ');
meand = input( 'What is the contrast mean? ' ) ;
nu= input( 'what are the degrees of freedom of the contrast? ');
likelihoodrnax = 0;
theta(1) = meand - 5*SEd;
inc = SEd/100;


  for B = 1:1000
     theta (B) = theta (1) + (B-1) * inc;
     likelihood(B) = (1 +(meand - theta(B))^2/(nu*SEd^2))^(-(nu+l)/2);

     if likelihood(B) > likelihoodrnax
        likelihoodrnax = likelihood (B);
     end
  end
  for B= 1:1000
      likelihood(B) = likelihood(B)/likelihoodrnax;
  end


  outofrange = meand - 6*SEd;

  begin8 = outofrange;
  begin32 = outofrange;
  end8 = outofrange;
  end32 = outofrange;
  for B = 1:1000
     if begin8 == outofrange
        if likelihood(B) > 1/8
           begins= theta(B);
        end
     end
     if begin32 == outofrange
        if likelihood(B) > 1/32
```

```
            begin32 = theta(B);
        end
    end
    if and (begin8 ~= outofrange, end8 == outofrange)
        if likelihood(B) < 1/8
            end8 = theta(B);
        end
    end
    if and (begin32 ~= outofrange, end32 == outofrange)
        if likelihood(B) < 1/32
            end32 = theta(B);
        end
    end
end

theta1 = input( 'What is the population contrast mean assumed by the first
    hypothesis? ' ) ;
theta2 = input( 'What is the population contrast mean assumed by the
    second hypothesis? ');
B1 = int16((theta1 - theta(1))/inc+1);
B2 = int16((theta2 - theta(1))/inc+1);
likelihoodratio = likelihood(B1)/likelihood(B2)
    begin32
    end32
    begins
    end8
```

日本語版への補遺 —— 開かれた社会と科学

　ポパーは、1945年に、彼が「戦争努力」と捉えていた、『開かれた社会とその敵（*The Open Society & Its Enemies*)』を出版したことで、英語圏ではまず、科学哲学者としてよりも政治哲学者として知られるようになった。この本は、ファシズムや共産主義ではなく、民主主義を論じたものであり、共産主義は「閉ざされた社会」の例である。10年前や20年前は、民主主義を支持することは当然のことと思われていたかもしれないが、今やそうではないことから、ポパーの議論は改めて重要な意味をもつ。

　「開かれた社会」としての民主主義を唱えるポパーの政治哲学は、民主主義と科学の間に顕著なアナロジーを示している。このアナロジーから、民主主義に対する一部のよくある批判が的外れな理由がわかる。たとえば、民主主義の失敗は、最良の指導者を選ぶことを保証できないことだと言われることがある（ジョージ・ブッシュのことを思い浮かべてほしい）。しかし、ポパーは、政治体制が解決すべき問題を、いかにして最高の指導者を選ぶかということに求めるのはまずいことだと主張した。というのも、真の科学理論があるかどうかがわからないのと同じように、誰が最良の指導者なのかもわからないからである。

　科学は、我々があらゆる理論の中から最良のものを見つけることを保証するものではなく、（力ではなく）合理的な批判によって理論を排除できることだけを保証するものである。また、民主主義は、我々があらゆる指導者の中から最良の指導者を選ぶことを保証するものではなく、力ではなく合理的な批判によって欠陥のある指導者を排除できることだけを保証するものである。

　誤った理論を排除することで、できれば、より良い理論に向かって前進したいものである。また、悪い指導者を排除することで、できれば、より良い指導者に向かって前進したいものである。

　科学では、原則として、誰でも議論を進めて理論の運命を左右することができ、民主主義では、原則として、誰でも議論を進めて指導者の運命を左右することができる。

　科学では、理論を評価するのに有用な関連情報はすべて公開されるべきであり、民主主義では、指導者を（指導者として）評価するのに有用な関連情報はすべて

公開されるべきである。

　研究者の科学的義務は理論を批判することであり、これは、国民の愛国的義務が指導者を批判することなのと同じである（国家主義的な政府は、権力を守るために、愛国心という口実を使って反対の主張をすることが多いが）。

　科学と民主主義の本質は、開かれた社会、すなわち批判的伝統を積極的に奨励する社会である（本書 p.9 を参照）。ポパーの見解は、全体主義な政治の影響力の高まりに対抗するシンプルで強力な議論を提供している（例：Kampfner, 2009; Wolf, 2007）。我々は、科学者や学者として、開かれた社会を閉ざす（あるいは閉ざされた社会を維持する）政治の影響に抵抗すべきである。なぜなら、そのような影響力は、科学者や学者としての、そして、明らかに人間としての（ポパーによれば、動物の中で唯一、批判的議論ができ、それゆえ真の自由がある）我々の存在のコアに反するからである。もちろん、ポパーが指摘するように、人間あるいは臣民としての我々は、閉ざされた社会の見かけの確かさ（とその絶対的な権威）に常に誘惑されるし、支配者も閉ざされた社会がもたらすより大きな力に誘惑される。このように、ポパーは学者が閉ざされた社会の最悪の弁解者であると非難している。

　国民には国家に忠誠を尽くす義務がある。しかし、ポパーは、そのような義務は、「『…ある程度の警戒心や国家とその役人に対するある程度の不信感』とともになければならないと主張している。…あらゆる権力には、それ自体を定着させ、腐敗させる傾向があり、最後の手段は自由社会の伝統である。ここには、国民の側のほとんど嫉妬深さと言っていいような用心深い監視の伝統が含まれる。そして、これにより、あらゆる自由が依存しているチェックとバランスがもたらされ、国家権力のバランスをとることができる」（Notturno, 2003, p.44）。このように、批判的な態度が極めて重要であり、（しばしば民主主義の定義として同一視されている）投票自体で開かれた社会を作ることはできず、それは、ほんの小さな構成要素にすぎない。「民主主義は自由と寛容を重んじる社会ではかなりうまく機能するだろうが、それらの価値観を理解していない社会では機能しない。民主主義は…個々の国民がそれを大切にしなければ、決して自由を生み出すことはない」（同上）。

　次の点を比較してみよう。科学の外的な装備（ピアレビュー、体裁のよいジャーナル、学術機関、数学的または統計的手法）は、それ自体科学を生み出さない。科学は批判的な議論を重んじるコミュニティではかなりうまく機能する（Kuhn, 1962と対照的に）。しかし、権力が定着したり、査読者が純粋に社会心理学的な要因（内集団／外集団など）に基づいて論文をアクセプトしたり、リジェクトしたりし

た場合には、そこで行われていることは、科学とはほとんど関係のないことになるだろう。我々は、科学と民主主義の両方において、開かれた社会の崩壊を常に警戒しなければならない。

　民主主義に反対する現在の議論の1つに、強力な（非民主的な）政府によって作られた安定した社会と比較的自由な市場（たとえば、シンガポールや中国などの富を生み出してきた組み合わせ）によって、より大きな富が生み出されるという提案がある。民主主義が富の生産に必要だと考えられていた時代であった1958年にポパーは、「民主主義は何かが達成されることを保証しない —— まさに経済的奇跡は存在しない…我々が政治的自由を選ぶべきなのは、より楽な生活を望むからではなく、自由そのものが物質的価値に還元することができない究極の価値であるからである…［かつてデモクリトスが言ったように］『民主主義の貧困は、貴族政治や独裁政治の下でのあらゆる富より望ましい。というのも、自由は奴隷よりも望ましいからである』」（詳しく述べるなら、万人にとっての自由は一部の人にとっての奴隷制度より望ましい）。もちろん、自由な社会は、まさにアイデアを生み出すことの自由によって良い解決策を生み出すかもしれないが（科学を見てほしい）、ポパーは、「自由を信じることが常に勝利につながると考えるのは間違いである」と述べている。「我々が自由を選ぶのは、自由があれやこれやを約束するからではなく、それによって人間の共存の唯一の尊厳ある形がもたらされるからである」（Popper, 2001, pp. 91-92に転載）。

　次の点を比較してみよう。我々が科学に価値を置くのは、必ずしも富を生み出すからではなく、単に我々が自由に価値を置いているからである。また、科学とは、自由な批判的議論によって世界の理解を前進させるという人間ならではの能力の現れなのである。

訳者あとがき

　本書の原著者であるゾルタン・ディエネス氏と訳者の一人である清河との出会いは、2004年に遡る。北京で開催されたICP（International Congress on Psychology）でのポスターに立ち寄ってくれたのが最初であった。その後、数回メールのやりとりをしただけで一旦交流は途絶えていたのが、2006年にバンクーバーで開催されたCogSci（Annual Meeting of the Cognitive Science Society）で再会したことを契機に交流が復活した。ディエネス氏はCogSciの招待講演者の一人であったのだが、我々のポスターにぜひ立ち寄ってほしいと、半ば無理矢理発表を聞きにきてもらったことが後の共同研究につながることとなった（その成果は、Kiyokawa, S., Dienes, Z., Tanaka, D., Yamada, A., & Crowe, L. (2012). Cross cultural differences in unconscious knowledge. *Cognition, 124*(1), 16-24. として公刊されている）。2010年には、日本学術振興会招へい研究者の事業を活用して、氏を日本に招く機会に恵まれ、氏は家族とともに日本に2週間滞在した。その際、もう一人の訳者である石井の研究室も訪問している。その後も、2012年にディエネス氏がChairを務めたASSC（Association of Scientific Studies of Consciousness）の年次大会や、札幌で開催されたCogSciに参加した際に交流を深めた。そして、2018年には、当時清河が勤務していた名古屋大学大学院教育発達科学研究科の特別研究期間制度を利用して、約1年間、ディエネス氏を受け入れ担当者として、University of Sussexに滞在することとなった。

　本書は2008年に出版されている。執筆はそれ以前に始まっていることを考慮すると、かなり早い時点から、ディエネス氏は本書で扱われている問題、つまり科学としての心理学の正しいやり方とは何かに取り組む必要性を認識していたことになる。特に、その認識は、統計的推測における研究者間の慣習を変えていこうとする取り組みに表れている。実際、2012年のCogSciでは、氏はベイジアン分析に関するチュートリアルを開催している。日本でも『心理学評論』誌において、ベイジアン分析が紹介されているが（2018年特集号「統計革命：Make Statistics Great Again」）、それよりもかなり前から議論が開始されていたことになる。

　通常、データから何らかの解釈を導く際、研究者は統計的手法に依拠する。心理学も実証というスタンスを取る限り、その例外ではない。にもかかわらず誤っ

た統計的手法の適用は後を絶たない。本書の第3章の冒頭にあるように、統計学の誤用は「初学者のみならず経験豊かな研究者の多くにすら蔓延っており」、なかなか正されることがない。実際のところ、本書を訳しながら、何度も自身の誤解に気づき、理解があやふやだったことを思い知らされた。そして誤った統計的手法を適用することの重大な問題は、その結果生み出される妥当性の低い証拠とそれに基づく主張が公刊されていくことにある。さらにこの問題は、知見の再現可能性の低さと直結している。特に心理学分野における再現可能性の低さは、本書の出版後、大きな話題となっている。その現状を改革する1つの取り組みがオープンサイエンスであり、ディエネス氏もその旗振り役の一端を担っている。特にディエネス氏が力を入れているのが事前登録（データ収集の前に研究者が仮説や方法、分析内容や手順等を第三者機関に事前に登録するシステム）であり、Peer Community in Registered Reports（PCI RR）を立ち上げている（https://rr.peercommunityin.org/）。

　本書は、いわゆる「マニュアル本」ではない。また、理念的・概念的な話題に終始しているわけでもない。手続きだけ理解をしても、それが何を目的としているのかが適切に理解できていなければ意味をなさない。さらに、その手続きの理解が不十分な場合には事態はさらに悪化する。その一方で、概念的な側面だけを理解したとしても、それが実際の研究に使える形となっていなければ、有用とは言えない。とはいえ、手続き的側面と概念的側面は、どちらか一方だけを扱うのだけでも、かなり骨が折れる作業である。しかし、本書は、理念的・概念的な議論から始まり、それが統計分析の手法としてどのような手続きを取るのかまでが1冊の本に収められている。この点が本書の最大の特徴と言えるだろう。

　クーン、ポパー、ラカトシュを扱った第1章、第2章は、なじみがない人には理解をするのに苦労するかもしれない（正直に告白すると、訳者自身も理解するのにかなり苦戦した）。しかし、これもディエネス氏がまえがきで述べているように、正しいゴールに到達するための途上にあることと腹を括って、ぜひ読み切ってほしい。また、統計分析の3つの立場をそれぞれ扱った第3章～第5章は、数式が出てくるために、しり込みする人がいるかもしれない。しかし、この点もディエネス氏がまえがきで述べているように、高度な数学的知識は想定されていない。数式の多くは、概念的な理解を助けるための位置づけにある。ディエネス氏は大学院の授業でこの本を教科書として使用している。同様に、石井も大学院の授業でこの本を教科書として使用している。

　我々にとっても最もなじみのあるネイマン－ピアソン流の統計的推測（第3章で扱う）、ベイジアンの統計的推測（第4章で扱う）、そして、現状では少数派の

地位にあるがディエネス氏が最も支持している（ように見える）尤度推測（第5章で扱う）を対比しながら解説がなされている点も本書の特色と言える。何かを理解する際に、それ自体について丁寧に説明することはもちろん必要ではあるが、何か別のものと比較・対比をすることによって、それぞれの特徴が浮き彫りになり、理解も深まると考えられる。本書ではこの効果を効果的に用いていると言えよう。

　豊富な具体的な事例が用いられていることも本書の特徴と言えるだろう。これに関しては、現在の感覚からすると、不適切に思われる内容も含まれていたため、訳者としてはそのまま使用してよいのか悩んだというのが正直なところである。しかし、当時の著者の意図を汲んでそのまま用いている。

　意味を考えずに、「最近は○○が使われているので」という理由だけで手続きを用いるならば、新たな手法が登場したとしても、問題は何ら解決されず、新種の誤用が蔓延ることになるだけだろう。誤用を正すこと、目的に応じてそれに適した方法を用いること、研究という営みが目指すことは何なのかを改めて考えることが必要である。その際に強力なサポートを本書は提供してくれるだろう。

清河幸子
石井敬子

用語集

アドホック：アドホックは字義どおりには、ラテン語で「このために」という意味であり、英語では一般的に「手近な、この目的のために（しかし、長期的あるいはより一般的には有用ではない）」という意味で使われる。たとえば、ある単発の目的のために結成され、それが達成されると解散する委員会は「アドホック委員会」と呼ばれる。科学や哲学では、理論に対するアドホックな変更は、ある特定の発見によって理論が反証されないようにするための変更であるが、その変更は理論の科学的美徳という観点から見ると退行していることになる。たとえば、ポパーのアプローチでは、理論の反証可能性を低下させる変更はアドホックとされる。証拠に照らして理論を変更することは科学の前進の一部であるが、アドホックな変更はそうではない。

α：ネイマン - ピアソンアプローチでは、アルファ（a）は、帰無仮説が実際には真であるときに、ある決定手続きによって帰無仮説が棄却される長期的な相対頻度である。その値で帰無仮説を棄却してもよいと思えるのが有意水準である。ある場合に、検定の結果として0.009というp値が得られたとすると、これは1％水準で有意である。しかし、p値が0.05未満のときに帰無仮説を棄却するのであれば、そのaは1％でも0.009でもなく5％である。

裏づけ：ポパーのアプローチでは、理論がそれを反証しようとする真剣な試みに耐えれば耐えるほど、その理論の裏づけ（すなわち確証）の程度が大きくなる。すなわち、我々の他の背景知識から見てその理論の予測が成功する可能性が低いほど、裏づけの度合いが大きくなるのである。背景知識から期待される理論の予測が確証されることは、いずれにしろ、その理論をわずかに裏づけるにすぎない。厳しい反駁の試みに耐えることは、ある意味、理論を確証することになるが、ポパーの説明によると、その理論が真である確率を高めることにはならない（ポパーにとっては、どんな理論であってもそれが真である確率は0である）。しかし、ポパーにとっては、これ以上の正当化が必要とされない方法で、最も裏づけられた理論に基づいて行動することはやはり合理的なのである。

確信区間：ベイジアンアプローチでは、X％確信区間とは、真の母集団値がその区間内に含まれる確率がX％であることを意味する。このアプローチでは、確率は主観的であり、確信度を反映している。もし、95％確信区間が1秒から6秒までの間であるならば、真の母集団値が［1, 6］という区間内に含まれていることを95％確信しているということである。

仮説検定：ネイマン－ピアソンアプローチにおいて、帰無仮説と対立仮説という2つの仮説の間で決定を行うための手続きであり、研究者はどちらか一方を採択して、他方を棄却する。この手続きは、帰無仮説もしくは対立仮説のいずれかを誤って採択する確率を、あらかじめ決められたレベルに抑えるよう設計されている（これらの確率は、それぞれα、βと呼ばれる）。これは心理学のジャーナルで踏襲されるべき考え方であるが、大半の人はβを抑えることを忘れているように見受けられる。

帰納：前提によって保証されない結論が導かれる推論。たとえば、限られた数の観察から一般的な規則を推測することがこれにあたる。ポパーはそのような論理的プロセスは存在しないと考えていた。一般的な規則を推測できるかもしれないが、その推測はどんなに観察が増えていったとしても、さらにその確率が高まることはないのである。それとは対照的に、ベイジアンは、観察から導かれる仮説の確率の上昇を帰納的に計算する。

帰無仮説：フィッシャーのアプローチでは、帰無仮説とは、我々が無効化しようとする仮説であり、母集団値がある値と等しいことを主張するものである。多くの場合、たとえば、「差がない」とか「相関が0である」のような影響がないという仮説（「ゼロ仮説」）であるが、必ずしもそうである必要はない。たとえば、「相関がちょうど0.2である」でもよい。有意な結果が得られれば、我々は帰無仮説を棄却、すなわち無効化し、有意な結果が得られなければ、判断を保留する。それとは対照的に、ネイマン－ピアソンでは、2つの仮説、すなわち、帰無仮説と対立仮説を考慮する。そして、帰無仮説は、単純に、誤って棄却すると最もコストのかかる仮説と定義される。ネイマン－ピアソンアプローチでは、常に仮説の一方を棄却し、もう一方を採択することになる。

境界設定基準：科学と非科学を区別するための手段。ポパーは、境界設定基準は、反証可能性と反証主義的態度の適用と考えていた。彼は、この基準によってはっきりとした境界は示されないが、それでも有用と考えていた。クーンは、この基準は

自然を理解することを目的とした謎解きであると考えており、ラカトシュは、この基準は前進的な研究プログラムに取り組むことに関わると考えていた。境界設定基準のポイントは、世界に関する知識が増大するための最適な方法を示すことにある。

検定力：ネイマン−ピアソンアプローチでは、検定力は、帰無仮説が実際には偽であるときに帰無仮説を棄却する長期的な相対頻度である。すなわち、検定力 = 1 − β である。我々が用いている統計学にはネイマン−ピアソンアプローチという確固たる論理的基礎があることを考慮すると、検定力の計算は、実験を計画する際のルーチンの一部であるべきであるが、実際にはほとんど行われていない。そして、残念なことに、十分な検定力がなければ、有意でないという結果は無意味である。十分な検定力がある場合には、有意でないという結果は非常に重要である可能性がある。十分な検定力がある場合に差が見られなかったという形で、以前の研究を再現できなかったからといって、必ずしも以前の結果が間違っていたことを意味するわけではない。むしろ、そのことは、先行研究の方法のセクションにおいて、その結果を得た手続きの具体的な記述が不完全であったことを示唆している。理論を修正し、その結果を生み出す文脈条件を特定すべきである。

事後確率：データを収集した後の仮説に関する主観的確率。ベイズの理論体系、すなわち、事後確率 = 尤度×事前確率に従って得られる。どのくらい強く仮説を信じるべきかについて直接示してくれるのはベイズ統計学だけで、たとえば、有意性検定はそうではない。

事前確率：ベイジアンアプローチにおける、データを収集する前の仮説の確率。個人的ベイジアンによると、事前確率とは、まさに、個人的にそれぞれの仮説がどの程度の確率であると感じているかということである。同じ先行研究や理論になじみがある状態からスタートしたとしても、同じ仮説に対する主観的確率が人によって大いに異なる可能性はある。対照的に、客観的ベイジアンによれば、同じ情報をもっているのであれば、事前確率は同じになるはずであり、たとえば、既知の制約が満たされているのであれば、事前確率の影響は最も小さくなるはずである。正確に事前確率を割り当てる手法については、ベイジアンの間でも依然として議論が続いている。

実在論：実在論とは、我々の理論とは独立に存在する実体があるという主張である。我々は、目で見たり、直接観察したりすることができなくても、その実体を指し示すために理論を構築している。我々が直接観察できるものは何か（物体、感情、心

的状態？）ということは、古くからある哲学的、心理学的な問いである。また、（たとえそれが直接観察できなくても）理論の中で我々が何を実在と見なすかを特定することは、意外にも、常に自明なわけではない。統計的推測を適用する際には、現実の母集団分布を仮定するが、そのモデル（たとえば、正規分布、完全な線形関係など）は不正確であり、それゆえに現実そのものではないことを受け入れているのである。

集合：（長期的な相対頻度として理解される）客観的確率が適用される事象の集合のこと。厳密に言えば、集合は無限であるべきだが、実際にはこの要件は緩和されることが多い。たとえば、ある人が黒髪である確率は、その集合がすべての英国人なのか、それともすべての韓国系英国人であるのかによって変わってくる。参照クラスと呼ばれることもある。

新奇性：予測は、関連するデータを知る前になされたものであれば、時間的新奇性があり、関連するデータを用いず理論的に動機づけられたのであれば、使用的新奇性がある。ポパー、ラカトシュ、ネイマン－ピアソンは、多くの科学者同様に、新奇性に価値を置いている。ベイジアンと尤度アプローチでは、新奇性は重要ではない。というのも、データと仮説の間の関係には論理的な関係がないからである。時間的新奇性に価値が置かれる理由の１つは、そのことが予測を導き出す際の補助仮説の選択が公正であったり、簡単であったりすることを意味するからである。その場合、別の補助仮説を仮定する理由を慎重に検討することで、新奇性は重要ではなくなるはずである。

信頼区間：ネイマン－ピアソンアプローチにおいて、長期的に見ると一定の割合で推定された母集団値を含むような手続きによって求められる区間のことを言う。たとえば、95％信頼区間は、その手続きで求められた信頼区間のうちの95％に真の母集団値が含まれる。視覚化トレーニングが、その後のあるスポーツ動作のパフォーマンスの速度に及ぼす平均効果を推定したところ、95％信頼区間が１秒から６秒であったとする。このとき、そのトレーニングによるパフォーマンスのスピードアップの効果が６秒より大きいことや、１秒より小さいことは棄却できるが、その間の値を棄却することはできない。信頼区間は、研究の感度の指標となる。この例では、トレーニング効果の推定値は５秒の区間に絞り込まれている。信頼区間は、対応する確信区間や尤度区間と数値的に非常に類似することが多いが、意味は大きく異なっている。

前進的：ラカトシュのアプローチでは、研究プログラムがデータの先を行くのであれば、研究プログラムは前進的と見なされる。研究プログラムは、新しい予測をしなければならず（理論的に前進的）、少なくともその予測の一部は確証されなければならない（経験的に前進的）。科学者たちが、自分たちがどれだけ早くアイデアを思いついたかを気にするのは、新奇な予測が必要だからかもしれない。

第一種の誤りと第二種の誤り：第一種の誤りは、帰無仮説が真であるときに帰無仮説を棄却し、第二種の誤りは、帰無仮説が偽であるときに帰無仮説を採択することである。他の誤りのタイプとしては、「差がない」という帰無仮説を棄却するが、誤った方向の効果に関する仮説を採択すること（たとえば、実際には女子のほうが男子よりも速いにもかかわらず、「男子のほうが女子よりも速い」という仮説を採択すること）や、最初にデータに関する誤った統計モデルを使用し、その結果、誤った理由で正しい決定に至ってしまうこと（たとえば、データが歪んでいるときに正規性を仮定すること）がある。

退行：ラカトシュのアプローチでは、たえずデータを後追いしている場合には、その研究プログラムは退行していることになる。退行している研究プログラムは新しい予測をしないか、したとしても、後に偽であることが判明する。研究プログラムが退行することを防ぐためには、予測が新奇である必要がある。支持する理論からの「予測」をかき集めるためにデータを眺め、その予測を論文の序論のセクションに書くことは不正行為である（「ポストホック」の項を参照）。

通常科学：クーンのアプローチでは、科学者が、自然を自らの基本理論に当てはめようとし、その試みにおける困難を基本理論の反映ではなく、自らの力量の反映として扱おうとするのであれば、科学は通常と見なされる。通常科学者は、自らの基本理論にほとんど宗教的なまでの献身をする。ポパーは、クーンの言う通常科学は、正確に言えば科学ではなく、実際には文明への脅威であると考えた。一方、クーンはそれを科学の前進に必要なプロセスと考えた。

通約不可能性：クーンのアプローチでは、通約不可能性とは、パラダイムを比較することの根本的な難しさを指す。元々、クーンは、2つのパラダイムを合理的に比較することは非常に難しいことを強調した。この難しさは、パラダイムごとに解決すべき問題があり、その解決策が良いかどうかを評価するための基準も異なり、データを観察するための方法も異なっていることから生じる。後にクーンは、「通約不可能性」という用語を、まさに1つのこと、すなわち、理論が変更される前後で、

用語群が指す内容が異なることだけを意味するようにした。たとえば、コペルニクス以前は「惑星」という用語には太陽と月が含まれていたが、その後地球が含まれるようになった。このような指示内容の変化は、様々な理論やパラダイムを比較することが難しいことを意味しているが、これによって明らかに合理的な比較が排除されるわけではない。

停止規則：データの収集をいつ停止するかを決定するために使用される規則。最も一般的な規則は、その領域で典型的な参加者数のデータが収集されたときに停止するか、あと少しの参加者のデータがあれば結果が有意になるかもしれないとき、その少し後に停止するというもの、もしくはその両方である。どちらの停止規則もネイマン－ピアソンアプローチでは要件を満たしていない。古典的には、検定力の計算によって参加者数を事前に決定すべきである。ベイジアンアプローチと尤度アプローチを用いるのであれば、すでに収集されたデータを分析から除外するために使用しない限りは、停止規則は重要ではない。

デュエム－クワイン（Duhem-Quine）問題：ピエール・デュエム（Pierre Duhem: 1861-1916）はフランスの物理学者および科学哲学者であり、ウィラード・クワイン（Willard Quine: 1909-2000）は影響力のある米国の哲学者および論理学者である。この２人はともに、理論を検証する際の不確定性の問題を指摘している。この問題とは、予測を立てたり検証したりする際には信念の網全体が活用されており、もし予測が失敗した場合に、そのどの部分を変更すべきかが明らかではないというものである。

ハードコア：ラカトシュのアプローチでは、研究プログラムのハードコアとは、反証から守られている中心的な理論のことである。この代わりに防御帯の中の補助仮説がデータという反証力の矢面に立ち、それに応じて修正され、ハードコアは温存される。たとえば、統合失調症のドーパミン理論のハードコアは、「統合失調症はドーパミン系の不均衡から生じる」というものである。ラカトシュはこの点について詳しく述べていないが、ある人のハードコアは別の人の防御帯であることもありうる。たとえば、統合失調症のドーパミン理論は、「あらゆる精神疾患は生化学的に説明できる」という研究プログラムの防御帯の一部と見なされることがある。

パラダイム：「パラダイム」は、元は「パターン」や「例」を意味するギリシャ語に由来する。クーンはさまざまな意味で、「パラダイム」という語を用いたが、その中でも次の２つがパラダイム的である。まず、狭義のパラダイムとは、優れた科

学実践の具体例のことであり、若い科学者はそのモデルケースとのアナロジーによって将来の問題を捉えることができるように訓練される。一方、広義のパラダイムとは、このような例を用いた訓練の結果として得られる世界観全体のことを指す。広義のパラダイムは、科学コミュニティのすべてのメンバーに共有されている信念、価値観、技術の総体である。後にクーンは広義のパラダイムを「学際的マトリクス」と呼ぶようになったが、この語が普及することはなかった。

標準偏差：分布の広がりの指標。分散は観測値の平均からの偏差を二乗したものの平均であり、標準偏差は分散の平方根をとったものである。正規分布では、面積の約2/3が平均から標準偏差1つ以内に含まれ、95％が標準偏差2つ以内に含まれる。

β：ネイマン－ピアソンアプローチでは、ベータ（β）は、帰無仮説が実際には偽であるときに、ある決定手続きによって帰無仮説が採択される長期的な相対頻度である。実験を行う前に、研究者はαとβの両方について許容可能な水準を決定しなければならない。参加者数や意味があると見なせる効果の大きさなどの要因によってβの値が決定される。

ポジティブヒューリスティック（積極的発見法）：ラカトシュのアプローチでは、ポジティブヒューリスティックとは、ハードコアを守るために、失敗した予測に照らして防御帯をどのように変更するかについてのガイドラインのことである。成熟した科学であれば、十分に発達した、一貫性のあるポジティブヒューリスティックが存在する。統合失調症のドーパミン仮説を研究している人にとってのポジティブヒューリスティックには、扱いにくいデータを示した動物モデルが人間の統合失調症の適切な動物モデルであるかを疑うことや、より良い動物モデルを確立するための原理を示すことなどがある。ポジティブヒューリスティックとハードコアの区別が難しい場合もある。たとえば、「ドーパミン受容体の特定のタイプや経路が関与している」という原理は、ハードコアの一部であると同時に、難しいデータに対処するための手段でもある（その薬物は関連する受容体をターゲットとしていたのか？）。

母集団：母集団は、我々が推測の対象とするすべての実体の集合であり、多くの場合、我々がアクセスできるのは部分集合（すなわち標本）の観察だけである。フィッシャーアプローチ、ネイマン－ピアソンアプローチ、ベイジアンアプローチ、尤度アプローチは、すべて、標本から母集団について推測する方法である。多くの心理学の実験では、母集団が何であるかということだけでも議論の余地がある。厳密

な統計学的な意味では、標本を無作為抽出した母集団についてのみ推測できるが、心理学では、それが何かが明確に示された上で、母集団からの無作為抽出がされていることは非常に稀である。多くの場合、我々は一般的な人々について推測したいと考えている。それは、今生きているすべての人々だろうか？ もし、ペルー産の天然バイアグラを飲んだ10人と飲んでいない10人の2群を除くすべての人が死んでしまったとしたらどうなるのだろうか？ その場合、母集団全体のデータがある（標本から母集団に一般化する必要がない）ので、統計的検定は無意味になるだろうか？ それとも、我々の関心のある母集団は、現存するすべての人々の集合ではなく、ありうる観察の集合なのだろうか？ それは、人々が許容するであろう、将来のありうる観察の集合なのだろうか？ それとも、遺伝、文化、環境など、関連する似た範囲で生きているすべての人々の集合なのだろうか？ それとも母集団は、これらの同じ人々を無作為に群に割り当てる際にありうる方法の集合なのだろうか？ これらの問いについては依然として議論が続いている。

補助仮説：主理論とデータが接点をもてるようにするために必要な仮説のことを言う。たとえば、あなたの主理論が、「催眠術にかかりやすい人は選択的注意に優れている」というものだとしよう。この理論を検証するためには、催眠術へのかかりやすさや選択的注意とは何か、そしてそれらをどのように測定するかについての仮説、すなわち補助仮説が必要となる。ポパーは補助仮説を「背景知識」と呼んだ。

ポストホック：ポストホックは「この後」を意味するラテン語に由来している。統計学では、ポストホックとは、データを収集する前に指定されていなかった仮説やその検定を指す。ネイマン－ピアソンアプローチでは、検定がポストホックなのか計画されたものなのかによって検定の手続きが異なるが、ベイジアンアプローチや尤度アプローチでは、両者に違いはない。論文を読んでいると、序論のセクションで示されている予測がデータを精査した後に書かれたもので、そのためポストホックな仮説が、計画されたもののように見えることがよくある。これはよくある不正行為なのか（ネイマン－ピアソン、ラカトシュ、ポパー）、それとも論文を読みやすくするので望ましいことなのだろうか（ベイズと尤度）？

有意性検定：「有意性」とは、フィッシャーによって導入された用語で、検定統計量が帰無仮説を棄却するほどに極端であるかどうかを指す。フィッシャーの有意性検定では、帰無仮説のみが考慮される（対立仮説は考慮されない）。p 値が、ある臨界値、通常は5％もしくは1％よりも小さい場合、我々は、p 値がそれよりも小さい、最も極端な臨界値で結果が有意であると宣言する（関連する概念である

「α」と対比してほしい）。フィッシャーによると、有意水準は、帰無仮説をどの程度信じないかということに関する、ある種の合理的な指標である。しかし、フィッシャーは確率の概念について完全に理解していたわけではなかった。ネイマンとピアソンは、一貫して相対頻度という解釈（確率は信念の程度の指標ではない）にこだわり、フィッシャーの有意性検定を「仮説検定」に変換した（その項目を参照のこと）。しかし、有意性検定と仮説検定という用語は、文献の中では明確に区別されてきていない。そのため、フィッシャーは検定力という概念を使わなかったにもかかわらず、ネイマン－ピアソンの仮説検定の手続きとして理解されているので、有意性検定において検定力が必要と語られるのはよくあることである。

尤度：母集団のパラメータがある値であったときにそのデータが得られる相対確率で、パラメータの値の関数と見なされる。取りうるパラメータの値の確率の比だけが問題になるという意味において、尤度は**相対**確率である。その比が保たれている限りにおいては、尤度の絶対的な大きさは問題とならない。この理由から、尤度は実際には確率ではなく、単にそれに比例するものである。

尤度区間：$1/n$ 尤度区間は、尤度が最尤値の$1/n$より大きくなる可能性のある母集団値の集合である。たとえば、1/8尤度区間内のどの値も、区間内の他のどの値よりもやや強い証拠をもつわけではない（他の値の8倍以上の尤度をもつものはない）という意味で、ほぼ等しく支持されていることになる。1/8尤度区間は、その境界値は95%信頼区間もしくは95%確信区間に非常に近い値となることが多い。

尤度原理：尤度原理は、1962年に、統計学者ベルナルド、バーンバウム、サベージによる3つの独立な出版物によってはじめて述べられた。この原理によると、尤度によってデータに含まれている推論に関連する情報はすべて提供される（その情報の具体的な使い方は尤度の法則により提供される）。有意性検定は、尤度以外の情報、たとえば、他の検定を何回実施したか、いつデータ収集をやめることにしたか、検定がポストホックであったかどうかなどを考慮に入れるので、尤度原理に反する。ベイジアンと尤度論者は尤度原理を支持しているが、ネイマン－ピアソン論者は支持していない。

尤度の法則：尤度の法則は、1965年に哲学者イアン・ハッキングによって造られた用語である。この法則によると、証拠が母集団のパラメータのある値を別の値よりも支持する程度は、それらの尤度比と等しくなる。この法則は、尤度推測の基礎となっている。有意性検定は、しばしば尤度の法則に違反する。すなわち、尤度比に

よると帰無仮説よりも対立仮説に対してより強い証拠が示されているにもかかわらず、有意性検定では帰無仮説を採択すべきという結果になることがある。

論理実証主義：20世紀前半に起こった運動で、ポパーとクーンは、自分たちがこれに反対していると考えていた。論理実証主義者は「実証主義（positivism）」という語をフランスの知識人オーグスト・コンテ（Auguste Comte: 1798-1857）から取った。彼の実証主義では、（形而上学や神学よりも）観察可能な現象を認識することを強調した。論理実証主義者は、論理的な定義と、観察（および帰納）によって検証されうる経験的な主張のどちらも意味があるものとして受け入れた。そして、それら以外のものは無意味とされた。

参考文献

Abelson, R. P. (1995). *Statistics as principled argument*. Erlbaum.

Andersson, G. (1994). *Criticism and the history of science: Kuhn's, Lakatos's and Feyerabend's criticisms of critical rationalism*. Brill.

Armitage, P., Berry, G., & Matthews, J. N. S. (2002). *Statistical methods in medical research*. (4th ed.). Blackwell.〔椿美智子・椿広計訳 (2001)『医学研究のための統計的方法』サイエンティスト社.（第3版の訳）〕

Baker, R. R. & Bellis, M. A. (1994). *Human sperm competition: Copulation, masturbation and infidelity*. Kluwer.

Baker, R. & Oram, E. (1998). *Baby wars: Familyhood and strife*. Diane Pub Co.

Barker, P., Chen, X., & Andersen, H. (2003). Kuhn on concepts and categorisation. In T. Nickles (Ed.), *Thomas Kuhn*. Cambridge University Press (pp. 212-245).

Bechtel, W. (2008). *Mental mechanisms: Philosophical perspectives on the sciences of cognition and the brain*. London: Routledge.

Berkson, W. (1976). Lakatos one and Lakatos two: An appreciation. In R. S. Cohen, P. K. Feyerabend, & M. W. Wartofsky (Eds.), *Essays in memory of Imre Lakatos*. D. Reidel Publishing Company (pp. 39-54).

Berry, D. A. (1996). *Statistics: A Bayesian perspective*. Duxbury Press.

Birnbaum, A. (1962). On the foundations of statistical inference (with discussion). *Journal of the American Statistical Association, 53*, 259-326.

Boden, M. (2006). *Mind as machine*, volumes I and II. Oxford University Press.

Boucher, L. & Dienes, Z. (2003). Two ways of learning associations. *Cognitive Science, 27*, 807-842.

Brooks, L. (1978). Non-analytic concept formation and memory for instances. In E. Rosch & B. B. Lloyd (Eds.), *Cognition and categorisation*. Erlbaum (pp.169-211).

Burnham, K. P. & Anderson, D. R. (2002). *Model selection and multimodel inference: A practical information-theoretic approach*. (2nd ed.). Springer.

Chalmers, A. F. (1999). *What is this thing called science?*. Open University Press.〔高田紀代志・佐野正博訳 (2013)『科学論の展開 —— 科学と呼ばれているのは何なのか？』恒星社厚生閣.〕

Cheng, P. C.-H., & Simon, H. A. (1995). Scientific discovery and creative reasoning with diagrams. In S. Smith, T. Ward, & R. Finke (Eds.), *The creative cognition approach* (pp. 205-228). Cambridge, MA: MIT Press.

Chow, S. L. (1998). Précis of statistical significance: Rationale, validity, and utility. *Behavioral and Brain Sciences, 21*(2), 169-194.

Churchland, P. M. (1988). *Matter and consciousness: A contemporary introduction to the philosophy of mind*. MIT Press. A Bradford book.〔信原幸弘・西堤優訳 (2016)『物質と意識 —— 脳科学・人工知能と心の哲学』森北出版.〕

Cohen, J. (1977). *Statistical power analysis for behavioral sciences*. Academic Press.

Cohen, J. (1994). The earth is round ($p<0.05$). *American Psychologist, 49*(12), 997-1003.

Cohen, R. S., Feyerabend, P. K., & Wartofsky, M. W. (1976). *Essays in memory of Imre Lakatos*. D. Reidel Publishing Company.

Dennett, D. (1987). *The intentional stance*. MIT Press.〔若島正・河田学訳 (1996)『「志向姿勢」の哲学 —— 人は人の行動を読めるのか？』白揚社.)

Diamond Jr, A. M. (1992). The polywater episode and the appraisal of theories. In A. Donovan, L.

Laudan, & R. Laudan (Eds.), *Scrutinizing science: Empirical studies of scientific change*. John Hopkins University Press (pp. 181-198).

Donovan, A., Laudan, L., & Laudan, R. (1992). *Scrutinizing science: Empirical studies of scientific change*. John Hopkins University Press.

Dracup, C. (1995). Hypothesis testing: What it really is. *The Psychologist, 8*, 359-362.

Dunbar, K. (1997). How scientists think: On-line creativity and conceptual change in science. In T. B. Ward, S. M. Smith, & J. Vaid (Eds.), *Conceptual structures and processes: Emergence, discovery, and change*. American Psychological Association Press.

Edmonds, D. & Eidinow, J. (2001). *Wittgenstein's Poker: The story of a ten-minute argument between two great philosophers*. Faber & Faber.〔二木麻里訳（2016）『ポパーとウィトゲンシュタインとのあいだで交わされた世上名高い10分間の大激論の謎』筑摩書房.〕

Edwards, A. W. F. (1972). *Likelihood*. John Hopkins University Press.

Edwards, A. W. F. (1979). *Likelihood, expanded edition*. The John Hopkins University Press.

Edwards, W., Lindman, H., & Savage, J. (1963). Bayesian statistical inference for psychological research. *Psychological Review, 70*, 193-242.

Erdelyi, M. H. (1985). *Psychoanalysis: Freud's cognitive psychology*. W. H. Freeman and Company.

Evans, M. (2000). Comment on Royall, 2000. *Journal of the American Statistical Association, 95*, 768-769.

Feyerabend, P. K. (1970). Consolations for the specialist. In I. Lakatos & A. Musgrave (Eds.), *Criticism and the growth of knowledge*. Cambridge University Press (pp. 197-230).〔森博監訳（1985）『批判と知識の成長』木鐸社所収.〕

Feyerabend, P. K. (1975). *Against method: Outline of an anarchistic theory of knowledge*. Humanities press.〔村上陽一郎・渡辺博訳（1981）『方法への挑戦 ── 科学的創造と知のアナーキズム』新曜社.〕

Feynman, R. P. (1965). *The character of physical law*. MIT Press.〔江沢洋訳（2001）『物理法則はいかにして発見されたか』岩波書店.〕

Feynman, R. P. (1998). *The meaning of it all*. Penguin books.〔大貫昌子訳（2007）『科学は不確かだ！』岩波書店.〕

Fisher, R. A. (1921) On the 'probable error' of a coefficient of correlation deduced from a small sample. *Metron, 1*(4), 3-32.

Fisher, R. A. (1935). *The design of experiments*, Edinburgh: Oliver and Boyd.〔遠藤健児・鍋谷清治訳（2013）『実験計画法』森北出版.〕

Fisher, R. A. (1955). Statistical methods and scientific induction. *Journal of the Royal Statistical Society, Series B, 17*, 69-78.

Fodor, J. A. & Pylyshyn, Z. (1988). Connectionism and cognitive architecture: A critical analysis. *Cognition, 28*, 3-71.

Giere, R. N. (1999). *Science without laws*. University of Chicago Press.

Gigerenzer, G. (1993). The superego, the ego and the id in statistical reasoning. In G. Keren & C. Lewis (Eds.), *A handbook for data analysis in the behavioral sciences: Methodological issues*. Erlbaum.

Gigerenzer, G. (2000). *Adaptive thinking: Rationality in the real world*. Oxford University Press.

Gigerenzer, G. (2004). Mindless statistics. *Journal of Socio-Economics, 33*, 587-606.

Gigerenzer, G., Swijtink, Z., Porter, T., Daston, L., Beatty, J., & Kruger, L. (1989). *The empire of chance: How probability changed science and everyday life*. Cambridge University Press.

Gray, J. (2002). *Men are from mars, Women are from venus: How to get what you want in your relationships*. Harper Collins.

Greene, B. (1999). *The elegant universe: Superstrings, hidden dimensions, and the quest for the ultimate theory*. Vintage Books.〔林一・林大訳（2001）『エレガントな宇宙 ── 超ひも理論がすべてを解明する』草思社.〕

Grünbaum, A.（1984）*The foundations of psychoanalysis: A philosophical critique*. University of California Press.〔村田純一ほか訳（1996）『精神分析の基礎 —— 科学哲学からの批判』産業図書。〕

Grünbaum, A.（1986）Précis of the foundations of psychoanalysis: A philosophical critique. *Behavioral & Brain Sciences, 9*, 217-284.

Hacking, I.（1965）. *Logic of statistical inference*. Cambridge University Press.

Hacking, I.（2001）. *An introduction to probability and inductive logic*. Cambridge University Press.

Harlow, L. L., Mulaik, S. A., & Steiger, J. H.（Eds.）（1997）. *What if there were no significance tests?* Erlbaum.

Howard, G. S., Maxwell, S. E., & Fleming, K. J.（2000）. The proof of the pudding: An illustration of the relative strengths of null hypothesis, meta-analysis, and Bayesian analysis. *Psychological Methods, 5*, 315-332.

Howell, D. C.（1987）. *Statistical methods for psychology*.（2nd ed.）. Boston: Duxbury Press.

Howell, D. C.（2001）. *Statistical methods for psychology*. Wadsworth.

Howson, C. & Urbach, P.（1989）. *Scientific reasoning: The Bayesian approach*. Open Court.

Howson, C. & Urbach, P.（2006）. *Scientific reasoning: The Bayesian approach*.（3rd ed.）. Open Court.

Hunter, J. E. & Schmidt, F. L.（2004）. *Methods of meta-analysis: Correcting error and bias in research findings*. Sage.

Jaynes, E. T.（2003）. *Probability theory: The logic of science*. Cambridge University Press.

Jeffreys, H.（1961）. *The Theory of Probability*.（3rd ed.）. Oxford University Press.

Ketelaar, T. & Ellis, B. J.（2000）. Are evolutionary explanations unfalsifiable? Evolutionary psychology and the Lakatosian philosophy of science. *Psychological Inquiry, 11*, 1-21.

Kitcher, P.（1982）. *Abusing science: The case against creationism*. MIT Press.

Koertge, N.（1998）. *A house built on sand: Exposing postmodernist myths about science*. Oxford University Press.

Kuhn, T. S.（1962）. *The structure of scientific revolutions*.（2nd ed. 1969）. University of Chicago Press.〔中山茂訳（1971）『科学革命の構造』みすず書房。〕

Kuhn, T. S.（1970a）. Logic of discovery or psychology of research. In I. Lakatos & A. Musgrave（Eds.）, *Criticism and the growth of knowledge*. Cambridge University Press（pp. 1-24）.〔森博訳（1985）『批判と知識の成長』木鐸社所収。〕

Kuhn, T. S.（1970b）. Reflections on my critics. In I. Lakatos & A. Musgrave（Eds.）, *Criticism and the growth of knowledge*. Cambridge University Press（pp. 231-278）.〔森博訳（1985）『批判と知識の成長』木鐸社所収。〕

Kuhn, T. S.（1974）. Second thoughts on paradigms. In F. Suppe（Ed.）, *The structure of scientific theories*. University of Illinois Press（pp. 459-482）.〔中山茂訳（2023）『科学革命の構造』（新版）みすず書房所収。〕

Kuhn, T. S.（1977）. *The essential tension: Selected studies in scientific tradition and change*. University of Chicago Press.〔安孫子誠也・佐野正博訳（2018）『科学革命における本質的緊張』みすず書房。〕

Kuhn, T. S.（2000）. *The road since structure: Philosophical essays, 1970-1993, with an autobiographical interview*. University of Chicago Press.〔佐々木力訳（2008）『構造以来の道 —— 哲学論集 1970-1993』みすず書房。〕

Lakatos, I.（1970）. Falsification and the methodology of scientific research programmes. In I. Lakatos & A. Musgrave（Eds.）, *Criticism and the growth of knowledge*. Cambridge University Press.〔森博訳（1985）『批判と知識の成長』木鐸社所収。〕

Lakatos, I.（1978）. Edited by J. Worrall & G. Currie. *The methodology of scientific research programmes, Philosophical paper, Volume 1*. Cambridge University Press.〔村上陽一郎ほか訳（1986）『方法の擁護 —— 科学的研究プログラムの方法論』新曜社。〕

Lakatos, I. & Feyerabend, P.（1999）. Edited by M. Motterlini. *For and against method : Including Lakatos's lectures on scientific method and the Lakatos-Feyerabend correspondence*. University of

Chicago Press.

Lakatos, I. & Musgrave, A. (Eds.) (1970). *Criticism and the growth of knowledge*. Cambridge: Cambridge University Press. 〔森博訳 (1985)『批判と知識の成長』木鐸社.〕

Lanczos, C. (1974). *The Einstein decade (1905-1915)*. Elek Science. 〔矢吹治一訳 (1978)『アインシュタイン —— 創造の10年 1905-1915』講談社.〕

Larvor, B. (1998). *Lakatos: An introduction*. Routledge.

Laudan, L. (1977). *Progress and its problems : Toward a theory of scientific growth*. University of California Press. 〔村上陽一郎・井山弘幸訳 (1986)『科学は合理的に進歩する —— 脱パラダイム論へ向けて』サイエンス社.〕

Lloyd, E. A. (2005). *The case of the female orgasm: Bias in the science of evolution*. Harvard University Press.

Lynch, M. P. (2005). *True to life: Why truth matters*. MIT Press.

MacKenzie, D. A. (1981). *Statistics in Britain, 1865-1930: The social construction of scientific knowledge*. Edinburgh University Press.

Maddox, J. (1981). A book for burning? *Nature* editorial 24 Sept 1981.

Magee, B. (1997). *Popper*. Fontana.

Mayo, D. (1996). *Error and the growth of experimental knowledge*. University of Chicago Press.

Mayo, D. G. (2004). An error statistical philosophy of evidence. In M. L. Taper & S. R. Lele (Eds.), *The nature of scientific evidence: Statistical, philosophical and empirical considerations*. University of Chicago Press (pp. 79-96).

McCarthy, M. A. (2007). *Bayesian methods for ecology*. Cambridge University press. 〔野間口眞太郎訳 (2009)『生態学のためのベイズ法』共立出版.〕

McDougal, W. (1938). Fourth report on a Lamarckian experiment. *British Journal of Psychology, 28*, 321-345.

Meehl, P. (1967). Theory-testing in psychology and physics: A methodological paradox. *Philosophy of Science, 34*, 103-115.

Miller, D. (1994). *Critical rationalism: A restatement and defence*. Open Court.

Murphy, K. R. & Myors, B. (2004). *Statistical power analysis: A simple and general model for traditional and modern hypothesis tests*. (2nd ed.). Erlbaum.

Oakes, M. (1986). *Statistical inference: A commentary for the social and behavioural sciences*. Wiley.

Perner, J., & Dienes, Z. (forthcoming). Representation. In *Oxford Companion to Consciousness*. Oxford University Press.

Perrin, C. E. (1992). The chemical revolution: Shifts in guiding assumptions. In A. Donovan, L. Laudan, & R. Laudan (Eds.), *Scrutinizing science: Empirical studies of scientific change*. John Hopkins University Press (pp. 105-124).

Plunkett, K., McLeod, P., & Rolls, E. T. (1998). *Introduction to connectionist modelling of cognitive processes*. Oxford University Press. 〔喜田安哲他訳 (2005)『認知過程のコネクショニスト・モデル』北樹出版.〕

Pollard, P. & Richardson, J. T. E. (1987). On the probability of making type I errors. *Psychological Bulletin, 102*(1), 159-163.

Popper, K. R. (1934/1959/1975). *The logic of scientific discovery*. Hutchinson. The original German edition was published in the Autumn of 1934 with the imprint 1935, so Popper always references it 1934. The English translation came out in 1959.

Popper, K. R. (1945/2002). *The open society and its enemies: Volume 1*. Routledge. 〔内田詔夫・小河原誠訳 (1980)『開かれた社会とその敵』未來社.〕

Popper, K. R. (1963/2002). *Conjectures and refutations: The growth of scientific knowledge*. Routledge. 〔藤本隆志ほか訳 (2009)『推測と反駁 —— 科学的知識の発展』法政大学出版局.〕

Popper, K. R. (1970). Normal science and its dangers. In I. Lakatos & A. Musgrave (Eds.), *Criticism and the growth of knowledge.* Cambridge University Press (pp. 51-58). 〔森博訳 (1985)『批判と知識の成長』木鐸社所収.〕

Popper, K. R. (1972/1979). *Objective knowledge: An evolutionary approach.* Clarendon Press. 〔森博訳 (1974)『客観的知識 —— 進化論的アプローチ』木鐸社.〕

Popper, K. R. (1974). Replies to my critics. In P. A. Schilpp (Ed.) *The philosophy of Karl Popper.* Open Court (961-1200).

Popper, K. R. (1976). *Unended quest: An intellectual autobiography.* Fontana. 〔森博訳 (2004)『果てしなき探求 —— 知的自伝』岩波書店.〕

Popper, K. R. (1982). *Quantum theory and the schism in physics.* Hutchinson. 〔小河原誠・蔭山泰之・篠崎研二訳 (2003)『量子論と物理学の分裂 —— W・W・バートリー三世編『科学的発見の論理へのポストスクリプト』より』岩波書店.〕

Popper, K. R. (1983). *Realism and the aim of science.* Hutchinson. 〔小河原誠・蔭山泰之・篠崎研二訳 (2002)『実在論と科学の目的 —— W・W・バートリー三世編『科学的発見の論理へのポストスクリプト』より』岩波書店.〕

Popper, K. R. (1994). *The myth of the framework: In defence of science and rationality.* Routledge.

Popper, K. R. (2001). *All life is problem solving.* Routledge.

Reichenbach, H. (1938). *Experience and prediction.* University of Chicago Press.

Rosch, E. (1973). Natural categories. *Cognitive Psychology, 4,* 328-350.

Rosenthal, R. (1993). Cumulating evidence. In G. Keren & C. Lewis (Eds.), *A handbook for data analysis in the behavioural sciences: Methodological issues.* Erlbaum.

Roth, W. T., Wilhelm, F. H., & Pettit, D. (2005). Are current theories of panic falsifiable? *Psychological Bulletin, 131,* 171-192.

Royall, R. M. (1976). Current advances in sampling theory: Implication for human observational studies. *American Journal of Epidemiology, 104,* 463-474.

Royall, R. M. (1991). Ethics and statistics in randomized clinical trials. *Statistical Science, 6,* 52-62.

Royall, R. M. (1997). *Statistical evidence: A likelihood paradigm.* Chapmen & Hall.

Royall, R. M. (2000). On the probability of observing misleading statistical evidence. *Journal of the American Statistical Association, 95,* 760-768.

Royall, R. M. (2004). The likelihood paradigm for statistical evidence. In M. L. Taper & S. R. Lele (Eds.), *The nature of scientific evidence: Statistical, philosophical and empirical considerations.* University of Chicago Press (pp. 119-137).

Royall, R. M. & Tsou, T. S. (2003). Interpreting statistical evidence by using imperfect models: Robust adjusted likelihood functions. *Journal of the Royal Statistical Society B, 65,* 391-404.

Salmon, W. C. (2005). *Reality and rationality.* Oxford University Press.

Salsburg, D. (2002). *The lady tasting tea: How statistics revolutionized science in the 20th century.* Henry Holt & Co.

Savage, L. J. (1962). *The foundations of statistical inference: A discussion.* Methuen & Co Ltd.

Schilpp, P. A. (Ed.) (1974). *The philosophy of Karl Popper.* Open Court.

Searle, J. (2004). *Mind: A brief introduction.* Oxford University press. 〔山本貴光・吉川浩満訳 (2006)『Mind = マインド —— 心の哲学』朝日出版社.〕

Senn, S. (2005). Baseline balance and valid statistical analyses: Common misunderstandings. https://www.appliedclinicaltrialsonline.com/view/baseline-balance-and-valid-statistical-analyses-common-misunderstandings

Sheldrake, R. (1981). *A new science of life.* Paladin. 〔幾島幸子・竹居光太郎訳 (2000)『生命のニューサイエンス —— 形態形成場と行動の進化』工作舎.〕

Sheldrake, R. (1988). *The presence of the past: Morphic resonance and the habits of nature.* Collins.

Shepard, R. N. (2001). Perceptual-cognitive universals as reflections of the world. *Behavioral and Brain Sciences, 24,* 581-601.

Smolensky, P. (1988). On the proper treatment of connectionism. *Behavioral and Brain Sciences, 11*, 1-74.

Sokal, A. & Bricmont, J. (1998). *Intellectual impostures: Postmodern intellectuals' abuse of science.* Picador. 〔田崎晴明・大野克嗣・堀茂樹訳 (2000)『「知」の欺瞞 —— ポストモダン思想における科学の濫用』岩波書店.〕

Sutherland, S. (1994). *Irrationality: The enemy within.* Penguin Books.

Taper, M. L. & Lele, S. R. (2004). *The nature of scientific evidence: Statistical, philosophical and empirical considerations.* University of Chicago Press.

Thagard, P. (1992). *Conceptual revolutions.* Princeton University Press.

Thornton, S. (2005). Karl Popper. *Stanford encyclopedia of philosophy.* http://plato.stanford.edu/entries/popper/#Trut

van Fraassen, B. C. (1980). *The scientific image.* Oxford University Press. 〔丹治信春訳 (1986)『科学的世界像』紀伊國屋書店.〕

von Mises, R. (1928). *Wahrscheinlichkeit, statistik, und wahrheit ('Probability, statistics and truth').* Wien: Springer.

von Mises, R. (1957). *Probability, statistics and truth.* Macmillan.

Whewell, W. (1840). *The philosophy of the inductive sciences founded upon their history.* Parker.

Woit, P. (2006). *Not even wrong: The failure of string theory and the continuing challenge to unify the laws of physics.* Jonathon Cape. 〔松浦俊輔訳 (2007)『ストリング理論は科学か —— 現代物理学と数学』青土社.〕

Wolpert, L. (1984). A matter of fact or fancy? *The Guardian* 11 Jan 1984.

Worrall, J. (2003). Normal science and domatism, paradigms and progress: Kuhn 'versus' Popper and Lakatos. In T. Nickles (Ed.), *Thomas Kuhn.* Cambridge University Press (pp. 65-100).

Wright, D. B. (2002). *First steps in statistics.* Sage.

Wright, D. B. (2003). Making friends with your data: Improving how statistics are conducted and reported. *British Journal of Educational Psychology, 73*, 123-136.

日本語版への補遺

Kampfner, J.(2009). *Freedom for sale: How we made money and lost our liberty.* Simon and Schuster.

Popper, K. R. (1945/1993). *The open society and its enemies*, volumes 1 and 2. Routledge. 〔内田詔夫・小河原誠訳 (1980)『開かれた社会とその敵』未來社.〕

Popper, K. (1994). *The myth of the framework: In defence of science and rationality.* Routledge

Nottorno, M. A. (2003). The Open Society And Its Enemies: Authority, community, and bureaucracy. In I. Jarvie & S. Pralong (Eds.), *Popper's Open Society after 50 years: The continuing relevance of Karl Popper.* Routledge (pp. 41-55).

Wolf, N. (2007). *The end of America: Letter of warning to a young patriot.* Chelsea Green.

人名索引

事項索引

著者紹介

Zoltán Dienes（ゾルタン　ディエネス）
ケンブリッジ大学で自然科学の学士号を、マッコーリー大学で実験心理学の修士号を、そして、オックスフォード大学で実験心理学の博士号を取得。1990年よりサセックス大学にて教鞭をとっている。仮説検定にベイズファクターを使用することを推進し（「すべての p 値にBを（"a B for every p"）」をモットーとする）、2008年には本書に付随して、初のオンラインベイズファクター計算機を作成した。出版改革に関心がある（2021年以降、学会誌を除き、営利目的の出版社が運営するいかなるジャーナルにおいても投稿、査読、編集を行わないという方針を採用している）。Cortex 誌において2013年に初めて設けられた登録報告（Registered Reports）編集チームのエディターの１人であった。Peer Community In Registered Reports（https://rr.peercommunityin.org/）の共同設立者であり、共同運営者でもある。著書に、本書の他 Implicit Learning: Theoretical and Empilical Issues（Psychology Press）がある。

訳者紹介

石井　敬子（いしい　けいこ）
現職：名古屋大学大学院情報学研究科教授
2003年、京都大学大学院人間・環境学研究科博士課程修了。博士（人間・環境学）。専門は社会心理学、文化心理学。著書に『名誉と暴力：アメリカ南部の文化と心理』（共編訳、北大路書房）、『文化と実践 —— 心の本質的社会性を問う』（分担執筆、新曜社）、『つながれない社会』（共著、ナカニシヤ出版）などがある。

清河　幸子（きよかわ　さちこ）
現職：東京大学大学院教育学研究科准教授
2005年、東京大学大学院教育学研究科博士課程満期退学。博士（教育学）。専門は教育心理学、認知科学。著書に『教育心理学の実践ベース・アプローチ —— 実践しつつ研究を創出する』（分担執筆、東京大学出版会）、『未来洞察のための思考法 —— シナリオによる問題解決』（分担執筆、勁草書房）、『ふと浮かぶ記憶と思考の心理学 —— 無意図的な心的活動の基礎と臨床』（分担執筆、北大路書房）などがある。

科学としての心理学
科学的・統計的推測入門

初版第 1 刷発行　2023年 8 月10日

著　者　ゾルタン・ディエネス
訳　者　石井敬子・清河幸子
発行者　塩浦　暲
発行所　株式会社　新曜社
　　　　〒101-0051 東京都千代田区神田神保町3-9
　　　　電話 (03) 3264-4973(代)・FAX (03) 3239-2958
　　　　e-mail：info@shin-yo-sha.co.jp
　　　　URL　https://www.shin-yo-sha.co.jp/
組版所　星野精版印刷
印　刷　星野精版印刷
製　本　積信堂

新曜社の本

知識は身体からできている 身体化された認知の心理学	R. フィンチャー - キーファー 著 望月正哉ほか 訳	A 5 判 256頁 本体 2700円
心理学者の考え方 心理学における批判的思考とは？	D. H. マクバーニー 著 金坂弥起 監訳	A 5 判 184頁 本体 2100円
心理学への異議 誰による、誰のための研究か	P. バニアード 著 鈴木聡志 訳	四六判232頁 本体 1900円
実践心理データ解析 改訂版 問題の発想・データ処理・論文の作成	田中敏 著	A 5 判 376頁 本体 3300円
ディープラーニング、ビッグデータ、機械学習 あるいはその心理学	浅川伸一 著	A 5 判 184頁 本体 2400円
数字で語る 社会統計学入門	H. ザイゼル 著 佐藤郁哉 訳／海野道郎 解説	A 5 判 320頁 本体 2500円
価値を生む心理学 人と製品・サービスを結ぶ科学	小俣貴宣 編著 原田悦子 編集協力	四六判240頁 本体 2600円
心理学研究法のキホンＱ＆Ａ100 いまさら聞けない疑問に答える	N. J. サルキンド 著 畑中美穂 訳	A 5 判 168頁 本体 1800円
統計学のキホンＱ＆Ａ100 いまさら聞けない疑問に答える	N. J. サルキンド 著 山田剛史ほか 訳	A 5 判 196頁 本体 1900円
心理学論文・書き方マニュアル	R. L. ロスノウ・M. ロスノウ 著 加藤孝義・和田裕一 訳	A 5 判 224頁 本体 2300円
発達科学ハンドブック　研究法と尺度	日本発達心理学会 編 岩立志津夫・西野泰広 責任編集	A 5 判 344頁 本体 3600円
心理学研究法入門	A. サール 著 宮本聡介・渡邊真由美 訳	四六判296頁 本体 2200円
アクションリサーチ入門 社会変化のための社会調査	D. J. グリーンウッド・M. レヴィン 著 小川晃弘 監訳	A 5 判 264頁 本体 3200円

（表示価格は税抜きです）